우리는 유한한 인간입니다

You're Only Human: How Your Limits Reflect God's Design and Why That's Good News
by Kelly M. Kapic

Copyright ⓒ 2022 by Kelly M. Kapic
Originally published by Brazos Press, a division of Baker Publishing Group
P.O. Box 6287, Grand Rapids, MI 49516, USA.
All rights reserved.

Used and translated by the permission of Baker Publishing Group
through rMaeng2, Seoul, Republic of Korea.

This Korean edition ⓒ 2024 by Word of Life Press Korea, Seoul, Republic of Korea.

이 한국어판의 저작권은 알맹2를 통하여 Baker Publishing Group과 독점 계약한 생명의말씀사에 있습니다.
신저작권법에 의하여 한국 내에서 보호받는 저작물이므로 무단 전재와 무단 복제를 금합니다.

우리는 유한한 인간입니다

ⓒ 생명의말씀사 2025

2025년 1월 10일 1판 1쇄 발행

펴낸이 | 김창영
펴낸곳 | 생명의말씀사

등록 | 1962. 1. 10. No.300-1962-1
주소 | 서울시 종로구 경희궁1길 6 (03176)
전화 | 02)738-6555(본사) · 02)3159-7979(영업)
팩스 | 02)739-3824(본사) · 080-022-8585(영업)

기획편집 | 유영란, 유하은
디자인 | 최종혜
인쇄 | 영진문원
제본 | 다온바인텍

ISBN 978-89-04-16906-1 (03230)

저작권자의 허락 없이 이 책의 일부 또는 전체를
무단 복제, 전재, 발췌하면 저작권법에 의해 처벌을 받습니다.

켈리 카픽 지음
이지혜 옮김

하나님이 설계하신 인간에 대한 진정한 이해
You're Only Human

우리는 유한한 인간입니다

생명의말씀사

추천의 글

미국의 팝 가수 테일러 스위프트는 2022년 뉴욕대 졸업식 축사에서 "You're on Your own now."(당신의 인생은 당신 마음 먹기에 달렸다.) 라는 메시지를 전했다. 오늘날 사람들이 믿는 문화 내러티브의 한 단면을 보여 주는 것 같다. 우리는 자기가 인생의 주체가 되어서 자신의 인생을 개척하려고 노력하는 시대를 살고 있다. 그러나 그 끝은 허무와 절망이며 과정도 늘 원하는 대로 되지 않기에 많은 사람이 열등감 속에 살아간다. 이런 삶의 한계를 극복하려면 인간의 유한성과 연약함을 인식하는 자기 절망이 필요하다. 팀 켈러는 "복음은 우리가 죄인이며, 동시에 하나님의 사랑받는 자녀임을 알려 준다."고 말했다. 우리는 연약하지만 하나님과 함께할 때 강하다. 결국 인생의 본질은 약하지만 강한 복음의 비밀을 깨닫는 데 있다. 이 책은 내가 얼마나 연약한지를 알게 하지만, 우울과 절망으로 빠지지 않고, 기쁨으로 하나님을 의지할 수 있는 자유를 준다. 수고하고 무거운 짐을 벗는 유일한 길은 자신의 한계를 깨닫고 그리스도께 가는 길뿐이다.

고상섭 (그사랑교회 담임 목사)

이 책은 한계가 있는 것은 전혀 문제가 아니며, 약하고 의존할 수밖에 없는 것이 바로 큰 축복이라는 놀라운 통찰을 우리에게 준다. 그동안 주어진 모든 일을 능숙하게 처리하려고 스스로를 조절하며 성공을 향해 달려왔지만, 오히려 불안과 강박으로 소진되고 지쳐 생산성의 노예가 되어 버린 현대인에게 완전히 새로운 삶의 방식을 제시한다. 이제 우리는 서로를 안아 주기 위해서 창조되었다는 것을 믿고, 하나님을 온전히 의지하고, 접하는 모든 것을 사랑하며 살아가게 될 것이다.

채정호 (가톨릭대학교 서울성모병원 정신건강의학과 교수, 대한기독정신과의사회 전임 회장)

이 책은 급히 준비한 싸구려 해독제가 아니라, 오랜 시간에 걸친 묵상과 숙고의 산물이자 성숙한 기독교 신학자요 탁월한 교사의 작품이다. 프랜시스 베이컨이 한 유명한 말처럼 '꼭꼭 씹어 소화해야 할 책…부지런히 주의 깊게 전체적으로 읽어야 할' 책으로 꼽을 만하다. 교회에 주는 사랑의 선물이다.

싱클레어 퍼거슨 (리폼드신학교 교수)

카픽은 이번에도 자기 개인의 여정을 나누고 때로는 자신의 의문에 직면하면서, 마감일과 목표, 극단에 휘둘리는 세상살이 가운데 하나님이 의도하신 아름다운 리듬을 드러낸다. 그는 하나님의 아름다운 창조 질서와 모든 지각에 뛰어나신 그리스도의 평안을 드러내기 위해 쉽지 않은 탐구 질문을 던진다.

줄리언 돕스 (리빙워드성공회교구 주교)

저자는 성경과 경험에 깊이 뿌리내린 특유의 지혜로, 중요하지만 우리가 소홀히 여겼던 주제를 다룬다. 나는 이 책을 통해 한계의 좋은 점을 부정하는 우리의 다양한 삶의 방식을 깨달았다. 그리고 새롭고 건강한 습관을 찾아야겠다고 다짐했다. 이 책을 적극 추천한다.

대니얼 트라이어 (휘튼대학 교수, *Introducing Evangelical Theology* 저자)

아름답고 명료하게 쓰인 이 책은 지혜와 덕의 보고다. 이 책은 단순히 인간의 한계에 관한 것이 아니라, 인간 됨을 기리는 찬사다.

캐런 스왈로우 프라이어 (사우스이스턴침례신학교 교수, *On Reading Well* 저자)

나는 이 책을 정말 사랑한다. 내가 멘토링하는 모든 목회자와 사역 리더들에게 열정적으로 추천할 것이다.

폴 데이비드 트립 (폴트립미니스트리 대표)

이 책을 읽는 것은 아주 오래 물속에 있다가 처음으로 신선한 공기를 들이마시는 것과 같다. 저자는 하나님께서 주신 선물인 유한함이 창조주 하나님이 우리를 최고의 모습으로 설계하셨음을 드러낸다고 주장하며 우리의 패러다임을 바꿔 준다.

줄리어스 J. 킴 (The Gospel Coalition 전 대표, 웨스트민스터신학교 교수)

우리의 인간적 한계를 짐이 아닌 선물로 받아들이는 것은 참으로 큰 축복이다! 저자는 이 격려 가득한 저서에서 그 이유와 방법을 보여 준다.

루스 헤일리 바턴 (Transforming Center 창립자, 『영적 성장을 위한 발돋움』 저자)

이 책은 나같이 안달하는 성취자들에게 기쁜 소식이다. 특히 정직하고 희망적인 책을 읽고 나니, 벌써 숨이 편안해진 느낌이다.

척 디그로트 (웨스턴신학교 교수)

저자는 탄탄한 신학과 기독교적 삶을 위한 지혜로운 지침을 결합했다. 우리 시대의 바쁜 삶 속에서 꼭 필요한 책이다.

베스 펠커 존스 (노던신학교 교수, *Practicing Christian Doctrine* 저자)

저자는 우리에게 강력하고 신선한 메시지를 전해 준다. 또한 삼위일체 하나님께서 주신 피조물의 유한함이라는 선물을 감사함으로 받고, 다시 기뻐하도록, 신학적으로 안정적이며 목회적으로 온화한 초대장을 우리에게 건넨다.

레오폴도 산체스 M. (컨콜디아신학교 교수)

끊임없이 더 많은 것을 요구하는 시대에, 저자는 하나님께서 우리에게 주신 한계를 받아들이도록 가르치는 대담한 책을 썼다. 이 책은 우리를 해방시키는 놀라운 진리를 탐구하는 철저하면서도 개인적인 여정이다.

민디 벨즈 (국제 저널리스트, *They Say We Are Infidels* 저자)

저자는 매력적인 글과 깊은 성경적 지혜로 우리를 인도하며, 한계의 아름다움과 하나님의 느리고 꾸준한 과정, 마지막에 완성될 영광을 기대하게 한다. 정말 손에서 놓기 힘든 책이다! 이 책에서 밑줄 그을 부분이 많으니 펜을 준비하라.

마이클 호튼 (캘리포니아 웨스트민스터신학교 교수, *Ordinary* 저자)

이 책은 희망이 담긴 선물이다.

존 스윈턴 (애버딘대학교 교수)

차례

추천의 글 _ 4

1부 한계, 하나님이 뜻하신 인간다움

01 한계는 극복할 문제나 죄가 아니다 :
하나님이 인간을 창조하신 방식 _ 15

02 있는 모습 그대로 사랑받는 나 :
나를 아시는 하나님 안에서의 안식 _ 39

03 인간의 한계는 하나님 보시기에 선하다 :
인간의 몸을 입으신 예수님 _ 73

04 몸이라는 한계는 선물이다 :
필요와 의존성 그리고 예배 _ 97

05 정체성은 의존하는 관계에서 발견된다 :
혼자서는 자신을 다 알 수 없다 _ 129

2부 의존, 하나님이 뜻하신 삶의 모습

06 우리가 겸손해야 하는 이유 (의존하는 태도) :
부족해서가 아닌 사랑하기 때문에 _ 169

07 시간이 없다는 거짓말 (의존하는 매일) :
그리스도를 의지하며 현재를 사는 법 _ 205

08 즉시 바꾸지 않으시는 성령님의 사역 (의존하는 삶) :
자기 계발이 아닌 사랑과 교제의 과정 _ 243

09 교회로 한 몸이 되어야 하는 이유 (의존하는 방식) :
혼자서는 그리스도를 본받을 수 없다 _ 281

10 유한성 안에서 신실하게 살아가기 (의존하는 습관) :
삶의 리듬, 약함, 감사, 휴식 _ 321

나가는 글 _ 372

* 본서의 주는 책에 수록되지 않고 별도 제공됩니다.
  QR코드를 확인해 주세요.

1부

한계,
하나님이 뜻하신 인간다움

우리의 한계는 하나님이 주신 선물이다. 그래서 좋다.
하지만 많은 사람이 이를 이해하지 못한다.
결국 우리가 아닌 무언가, 우리가 될 수 없는 무언가가 되려고 애쓴다.

01

한계는 극복할 문제나 죄가 아니다

하나님이 인간을 창조하신 방식

통제할 수 없는 인생

피조물의 유한성은 우리가 발견하는 개념이라기보다 우리가 맞닥뜨리는 현실에 가깝다. 토드와 리즈 부부는 결혼하고 오랫동안 아이가 없었다. 그래서 리즈의 갑작스러운 임신에 두 사람은 기쁨과 기대감으로 설렜다. 그런데 태어날 아이의 이름은 고사하고 성별조차 몰랐을 때, 아무런 예고도 없이 통제할 수 없는 일이 생겼다. 성탄절 사흘 후에 아이가 미숙아로 태어난 것이다. 부부의 기쁨은 불안으로 돌변했다. 아이가 얼마나 살지 알 수 없기에 부부는 양가 어머니의 이름을 따서 핀들리 풀러라고 서둘러 이름을 지었다. 그들은 아이가 살 수 있든 없든, 그들의 가족과 더 큰 이야기 속에 자리한 아이의 위치를 드러내는 이름을 붙였노라고 말했다. 아이는 혼자가 아니었다. 부부는 아이와 그 아이의 이야기를 살아 계신 하나님께 온전히 맡겨 드렸다.

지난 세기, 아니 수십 년 전 의료 기술만 하더라도 핀의 생명을 살릴 수 없었을 것이다. 아이는 24시간 돌봄이 필요했고, 의료 발전에도 불구하고 예후가 좋지 않았다. 오늘 밤을, 아니 이번 주는 넘길 수 있을까? 호흡, 감염 위험과 약한 눈까지 아이는 온몸이 취약했다. 날마다 새로운 희망과 함께 새로운 장애가 생겼다. 핀은 포기할 줄 모르는 강한 아이였지만, 가능성이 높아 보이지는 않았다.

아들이 생사를 오간 지 두어 주, 토드는 지쳤지만 아들의 상태를 전할 힘이 나서 웹페이지에 다음과 같이 글을 남겼다. "이 모든 상황은 우리 부부에게 새로운 두려움과 걱정거리를 엄청나게 안겨 주었습니다. 하지만 우리는 하나님의 신실하심과 자비와 사랑을 믿습니다. 그리고 신생아 중환자실 의료진을 믿습니다. 솔직히 두렵기는 하지만 소망을 붙듭니다." 그러고 나서 토드는 자신이 '마틴 루터 킹 주니어(Martin Luther King Jr.)의 날'에 대해 글을 쓰고 있다면서 미국인 목사이자 시민권운동가인 그의 말을 인용했다. "우리는 유한한 실망을 받아들여야 하지만, 무한한 희망을 잃지 말아야 합니다."[1] 토드는 이런 말로 글을 마쳤다. "하나님은 무엇이든 하실 수 있습니다." 그는 인간의 한계는 의사들이 포기할 구실이 아니라 오히려 최선을 다할 배경이라고 말했다. 하나님만이 무한하셨고 무한하시다.

토드와 리즈 부부는 아들의 건강을 통해, 이해할 수 없이 거대하고 위협적인 우주에서 작고 연약한 자신들의 위치를 떠올리게 되었다. 핀들리의 병상에서 이들은 이상한 소행성부터 일상의 세균에 이르기까지 우리에게 해를 끼칠 수 있는 세상의 것은 우리의 통제나 예측을 벗어날 때가 많다는 사실을 새삼스레 깨달았다. 부부는 의료진의 손에 아이를 맡

> 유한-하다
> 수, 양, 공간, 시간 따위에 일정한 한도나 한계가 있다.
> _ 표준국어대사전

졌지만, 더 나아가 하나님의 손에 맡겼다. 그렇지만 어떻게 '무한한 소망'을 품고서도 '유한한 실망을 받아들일' 수 있는 것일까? 의사와 간호사들이 어린 핀의 생명을 살리기 위해 최선을 다하고 있었고, 토드와 리즈는 은혜와 사랑이 풍성하며 무한하신 하나님이 자신들이 할 수 있는 것보다 더 자신들과 그 아이를 돌보고 계심을 알기에 안심했다. 하지만 망가진 세상이 우리의 한계와 부딪히면 우리의 감정과 의지와 이해력은 한계에 도달한다.

사람은 누구나 만사를 통제할 수 있다는 환상과 그럴 수 없다는 현실 사이를 오간다. 핀이 건강해져서 몇 달, 이제는 몇 년을 훌쩍 넘기고 살아남아서 얼마나 감사한지. 모두의 예상대로, 핀의 세례식과 돌잔치에는 엄청난 축하가 쏟아졌다! 그러나 이 무시무시하고 절로 겸손해지는 시기에 대한 기억은 토드와 리즈, 그리고 그 지인들에게 우리가 삶을 감당할 수 있는 능력의 한계가 생각보다 가까이에 있다는 깨달음을 안겨 주었다.

비극적인 사건을 통해서든 단순한 노화의 결과이든, 우리는 인간이 매우 연약하며 의존적인 피조물이라는 사실을 거듭 깨닫는다.[2] 하지만 육체만이 우리를 이런 당혹스러운 한계에 직면하게 하는 것은 아니다.

우리보다 지적 능력이 뛰어난 동료나 훨씬 빠른 선수, 정서적·심리적 안정이 약해지면서 우리와 맺는 건강한 관계를 위협하는 노부모에게서도 그런 한계를 맞닥뜨린다. 우리에게는 상상 이상으로 세상과 자기 자신에 대한 통제력이 없다. 그래서 어떤 사람들은 수동적인 피해자로 살아가고, 어떤 사람들은 공격적으로 최대한 많은 통제력을 손에 쥐려고 한다.

행동이 중요하다는 것, 그것도 아주 많이 중요하다는 것을 우리는 잘 안다. 열심히 공부한 의사는 간신히 시험만 통과하려는 의사보다 대체로 더 낫다. 자기 부모에게서 물려받은 실수를 반복하지 않으려고 심사숙고해서 자녀를 양육하는 부모는 방임하는 부모보다 대체로 더 낫다. 하지만 안타깝게도, 훌륭한 의사의 손에서도 수술 중 사망하는 환자가 발생하고, 열정적인 부모라도 잘못 생각할 수 있다. 자신의 맹점과 사회적 요인, 성격 차이에 대해 무지해서 자신이 완벽하게 '제대로' 가르칠 수 있다고 착각하는 것이다.

우리가 '하는' 일은 중요하다. 우리는 세상을 바꿀 수 있고 실제로 바꾸기도 한다. 하지만 우리가 모든 환경을 통제할 수 있다고 생각한다면, 머지않아 그것이 사실이 아님을 알게 될 것이다. 입 밖으로 꺼내지는 않지만, 우리는 세상 모든 짐을 자기 어깨에 짊어진 듯이 살아간다. 그래서 지친다. 참을성 있는 미소 뒤에는 들어줘야 하는 끝없는 요구와 실현되지 못한 꿈, 실망스러운 관계에 대한 분노가 도사린다.

희한한 것은, 어쩔 수 없는 한계에 맞닥뜨릴 때조차도 우리는 그냥 더 열심히 하면, 더 꽉 쥐어짜면, 더 효율성을 높이면, 결국에는 통제력을 손에 넣을 수 있다는 망상을 붙잡을 때가 많다. 우리는 자녀를 안전하게 지킬 수 있다고, 수입을 안정적으로 유지할 수 있다고, 건강한 몸을 유지할 수 있다고 여긴다. 그런데 내가 나이 먹는 것에 대해 불평할 때마다 아내는 웃으면서 이렇게 말해 준다. "당신은 둘 중에 선택할 수 있어요. 나이를 먹든지, 죽든지." 유한성을 부인하는 것은 우리가 깨닫지 못하는 방식으로 우리에게 심각한 손상을 줄 수 있다. 또한 하나님과 기독교 영성에 대한 우리의 관점을 왜곡한다.

피조물인 인간 존재는 유한성을 피할 수 없다. 우리는 끊임없이, 다양한 방식으로 유한성을 맞닥뜨린다. 그래서 주의를 집중하면 우리는 인간의 한계와 의존성을 얼마든지 볼 수 있다. 교통사고를 당하거나 뜻밖의 상황으로 병원에 실려 가지 않더라도 말이다. 그런데 우리는 정말 주변에 널린 그 표시들에 귀 기울이고 있을까? 알아차리고 있을까? 모든 일을 할 수 있고 해야 한다는 우리의 믿음을 우리 생활이 증명해 줄 때가 얼마나 많은지 모른다. 토머스 머튼(Thomas Merton)은 더글러스 스티어(Douglas Steere)의 말을 인용해 이렇게 말했다.

이상주의자가 가장 쉽게 굴복하는 현대의 만연한 폭력 형태에는 행동주의와 과로가 있다. 현대 생활의 급박감과 압박감은 내재된 폭력의 한 형태, 어쩌면 가장 흔한 형태일지도 모른다. 상충하는 수많은 관심사에 휩쓸리고, 너무 많은 요구 사항에 굴복하고, 너무 많은 프로젝트에 헌신하고, 모든 일에서 모든 사람을 돕고 싶어 하는 것은 폭력에 굴복하는 것이다. 행동주의에 대한 광분은 평안을 위한 우리의 활동을 무력화한다. 평안을 바라는 우리 내면의 능력을 무너뜨린다. 우리 일의 결실을 파괴한

다. 행동주의가 일의 결실을 맺게 하는 내면의 지혜의 뿌리를 죽이기 때문이다.[3]

머튼은 50여 년 전에 이 글을 썼지만, 그의 우려는 그때보다 지금 더 유효한 듯하다.

짓눌리는 기대감의 무게

지쳐 있는가? 날마다 한 일이 별로 없는 것 같아서 끊임없이 죄책감에 시달리는가? 할 일은 넘쳐나는데 진전은 거의 없다는 생각에 마음이 무거운가? 당신의 계획과 희망과 꿈은 잘 진행되고 있는가?

이 책을 준비하면서 조사할 계획은 없었지만, 결국에는 정말 중요한 분야로 밝혀진 것이 바로 미국의 교육 제도다. 우리는 주로 고등학교와 대학교에 집중했다. 놀랍게도 우리는 거기서 익힌 교육 방식이 하루에 얼마나 많은 일을 '마쳐야' 하는지에 대해 건강하지 못한 기대감을 키울 때가 많다는 사실을 발견했다. 더 자세히 들어가기 전에, 우선 이 사실이 저소득 지역보다는 중상위 소득 지역의 공립 및 사립 학교에 더 영향을 미친다는 점을 분명히 한다. 많은 미국 고등학생의 평균적인 하루 일과는 대략 이렇다.

- 아침 7시 30분 혹은 그보다 더 일찍 등교한다.
- 오후 3시 30분까지 수업을 듣는다.
- 하교 후 오후 6–7시까지 (운동, 연극 등) 방과 후 활동에 참여한다.

- 집에 돌아와서 간단히 저녁을 먹고 씻는다.
- 저녁 시간 내내 숙제를 하다가 10시 30분 혹은 그보다 더 늦게 잠자리에 든다.

이 일과는 내가 가르치는 학생들에게도 아주 친숙하다. 그러나 학생들은 이와 같은 일정으로 인한 피해를 인정하기를 주저한다. 왜냐하면 이런 패턴이 윤리적으로 '올바르고' '기대된다'는 관점, 곧 일어나서 잠들 때까지 가능한 한 많은 활동으로 하루를 채우도록 권장하는 관점을 흡수했기 때문이다.

그 결과 많은 학생이 이렇게 정신없이 쫓아다니느라 어느 것도 제대로 하지 못하는 스스로를 실망스럽거나 약하거나 나쁜 학생으로 여긴다. 많은 과제를 다 따라잡지 못하는 무능함을 윤리적 결점과 동일시한다. 여기에 대학 입시라는 부담까지 더해, 점수를 따는 것이 중요할 뿐 아니라 자신의 가치를 결정한다는 의심스러운 관점을 아무 의심 없이 받아들이기까지 한다. 어른들은 "행복은 성적순이 아니다."라고 쉽게 내뱉으면서도, 다른 모든 언행으로는 학생들에게 그런 흔한 위로의 말을 믿지 말라고 가르친다. C학점은 말할 것도 없고 B⁻학점은 단순히 수업을 잘 따라가지 못한다는 표시가 아니라, 그들에 대한 윤리적 평가로 무의식적으로 사용되는 경우가 많다.

대학 교수인 나는 정기적으로 학생들을 만난다. 누구라도 경청할 의향만 있다면 이 학생들이 자신의 업적에 대한 죄책감을 적어도 조금씩은 안고 살아간다는 사실을 발견할 것이다. 다 읽지 못한 책이 허다하고, 끝도 없이 밀린 과제와 놓친 활동, 소홀히 했거나 아예 시작하지도 못한 친구 관계가 너무 많다. 학생들이 시간을 잘 활용하지 못한다거나 빈둥댄다고 말하기는 쉽다(그 말이 사실일 때도 있다!). 하지만 그런 말은 대개, 공교육 설계에 문제가 없는지 정직하게 돌아보기를 회피하려는 손쉬운 변명에 불과하다.

반대로 희한하게도, 과제를 다 마치지 못한 데 대해 전혀 죄책감이 없다는 학생들도 있다. (나를 포함해) 교수들이 지나치게 비현실적인 기대감을 품고 있어서 자신에게 기대하는 과제를 도무지 다 해낼 재간이 없다는 것이다. 다시 말해, 학생들뿐 아니라 교수들도 현실적인 기대를 하거나 실제 과제에 얼마나 많은 시간과 노력이 필요한지 파악하는 데 어려움을 겪는다. 그래서 어떤 학생들은 서서히 물속에 빠져든다고 느끼면서도 어떻게든 해 보려고 미친 듯이 애쓰는가 하면, 어떤 학생들은 초연한 태도를 유지한다. 하지만 이런 상황은 그저 학생과 교수만의 문제가 아니다.

내가 일하는 곳에는 항상 내 능력보다 많은 관심이 필요한 사람과 프로젝트가 있다. 다른 사람들도 비슷한 난처함을 느낀다. 창고 담당자는 어떻게 하면 재고 관리를 더 효율적으로 할 수 있을까 항상 고민한다. 부동산 중개업자는 늘 집을 더 팔아야 하고, 가정주부는 치워도 치워도 끝이 없는 집안일에 지친다. 상담사는 더 좋은 질문을 던지지 못한 것을 후회하고, 교사는 수업 준비를 더 철저히 하지 못해서 아쉬워한다. 학생은 더 오랫동안 집중력을 발휘했으면 싶다. 비서는 효율성과 조직력을 더 키우고 싶고, 관리자는 상황에 끌려가기보다 상황을 주도하고 싶다.

사람은 누구나 끊임없이 자신의 한계에 부닥친다. 당신의 직업 환경은 나와 다르겠지만, 당신이나 나나 '충분히' 해냈는지 의문이 든다. 어

> 내가 그리스도 안에서 보낸 평범한 하루가 모여서
> 내 그리스도인의 삶을 형성한다.
>
> _ 티시 해리슨 워런

쩌면 우리는 잘못된 충동에 추동되어 마음속에 잘못된 목적을 품은 것은 아닐까?

교회와 선교 단체는 어떤가? 우리는 기도하고, 격려하는 쪽지를 쓰고, 궁핍한 사람에게 음식을 나누어야 한다. 수많은 단체는 가난한 사람을 돌보고 고아를 입양하고 재소자를 돕기 위해 시간과 자원이 절실히 필요하다. 하지만 내가 그 일에 동참하는 경우는 드물다. 설령 참여한다고 해도, 도움이라는 거대한 빈 양동이에 물 한 방울 떨어뜨리는 것처럼 느낄 때가 대부분이다. 더 적극적으로 참여해야 하지 않을까? 그러다가 한계를 느끼면, 이런 문제가 실제로는 그렇게 심각하지 않다거나 예수님이 그런 문제에 관심을 두라고 말씀하지는 않으신 것처럼 생각하고 싶은 유혹을 느낀다.

가난한 사람이나 고아를 돕는 일은 필수가 아니라 선택의 문제일지도 모른다. 기도가 좋은 생각일지는 몰라도 꼭 필요하지 않을 수도 있다. 이런 부정도 건강하지 못하기는 마찬가지인데, 우리가 예수님을 생각하는 관점과 하나님에 대한 이해를 왜곡하기 때문이다. 그러면 어떻게 해야 할까? 복음의 필요와 그런 필요에 응하기 힘든 제한된 능력에 어떻게 반응해야 할까?

몸을 한번 생각해 보자. 내 몸은 해마다 신진대사가 떨어지고 아픈 곳이 늘어난다. 먹는 음식에서부터 주로 앉아서 일하는 내 직업 환경에 필요한 운동까지, 건강에 더 신경 써야 한다는 점은 분명하다. 몸 관리를 소홀히 하면 우리가 받아들이고 싶지 않은 더 큰 결과를 초래하기 때문이다. 허리둘레만 느는 것이 아니라, 우리가 맺는 관계를 비롯한 수많은 삶의 영역에 악영향을 줄 수 있다. 잠언은 우리 몸을 학대하거나 식욕을 다스리지 않으면 부정적인 결과를 가져올 수 있다고 오래전에 경고했다 (예. 잠 20:1; 23:1-3, 20-21; 25:16, 27).

정신은 또 어떤가? 나는 연구하고 가르치고 글을 써서 돈을 받는 학자다. 그럼에도 불구하고 목표에 근접하기는커녕 쫓아다니기도 버겁다. 절대 다른 사람에게는 비밀로 해 달라. 매주 새로운 책과 논문이 출판된다. 그뿐 아니라, 신입생과 교회 새신자를 포함해서 해마다 만나는 사람이 늘어난다. 얼마나 많은 이름을 잊어버리는지 괴롭기만 하다. 아니, 더 정확히 말하자면, 기억하는 이름이 거의 없다는 사실이 괴롭다. 내 머리는 끝없는 요구 사항을 도무지 따라잡지 못하고, 나는 그래서 죄책감을 느낀다.

마음을 새롭게 하라고 말하는 바울은(롬 12:2) 우리에게 무엇을 요구하는 것일까? 그리고 우리는 왜 지능지수는 낮아도 진정으로 하나님과 이웃을 사랑하는 사람보다 이상화된 천재를 목표나 모델로 삼고 이런 질문에 접근하는 것일까? 어쩌면 우리는 **인간 됨**에 대한 관점을 왜곡하는 방식으로 인간의 뇌를 부적절하게 평가했는지도 모른다.[4]

가족은 어떤가? 나는 두 아이를 둔 부모다. 넷 혹은 그보다 많은 자녀를 키우는 사람도 있으니, 둘은 쉬운 편이어야 한다. 하지만 두 아이와 보내는 시간은 늘 부족하다. 카드놀이도 하고 웃고 떠들고 그저 뒹굴뒹굴하는 시간도 더 필요하다. 결혼 생활도 마찬가지다. 스스로를 돌아보는 배우자라면 자신의 부족함을 쉽게 알아차릴 수 있다. 나는 더 사려 깊고 주의 깊은 배우자가 되고 싶다. 내가 줄 수 있는 것은 늘 더 있기 마련이다. 배우자를 격려하고 보살피고 배우자에게 힘을 주기 위해 우리가 할 수 있는 일은 항상 더 있다. 또 전국에 흩어진 친척과는 어떻게 좋은 관계를 유지할 수 있을까? 더 자주 안부를 물어야 하지 않을까? 더 자주 모이면 좋지 않을까?

집을 보수하고 관리하는 일부터 교육, 공동체 참여와 휴식에 이르기까지 이런 목록은 삶의 다른 영역에도 적용된다. 우리는 여러 영역에서 자신의 부족함, 더 나은 존재가 되고 더 많은 일을 하고 싶은 열망을 느끼면서도 한계에 부딪히곤 한다. 그렇다면 어떻게 이런 죄책감과 끝없는 욕구와 요구에 반응해야 할까?

시간 관리 문제?

이 대목에서 중요한 질문을 만난다. 우리의 이런 불만족은 항상 우리가 죄를 지었거나 다른 무슨 일이 벌어지고 있다는 것을 의미할까? 우리는 이 부족함을 극복해야만 할까? 어떤 사람들은 이런 한계가 윤리적인 결점을 암시한다고 여긴다. 혹은 우리가 정복할 수 있고 정복해야만 하는 경쟁의 방해물로 작용한다고 생각하기도 한다.

서양에서 흔히 볼 수 있는 대응법은 생활을 잘 정돈하고 자기 계발을 추구하는 것이다. 책 한 권을 완독하는 것은 진작에 포기했기 때문에 인터넷에서 시간 관리에 대한 짧은 글을 찾는다. 때로는 아침에 일찍 일어나거나 저녁에 늦게 자거나 해서 한두 시간 더 생산성 있는 활동을 해

보려 한다. 하루를 24시간보다 늘릴 수는 없기에 자기 자신을 바꾸려고 애쓰는 것이다. 이들은 더 많이 활동하고 더 많은 존재가 되려 한다.

대개 이야기가 이쯤 진행되면, 우리는 텔레비전이나 온라인 영상 시청 시간이나 게임 시간에 관심을 갖는다. 하지만 이것이 시간 관리의 문제가 아니라면? **멍하니 화면을 응시하는 시간이 단순히 문제의 원인이 아니라, 그보다 더 심각한 고질병을 드러내는 표시라면 어떻겠는가?** 어쩌면 그런 현실 도피가 우리가 그동안 무시해 온 영혼의 병을 드러내는지도 모르겠다. 그리고 이는 저 바깥 '세상'만의 문제가 아니라, 그리스도인들도 주목해야 할 징후다.

나는 우리에게 거대한 문제가 있다고 생각하지만, 그것이 시간 관리 문제는 아니다. 오히려 '신학'과 '목회'와 연관된 문제다.

몇 해 전에 내 책 『새로운 신학자들을 위한 작은 책』(*A Little Book for New Theologians*)을 읽고 함께 이야기를 나누고 싶다는 한 여성과 팟캐스트 인터뷰를 진행했다.[5] 이 인터뷰가 흥미로웠던 점은 팟캐스트 청취자 대부분이 어린 자녀를 돌보는 엄마라는 것이다. 이 여성은 청취자들이 신학과 자신의 삶이 얼마나 연관되는지 알게 되기를 원했다.

인터뷰 마지막에 진행자가 내게 물었다. "우리 엄마들이 깊이 생각해 보아야 할 어떤 중요한 신학 개념이 있을까요?" 그녀는 내가 이 가벼운 질문을 통해서 하나님의 주권이나 다른 심오한 교리에 대해 말해 주리라고 생각하는 듯했다. 그러나 나는 "인간의 유한성입니다."라고 대답했다. 진행자는 적잖이 놀란 듯했다. 내 대답은 많은 그리스도인이 너무나 빈약한 창조 교리를 가지고 있다는 염려에서 비롯된 것이었다. 여기

> 결핍된 존재인 인간은 자신을 광란의 활동으로 몰아넣어
> 스스로를 파괴할 위험에 처했다.
>
> _ 잉골프 달퍼스, 『가능성의 피조물』 Creatures of Possibility

서는 이 문제를 간단히 언급하고 지나가지만, 나중에 다시 자세히 다루려고 한다.

내 말은 '의존적인' 피조물이라는 인간 존재가 결점이 아니라 건설적인 선물임을 재발견해야 한다는 뜻이다. 똑똑한 독자들은 '피조물'에는 굳이 '의존적'이라는 형용사를 붙일 필요가 없다는 사실을 이미 눈치챘을 것이다. 본질상 의존적이지 않은 피조물은 없기 때문이다.

우리의 의존성은 단순히 하나님의 섭리라는 추상 개념을 가리키지 않는다. 오히려 이 의존성은 우리가 타인과 지구와 제도와 전통을 의지할 때 구체적인 형태를 갖춘다. 그래서 우리는 유한성의 가치와 진실성을 배워서, **한계를 주신 하나님께 감사할 수 있는 지점까지 도달해야 한다.** 악을 허락하신 하나님께 감사하라는 말이 아니다. 우리는 유한성(곧 인간의 한계)이라는 선물을 죄와 비극이라는 현실과 분리해 그 차이를 볼 수 있어야 한다.[6]

다시 인터뷰로 돌아가서, 유한성과 자녀 양육의 연결 고리를 찾기란 그리 어렵지 않다. 아이들은 모든 것을 잘하지 않아도 된다. 사실, 모든 걸 잘할 수 '없는' 것이 맞다! 이 사실을 믿고 받아들이면, 아이들(과 우리까지!)은 해방을 경험하게 된다. 이제 우리는 타인을 극복해야 할 도전 과제로 여기지 않고 있는 모습 그대로 즐거워할 수 있다.

말이 끝나기가 무섭게 진행자가 반색했다. 진행자는 이런 대답이 "전혀 뜻밖입니다."라고 말하면서도, 아이들에게 과도한 일정을 주입하는 부모의 성향에서부터 자녀가 팔방미인이 되기를 바라는 심정 등 온갖 종류의 연결 고리를 끌어냈다. 그런 가정에는 여러 가지 활동만 즐비하고, 쉬면서 자신을 돌아볼 여유가 없다. 자녀나 부모 할 것 없이 모두가 끊임없이 최고가 되려고 하고, 이기려고만 하면 피상적인 관계가 될 수밖에 없다.

이런 왜곡된 기대는 그것을 인식하든 인식하지 못하든 모두를 승자보다는 패자로 만들기 마련이다. 그래서 우리는 아이들이 성공하기를 바라면서 어떻게든 더 많은 활동을 시키려 한다. 그리고 아이들이 성공할 때까지 그들이 다재다능하다고 거짓말을 주입하면서 언젠가는 그 말이 사실이 되기를 바란다. 아이들은 자신의 단점이 아니라 심사 위원과 교사, 또래 집단이 문제라고 믿기 시작한다. 자신을 제외한 모든 사람이 문제라고 여긴다. 이런 전략은 자존감과 성공을 독려하려는 의도였지만, 결국 장기적으로는 아이들의 자존감과 자아상을 망치는데, '만능'이라는 신화를 유지할 수 없기 때문이다.

살다 보면 언젠가는, 받아들여야 할 고통스러운 진실이 드러난다. 곧 우리는 최고가 아니다. 가장 똑똑한 사람도, 가장 능력 있는 사람도 아니다. 우리보다 강하고 아름답고 똑똑한 사람은 늘 있기 마련이다. 언젠가는 환상이 깨지는데 그럴 때 왜곡된 기대는 충격적인 결과를 초래할 수 있다. 대학 교수인 나는 청년들이 자신 안에 덮어둔 이 버거운 사실을 받아들이기 위해 다양한 방법으로 애쓰는 모습을 자주 본다. '헬리콥터' 부모 혹은 '불도저' 부모라도 영원히 아이를 보호할 수는 없다. 원하든 원하지 않든 각자 어느 시점에서는 자신의 한계와 약점을 직면해야 한다.

유한성은 죄가 아니다

우리는 타락한 세상에 살고 있다. 죄는 인간의 머리에서부터 가슴까지, 육체적 욕구에서 사회정치적 관계에 이르기까지 모든 것에 영향을 미쳤다. 그래서 때로 죄에서 우리 문제의 원인을 잘못 찾기도 한다. 사실은, 대개 우리가 하나님이 아니라 유한한 피조물이라는 데 내재한 한계가 원인이다.

하나님의 선하신 계획에 따라 우리는 유한한 존재로 창조되었다. 이 책에서 '유한하다'라고 할 때는 대개 '피조된 인간의 한계', 곧 '좋은 한계'에 초점을 맞춘다. 모든 피조물은 공간과 시간과 능력의 제약이 있고, 우리 지식과 힘과 관점도 항상 한계가 있다. 그러니, 이 책에서 사용하는 '유한성'이라는 단어를 '죽음'으로 해석하지 말라. 이는 완전히 다른 종류의 질문을 제기하는데, 그것은 대부분 내가 이 책에서 집중하는 주제가 아니다. 이 책은 하나님의 원래 창조 행위, 그분이 보시고 "좋았다."라고 하신 행위의 일부인 인간의 한계에 초점을 맞춘다.

주변의 온갖 기대감을 채우려고 종종대면서 끝없는 할 일 목록을 볼 때, 우리는 무한한 능력의 소유자가 되고 싶어 한다. '시간과 힘과 능력이 더 있었다면 이 일을 다 할 수 있었을 텐데. 그러면 나도 다른 사람도 더 만족했을 텐데.'라고 생각한다. 하지만 끝없는 기대감을 채우려면 하나님의 무한한 속성과 특권이 우리에게 있어야 한다. 때로 만능이 되고 싶다는 욕구 뒤에는 입 밖으로 꺼내지 못한 이런 유혹이 도사린다. '유한한 피조물이 아니라 무한한 창조주였다면….'

사실, 피조물의 한계를 거부하려는 이런 충동은 죄만큼이나 역사가 길다. 창세기에서 하나님은 하나님이 아닌 모든 것을 창조하시고 나서 보시기에 "좋았다"라고 말씀하셨다(창 1장). 하지만 난데없이 뱀이 나타나서 사람의 마음을 뒤흔들어 놓는 질문을 던진다. "하나님이 참으로… 하시더냐"(창 3:1) 뱀은 듣는 사람의 상상력을 왜곡하는 표현을 사용해서 이렇게 선언한다. "너희가 그것을[열매를] 먹는 날에는 너희 눈이 밝아져 하나님과 같이 되어 선악을 알 줄 하나님이 아심이니라"(창 3:5). 뱀은 의심과 불확실을 미묘하게 암시하면서 하나님과 인간의 관계에 불신을 심어 준다.

이런 간접 전술로 뱀은 그들이 '더 많이 알 수 있고' 알아야 한다고 상상하게 만든다. 그들은 '더 큰 존재'가 되어야 한다. 뱀은 하나님이 주신 한계가 존중해야 할 유익한 선물이기보다 극복해야 할 단점이라고 암시한다. 구약학자 게르하르트 폰 라트(Gerhard von Rad)에 따르면 이런 지식은 단순한 정보나 도덕성의 문제가 아니라, '만물'을 '지배하는' 문제다. 폰 라트는 더 나아가서 이렇게 설명한다. "인간은 신을 향해 자기 존재를 확장하려고 애씀으로써, 피조물의 한계를 넘어 자신의 삶을 신과 같이 강화하려고 함으로써, 즉 하나님과 같이 되기를 바람으로써, 하나님에 대한 순종이라는 단순함에서 벗어났다."[7] 인간은 피조물의 한계를 선물, 곧 신성함을 얻지 않게 막아 주는 장벽이 아니라 단점으로 무시했다. 열매를 따 먹은 행위는 사탄이 그들에게 주입한 끔찍한 거짓말에 대한 믿음이 겉으로 드러난 표시에 불과했다.

> 인간의 한계는 인간 존재의 가장자리가 아니라 중심에 있다.
> …경계, 즉 선악과가 있는 곳에 생명나무, 즉 생명을 주시는 하나님도 계신다.
> 하나님은 우리 존재의 경계이자 중심이시다.
>
> _ 디트리히 본회퍼, 『창조와 타락』 Creation and Fall

창세기 기사에서 인간은 하나님의 창조 행위의 절정이었지만, 권력을 손에 넣으려고 사랑을 거부하는 바람에 불만을 느끼게 되었다. 하나님의 형상대로 창조된, 유한한 피조물이라는 것만으로는 충분하지 않았다. 하나님은 아담과 하와에게 동산 전체와 다른 많은 선물을 주셨다. 따라서 원죄는 **하나님이 그들에게 주시지 않은 한 가지를 취하는 형태를 띤다.**[8] 이런 한계를 좋은 선물로 여기지 않고 순진하고 탐욕스럽게도 기회로 보았다. 전기 콘센트에 손가락을 집어넣지 말라는 부모의 말을 의심하는 아이처럼 말이다. 부모가 그런 제약을 둔 이유는 아이를 무시하거나 미워해서가 아니라 너무 사랑하기 때문이다. 아이들이 타고난 한계를 무시할 때 어떤 위험이 따르는지 알기 때문이다. 그대로 둔다면 아이는 전기 충격 때문에 죽을 수도 있다!

그래서 창세기는 3장 이후로, 하나님이 두신 제약에 못마땅해하며 순종과 불순종을 오가는 인간의 모습을 그린다. 폰 라트가 주장하듯이, "인간이 스스로를 점점 더 강력하고 점점 더 거대한 존재로 상상하는 움직임이 시작되었다."[9] 실제로 창세기 기사는 원래 창조 세계의 선한 질서에서 무질서로 전환되는 듯하다. 샬롬이 무너졌다. 그리고 우리 모두는 자신의 한계와 무질서한 관계 가운데 살고 있다.

그러면 우리가 하나님이 아니라 피조물이라는 것은 무슨 뜻일까? 우리에게 '어떤' 재능과 자원은 있지만, '모든' 재능과 자원이 있지는 않다. 이 말은 무슨 뜻일까? 우리가 무한하거나 보편적이거나 모든 지역의 상황을 초월하지 않고, 유한하고 특수하며 뿌리를 내리고 있다는 것은 무슨 뜻일까? 이런 질문들에 정직하게 답한다면 우리가 세상을 상상하고, 자신을 상상하고, 하나님과 다른 사람들과 맺는 관계를 상상하는 방식이 달라질 것이다.

인간 특유의 유한성을 인식하고 즐거워하는 것은, 특히 부유하고 목적 지향적인 사회에서 엄청나게 큰 도전이다. 이는 하루에 달성할 수 있는 과제에 대한 비현실적인 기대감뿐 아니라, 휴식과 서서히 발전하는 관계를 소중히 여기지 않는 태도에도 나타난다. 이 문제는 자녀들에게 부과하는 부적절한 기대감에서부터 인간성을 말살하는 직장 문화에 이르기까지 다양한 형태로 나타난다. 그리스도인들은 교회 활동이나 사역에 지나치게 헌신하느라 번아웃에 이르는 경우도 많다. 혹은 일단 헌신하면 끝없는 요구에 시달릴 것이 두려워서 아무것도 하지 않는 정반대 극단으로 치닫는다. 이렇듯 이 문제는 모든 걸 다 하려 하거나 아무것도 하지 않는 두 형태로 나타날 때가 많다.

그러면 우리는 어떻게 해야 할까? 우리가 피조물이라는 현실을 곰곰이 생각해 보는 시간을 내길 바란다. 그 시간에 우리의 한계와 의존성, 사랑, 하나님의 은혜에 대한 의존, 예배가 드러날 것이다. 그리고 피조물 됨의 기쁨과 창조주의 약속 안에 거하는 자유를 살펴보게 될 것이다. 해롭고 비현실적인 이상에 의문을 품고 인생의 복잡한 속성을 알아차리게 될 것이다.

그때 다음 핵심 개념들이 우리의 묵상을 이끌어 줄 것이다.

1. 우리는 무한할 필요가 없다. 하나님만이 무한하신 분이다. 오히려 우리는 피조물의 한계를 '통해' 마음과 목숨과 뜻과 힘을 다하여 하나님을 사랑하고 이웃을 자신같이 사랑하라는 부르심을 받았다.
다시 말해, 하나님 사랑과 이웃 사랑은 피조물의 유한성의 범주를 벗어나지 않는다. 이는 내가 발견한 두 번째 개념으로 이어진다.
2. 모든 일을 다 할 수 없을 때 하나님께 용서를 구하거나 그래야 한다고 느끼기를 그만두어야 한다. 오히려 다 할 수 있다고 생각한 것에 대해 용서를 구해야 한다!

이 책의 다른 묵상은 다음의 기본적인 신학 주장에 기초한다.

- 하나님은 우리를 선한 피조물로 설계하신 선하신 창조주시다.
- 한계가 있다는 것은 피조물이라서 좋은 점 중에 하나다.
- 성육신은 하나님이 인간의 한계를 포함하여 그분의 창조 세계를 매우 긍정하신 것이다.
- 하나님은 공동체를 위해 인간을, 인간을 위해 공동체를 설계하셨다.
- 창조주 하나님은 또한 섭리하시고 구속하신다.
- 하나님은 우리에게 인간 피조물로서가 아닌 다른 어떤 방식으로도 그분과 관계를 맺으라는 요청을 하신 적이 없다.
- 인류를 향한 하나님의 목적은 우리가 하나님과 이웃과 나머지 창조 세계를 사랑하는 사람이 되는 것이다.

피조물의 유한성이 필수적인 역할을 하는 이 틀 안에서 자신을 보기 시작하면, 끝없는 기대감을 채워야 한다는 압박이 다른 양상으로 나타난다. 하나님과 다른 사람들과 더 풍성한 방식으로 관계를 맺게 된다. 더는 무한한 능력을 소유하려고 애쓰지 않아도 된다. 그건 하나님이 하시는 일이니까! 우리는 위엄과 목적의식이 있고 약하면서도 유한한 피조물로 우리를 지으신 하나님을 예배한다. 피조물로서 가진 우리의 욕구와 타인을 의존하는 것에 대해 미안해할 필요가 없다. 하나님이 우리를 그렇게 만드셨고 그것은 좋은 것이기 때문이다.

이 책의 목적은 한계라는 선물을 받아들이는 것이 신학적·목회적으로 중요함을 발견하도록 돕는 것이다. 한계는 인간 됨의 일부다. 그래서 각 장은 피조물의 한계를 조금씩 다른 각도에서 살펴보는 다양한 질문을 탐색한다. 우리가 부족함을 자주 느낀다는 점은 이미 살펴보았다. 그래서 사람들은 '내가 충분한가?'라는 의문에 시달린다. 이 질문에 제대로 답하려면 던져야 하는 핵심 질문이 있다. **하나님은 나를 어떻게 생각하실까?**(2장에서 살펴볼 것이다.) 인류 전체가 아니라 작은 나, 내 특이성과 특수성을 하나님은 어떻게 보실까? 어떻게 나를 포기하지 않고도 그리스도와 관계를 맺을 수 있을까? 그다음에는 마리아의 아들, 곧 예수님의 육체와 그분의 독특한 인간성을 살펴볼 것이다. 이를 통해 우리는 더 깊이 있고 현실적으로 자신의 인간성을 이해할 수 있다(3장). 이로써 우리는 몸이 자아에 대한 인식과 관계, 예배와 연결될 수밖에 없는 이유를 탐색할 것이다. 인간은 애초에 몸으로, 몸을 통해 예배하도록 만들어졌기에 몸을 무시하거나 학대하는 것은 심각한 결과를 초래한다(4장). 하

> 우리는 인간 경험 외에는 신에 대한 다른 경험이 없다.
> 내가 하나님을 경험할 때 나를 지탱하는 것은,
> 적어도 우선은 하나님이 인간을 만드셨다는 사실이다.
>
> _ 에마뉘엘 팔크, 『유한성의 변신』 The Metamorphosis of Finitude

하나님은 각 사람을 다른 몸과 성격을 지닌 독특한 존재로 만드셨지만, 스스로 정체성을 만들 수 있는 고립된 개인이 되게 하지는 않으셨다. 우리 정체성은 가족과 문화, 역사적 배경과 반드시 연결된다(5장). 죄가 자기 이해를 포함한 삶의 모든 영역에 영향을 미쳤기에 우리는 죄를 지은 성도로 살아가는 매일의 도전을 잘 헤쳐 나가야 한다.

우리의 특이성과 한계의 가치를 잘 다진 후에 책의 나머지 부분에서는 건강한 상호 의존이 무엇인지를 탐색한다. 우선, 겸손을 살펴본다. 우리는 너무 자주 겸손의 근거를 죄에 둔다. 이때 발생하는 문제의 우려스러운 결과를 논의하면서, 피조물의 좋은 한계 속에서 겸손의 진정한 근거를 보여 준다(6장). 다음에는 우리가 시간을 다루는 잘못된 방식을 몇 가지 살펴본다. 하나님의 임재를 인식하면 시계의 독재에서 해방되어 진정한 인간적 추구를 할 수 있다(7장). 이와 관련해서, 시간이 부족하다고 느끼는 우리는 종종 즉각적이고 급진적인 자기 개선을 원하게 된다(8장). 또한 복음 전도부터 가난한 자에 대한 돌봄까지 우리가 교회에서 쉴 새 없이 맞닥뜨리는 적법한 요구에 대해서도 살펴본다.

인간의 유한성이 우리를 다시 뭉치게 한다. 교회에서 서로 의지하고 하나님을 의지하게 만든다. 그리스도인 혼자서는 할 수 없는 일을 그리스도의 몸인 교회는 할 수 있다(9장). 마지막으로, 우리가 인간의 한계를 건강하게 경험하도록 돕는 네 가지 삶의 방식, 곧 리듬 받아들이기, 약함을 인정하기, 감사를 개발하기, 휴식을 존중하기에 대한 실용적인 묵상을 제공한다(10장).

(교회 안팎에서) 우리의 잘못된 전제를 검토한다면, 우리가 인간의 한계로 힘들어하는 이유를 알게 될 것이다. 또 창조 세계를 사랑하시는 하나님의 피조물로 살아가는 유익에 감사하는 법을 깨닫게 될 것이다. 하나님은 우리의 유한성을 기뻐하신다. 피조물의 속성에 거북해하시거나 충격받지 않으신다. 하나님이 그에 대해 양해를 구하지 않으시니 우리도 변명할 필요가 없다. 하지만 어째서 인간의 유한성이 좋은지를 제대로 파악하려면 다음 질문에서부터 출발해야 한다. **하나님은 나를 어떻게 보실까?**

You're Only Human

하나님은 그분의 자녀를 사랑하신다. 그래서 그분의 아들과 성령님을 통해 우리의 진정한 자아를 왜곡하는 죄의 억압에서 우리를 해방하신다. 우리는 창조주와 동료 피조물과 교제하도록 창조되었기 때문이다.

02

있는 모습 그대로 사랑받는 나

나를 아시는 하나님 안에서의 안식

우리의 특수성이 중요함을 이해하는 것은 인간의 유한성을 좋은 것으로 볼 수 있는 좋은 출발점이다. 우리는 처음에 인식한 것보다 훨씬 더 자기 모습을 불편해할 때가 많다. 따라서 하나님이 우리를 어떻게 생각하시는지 이해하는 것은 훌륭한 출발점이라고 할 수 있다.

하나님은 '당신'을 어떻게 생각하실까?

하나님이 당신을 사랑하시냐는 질문을 받으면, 대부분은 주저 없이 그렇다고 답한다. 하지만 내 마음은 물론이고 많은 젊은이와 어른의 이야기를 들어 보면, 겉보기와 달리 속마음은 그렇게 확신하지 못하는 듯하다. 우리는 솔직하지 않은 '정답'을 그저 자동으로 되풀이하고 있지는 않은가?

그런 신속한 반응 뒤에는 우리를 향한 하나님의 태도에 대한 지속적이고 깊은 불안감이 도사리고 있을 때가 많다. 따라서 다른 질문을 던질 때 더 진심을 드러내는 대답이 돌아오기도 하는데, 이는 더 설득력 있는 대화를 끌어낼 수 있다. 자, 이제 그 질문을 한번 던져 보겠다.

하나님은 당신을 좋아하실까?[1]

얼리샤 자노니(Alicia Zanoni)가 쓴 동화『좋아해, 사만다 사라 마리』(*I Like You, Samantha Sarah Marie*)는 저자의 가족이 여동생을 입양한 사건을 바탕으로 한 책이다.[2] "자노니"의 집에 온 사만다 사라 마리는 "바이올린처럼 자그마했다." 처음 보는 어른들과 아이들, 새로운 장소, 낯선 것투성이였다. 사만다는 새로운 가정에 들어서면서 이 사람들을 좋아할 수 있을까 궁금했다. 그리고 무엇보다 이들이 자신을 좋아해 줄지 궁금했다.

자노니는 격하게 춤을 추다가 꽃병을 깬다든지 차에서 시끄럽게 노래를 부른다든지 크레용으로 벽에 그림을 그린다든지 가정에서 일어난 자잘한 사고와 잘못을 묘사한다. 그럴 때마다 자노니 부인은 조심스럽고 우아하게 대처했다. 절대 그냥 넘어가지는 않았지만, 아주 다정하면서도 근본적인 수용과 포용에서 흔들리는 법이 없었다.

어느 날 저녁, 자노니 부인은 안락의자에 앉아서 사만다 사라 마리가 그녀의 가정에 오게 되어 얼마나 감사한지 이야기했다. 경계를 넘나드는 당돌한 소녀는 이전의 경험에 비추어서 자신이 잘못을 저질렀을 때도 그 말이 사실인지 물었다. 자노니 부인이 한숨을 내쉬며 말했다. "흠, 네가 엄마 물건을 깨뜨리거나 벽에 그림을 그리면 썩 좋지는 않아. 네가 순종하지 않고 소리를 질러서 엄마가 훈육해야 할 때면 무척 슬프단다. 하지만 그렇다고 해서 네가 우리 가정의 아주 특별한 존재라는 사실이 바뀌지는 않아. 너 같은 당돌함이나 미소, 상상력, 웃음을 지닌 아이는 없단다."[3]

자노니의 책은 소속감에 대해 새롭게 생각하게 만든다는 점에서 매우 통찰력이 있다. 저자는 특히 실패하거나 약점이 드러났을 때 사람들이 우리를 싫어할까 봐 두려워하는 마음을 인정하도록 요청한다. 우리는 부모나 학교 친구들뿐 아니라 하늘에 계신 아버지도 우리의 약점을 보시고 우리를 싫어하지 않으실까 궁금해한다.

'사랑하는 것'과 '좋아하는 것'을 구별하기

'사랑'은 아름다운 단어다. 적절한 맥락에서 적절한 사람이 이 단어를 말한다면, 아무리 무감각한 사람이라도 전율이 일고, 슬픔에 빠진 영혼이 살아나며, 머리끝까지 화가 난 사람이 차분해질 수 있다. 사랑은 하나로 모아서 결속하고 치유한다.

하나님의 사랑은 모든 복음의 동력이어서, 우리 죄인들에게 좋은 소식이 된다. 사랑, 진정한 사랑은 바싹 마른 영혼에 시원한 물이요 굶주린 사람의 양식이자 낯선 이방인에게는 환대다. 하나님의 사랑은 인간의 죄와 망가진 우주에도 불구하고 세상이 정상적으로 돌아가게 만들고 유지한다.[4]

그러나 하나님의 사랑에 대해 너무 자주 들어서, 술래잡기에서 마시멜로를 던지듯 그 단어가 우리에게 아무런 영향을 주지 못할 때가 많다.

사랑이란 단어가 우리를 칠 때 그것이 너무나 가볍기 때문에 실제로 닿았는지 닿지 않았는지 알 수가 없는 것이다. "내가 술래야."라고 말해 놓고도 몸에 닿았는지 어쨌는지 확신이 없다. 하나님이 우리를 사랑하신다고 믿고 긍정해야 한다는 것을 알면서도 깊이 파고들면 의심이 가시지 않는다.

그렇다면 '좋아한다'는 말은 어떤가? 나는 치즈케이크를 좋아한다. 선선한 봄날 아침을 좋아한다. 가족들과 식사를 마치고 편하게 기대어 앉아, 아이들의 일과와 나를 놀려 대는 농담에 귀 기울이는 것이 좋다. 제이와 제프리와 캠프파이어에 둘러앉아 먹고 마시면서 실없는 웃음과 철학적 묵상, 눈물 나는 이야기로 채우는 저녁 시간을 좋아한다. 커피는 블랙으로 마시고, 사무실 책상이 깨끗한 걸 좋아한다. 목수가 자신이 만든 멋진 탁자를 보면서 "정말 마음에 드네. 우리 집에 놓고 싶어."라고 말할 때처럼 좋아한다는 말은 선호, 의향, 즐거움의 의미를 담는다.

부모나 배우자, 하나님이 당신을 사랑한다고 느끼면서도 정말로 당신을 좋아하는지는 모르겠다고 생각한 적이 있는가? '사랑한다'는 말은 의무와 의무감으로 넘쳐나서 정서적인 힘, 즐거움과 만족감을 잃어버릴 때가 많다. 이때 좋아한다는 말이 하나님의 사랑에서 우리가 쉽게 잊어버리는 측면을 일깨울 수 있다.

하나님이 우리를 즐거워하고 기뻐하신다는 사실을 망각하는 것은, 하나님의 사랑을 누리는 능력을 방해한다. 용서는 물론 아름답고 중요하지만, 용서만으로는 부족하다. 용서를 사랑에서 비롯되고 사랑으로 돌아가는 것으로 이해하지 않는 한, 복음을 단순히 이전의 범죄를 씻어 내는 것이 아니라 우리를 향한 하나님의 맹렬한 기쁨으로 이해하지 않는

한, 우리를 위한 하나님의 싸움을 단순히 냉정한 법의학적 과정이 아니라 극적인 개인의 구원으로 이해하지 않는 한, 우리는 성경 대부분과 인간의 필요를 무시하는 것이다.

사만다 사라 마리의 이야기 속 소녀는 새로운 부모에게서 사랑한다는 말을 듣는다. 부모는 당연히 그녀를 사랑했을 것이다. 하지만 소녀는 자신이 이제 그들의 딸이기 때문에 부모가 '그래야 한다'고 알았다. 입양아든 친자식이든 자녀는 대부분 부모가 우리를 '사랑해야' 한다는 것을 안다. 하지만 삶이 그렇게 단순하지만은 않다. 일상을 제대로 살아 내기 위해 애쓰는 과정에서, 아이들은 어쩔 수 없이 수많은 교정과 조언, 요구 사항을 받는다. 그러면서 죄와 결점도 쌓인다. 여기서 발생하는 갈등은 미묘한 불안정과 불안감을 낳을 수 있다. 게다가, 부모는 눈앞에 있는 현실보다 자신이 보고 싶은 것을 자녀에게 투영하기 쉽다. 그 예로 어떤 부모는 축구 선수를 원하고, 어떤 부모는 수학 천재를 원한다. 자녀가 인기 있는 사람이 되기를 바라는 부모가 있는가 하면, 가정을 지키기에는 너무 바빠서 자녀가 철저하게 독립적인 사람이 되도록 몰아가는 부모도 있다. 그러는 사이에 아이들은 스스로 의문을 품게 된다. "내가 잘못해도 우리 부모님은 정말 나를 좋아하실까?"

어느 경험 많은 청소년 사역자가 내게 이런 말을 한 적이 있다. 요즘 고등학생들에게 부과되는 압박이 심하지만, 특히 여학생들에게는 더 그렇다는 것이다. 그는 이렇게 설명했다. "남학생들은 야구든 화학이든 컴퓨터든 어느 한 가지만 잘하면 됩니다. 한 가지만 정말 잘한다면 괜찮습니다. 하지만 뭐가 됐든 한 가지는 정말로 잘해야 하지요." 그리고 나서 계속해서 이렇게 말했다. "여학생들은 **팔방미인**이 되어야 합니다. 올

A학점에 외모도 준수하고 운동도 잘하고 재밌고 사교에도 능해야 하고요." 거기에 더해서, 당황하거나 통제력을 잃지 않으면서 이 모두를 해낼 수 있어야 한다. 한 가지만 잘하는 것도 충분히 높은 기준이어서 대다수 남학생이 불안정하고 안절부절못하는 경향이 있다. 하물며 모든 일에 완벽해야 한다는 기대는 여학생들을 숨을 쉬기 힘들 지경으로 만들기에 충분하다. 젊은이들 사이에 자해가 늘어나는 현상은 어쩌면 당연한 일인지도 모른다.[5]

쇼나 니퀴스트(Shauna Niequist)의 '뉴욕타임스' 베스트셀러 『완벽을 포기하고 현재를 누리기』(Present over Perfect)를 읽으면서 이것이 고등학교 여학생들만의 문제가 아니라는 것을 최근에 깨달았다.[6] 남성보다 여성이 표적이 되는 경우가 많기는 해도 이것은 모두에게 해당하는 문제다. 우리 시대의 '완벽주의'에 대한 충동은 농담이 아니라, 정신적·육체적·관계적으로 심각한 장애를 초래한다는 사실이 입증되었다.[7]

서구 문화는 철저한 개인주의를 미화하면서도 대다수가 생각하는 것보다 훨씬 더 군중심리를 조장한다.[8] 한편으로는 완전한 자기표현을 요구해서 우리를 지치게 하고, 다른 한편으로는 순응하라는 압력으로 우리를 질식시키는 현대 사회는 얼마나 역설적인가? 끊임없이 변하는 패션과 유머, 음악에 계속해서 적응하면서도 독립적으로 사고하는 것처럼 보여야 한다. 이 긴장이 우리 경제와 불안의 원동력이다![9]

가정과 교실, 또래 집단의 압박을 받는 젊은이들은 고립감을 느끼고 누가 자기를 좋아해 줄지 확신하지 못할 때가 많다. 친구들 사이에서도 각 구성원이 기여하는 만큼만 결속하는 부족 무리와 비슷하다고 느낀다. 그렇지 못할 때는 거절당할지도 모른다는 두려움을 느낀다. 취미,

> 사람들에 대해 조금이라도 아는 이라면,
> 그들이 자기애를 포기하기를 종종 바랐던 것처럼,
> 자기 자신을 사랑하도록 가르치고 싶어했음을 분명히 인정할 것이다.
>
> _ 쇠렌 키르케고르, 『사랑의 역사』 Works of Love

옷차림, 운동 능력 등이 당신이 속한 집단과 일치해야 한다. 쫓겨날 수도 있다는 위협이 끊임없이 청소년들 사이를 맴돈다.

어른들에게는 말도 안 되는 이야기처럼 들릴지도 모르지만, 십대와 아이들에게는 흔한 경험이다.[10] 우리가 좀 더 주의 깊게 살펴본다면 성인들 사이에서도 이런 현상이 얼마나 흔한지 알 수 있을 것이다. "너답게 행동하라."라는 요구와 종종 자기표현으로 위장한 최신 사회 트렌드를 따르라는 무언의 요구 사이에서 칼날 위를 걷고 있다. 학교와 사회의 압박은 수천 년 전부터 있었으니 어제오늘 일이 아니지만, 소셜 미디어를 비롯한 여러 사회적 변화가 그 압박을 더 강화했다.[11]

사만다 사라 마리처럼 이 젊은이들은 자신이 사랑받고 있다는 말을 들었으면서도 자신을 좋아해 줄 사람이 누가 있을지 여전히 의문을 품는다. 부모님이 나를 좋아해 줄까? 선생님이나 학교 친구들을 떠올리면 역시 비슷한 의문이 들면서 걱정스럽다. (어른은 말할 것도 없고) 그렇게 많은 아이들이 동물을 보면서 위안을 얻는 데는 그럴 만한 이유가 있다. 우리 집 아이들이 대문을 박차고 집에 들어올 때면 루비는 흥분을 주체하지 못한다. 꼬리를 어찌나 흔들어 대는지 몸이 반으로 접힐 것만 같다. 고양이 코튼은 외로운 이의 무릎에 뛰어올라서 그가 다정한 손길로 자신을 쓰다듬어 주면, 가르랑거리는 소리로 위로를 전하려고 기다린다. 이런 털북숭이 친구들은 상대를 판단하지 않고 온전히 수용하며 애정을 준다. 어린 아이들은 그들을 반기는 반려동물과 서로를 받아들이고 친절하게 대해 주며 즐거운 시간을 보낸다. 이처럼 반려동물이 기쁨을 주고 마음을 치유해 줄 수는 있다. 그러나 우리의 다른 관계들에 대한 의문을 해결하지는 못한다. 그리고 이 모든 현상의 배후에는 '하나님'이 당신을 어떻게 생각하시는지에 대한 염려가 도사린다.

자, 이제 다시 한번 묻는다. **하나님은 당신을 좋아하실까?**
십대뿐 아니라 모든 연령대의 성인에게 이 질문을 던져 보았다. 이 질문을 할 때 나는 가능하면 상대와 눈을 마주치려 하는데, 사람들은 곧장 땅으로 시선을 떨어뜨린다. 그들에게 이 질문이 불편한 게 틀림없다. 하지만 사람들이 흔히 이 질문에 이어지는 불편한 침묵을 깨뜨리기보다는 때로 눈가가 촉촉해진다. 왜 그럴까? 이 간단한 질문에 대한 본능적인 반응 뒤에는 무엇이 있을까? 한 걸음 물러나서 이 문제의 잠재적인 뿌리를 들여다보자.

하나님은 '나를' 보시는가?

이렇게 시작하는 복음 전도를 들어 본 적이 있는가?

- 하나님은 거룩하고 사랑이 많으십니다.
- 당신은 죄인입니다.

- 하나님은 죄를 미워하시고 죄를 견디지 못하십니다.
- 걱정하지 마십시오. 이제 아버지께서 당신이 아니라 그리스도와 그분의 십자가를 보시기 때문에 십자가가 복음이 됩니다.

목회자와 기독교 상담가가 좋은 의도로 선포하는 이와 비슷한 복음을 얼마나 많은 신자가 들었겠는가? 딱딱한 나무 신도석이나 낡아 빠진 가죽 의자에 앉아 있으면 죄와 실패의 무게가 양심의 가책으로 밀려온다. 말하는 사람은 그리스도의 죽음이라는 좋은 소식을 선포하고 신자를 위로하려 한다. 물론, 이 메시지를 듣고 처음에는 약속과 깊은 안도감을 느낀다(그 메시지가 우리에게 그리스도와 그분의 십자가를 가리켜 주니 말이다!). 듣는 사람은 우리를 위해 그리스도께서 죽으셨고 하나님께서 완전히 용서하셨다는 좋은 소식을 발견하고 감사한다. 하나님의 사랑에 대해 듣고 마음 깊이 감동할지도 모른다. 이 모두가 좋고 올바른 이야기지만, 결과적으로는 하나님과 인간과 그리스도인의 삶에 대한 관점을 왜곡할 수 있는 오해의 소지가 있다.

내가 속한 곳과 같이 어떤 전통에서는 '죄인'의 정체성을 너무 강조한 나머지, 하나님의 형상대로 창조된 사람으로서 교제하는 삶을 경험하거나 자신의 특별한 기질, 개성, 다름을 통해 그분의 원래 기쁨을 경험할 수 있는 더 깊은 정체성에 대해서는 여지를 두지 않는다. 앞에 나온 복음은 오로지 의무와 그 의무를 다하지 못한 우리의 실패라는 관점에서 의미가 있기에 우리는 하나님도 의무라는 관점에서 생각하고 행동하신다는 개념을 흡수한다. 따라서 부모의 사랑을 잘못 받아들이듯이, 하나님의 사랑도 스스로 부과한 의무로 잘못 받아들일 수 있다.

기쁨이나 즐거움, 인정 같은 것들은 너무 좋아서 믿기지가 않는다. 하나님도 인간 부모처럼 우리를 사랑하셔야만 한다(혹은 그렇게 들었다.). 그래야 거래가 성사된다. 하나님은 하나님이시고, 우리가 그분의 기준을 맞출 방법은 없으니 말이다.

우리는 반복해서 그런 말을 듣는다. 그런데 우리는 왜 하나님이 우리를 좋아하신다고 생각해야 할까? 앞서 소개한 설교 내용 중에 우리에게 딱히 좋아할 만한 구석이 있다고 암시하는 설교는 하나도 없고, 오히려 정반대다! 우리 안에는 선한 것이 아무것도 없다, 그렇지 않은가?[12]

어쩌면 우리가 바랄 수 있는 최선은, 우리가 고개를 숙이고 예수님과 함께 있으면 하나님이 우리를 참아 주시는 것일지도 모른다. 마치 우리가 큰형 예수님과 함께 잔치에 참석하면 하나님이 우리를 받아 주시는 것처럼 상상한다. 잔치를 베푼 사람이 좋아하는 예수님을 따라왔기 때문에 우리를 봐주는 것이다.

실제로 많은 사람이 '하나님의 사랑'을 그렇게 경험한다. 곧 하나님이 우리를 마지못해 참아 주신다고 여긴다. 복음을 전하는 어떤 사람들은 그리스도의 피가 그리스도인들을 덮었기 때문에 하나님이 그들을 '보시지 않고'(그들은 죄인이기 때문이다.) 그리스도만 보신다는 말로(그분만이 죄가 없으시다.) 신자에게 위로를 주려 한다.[13] 이런 가정에 따르면, 하나님은 당신을 보고 싶어 하지 않으신다. 혹은 그냥 못 보시는 건지도 모르겠다.

이런 메시지를 아주 오랫동안(심지어 수십 년간) 듣던 사람이 어느 순간에 이렇게 질문할 용기를 내는 것은 얼마든지 이해할 만하(고 성장의 징후이기도 하)다. "하나님이 그리스도 안에서만 나를 보신다면, 그분이 정말 '나'를 보시기는 하는 걸까? 정말 '나'를 아실까? 하나님이 '나'를 사랑하신다

> 불경스러움은, 피조물이 하나님이 의도하신 방식이 아닌 방식으로
> 피조물이 되려고 하는 터무니없는 일이다.
> _ 존 웹스터, 『거룩함』 *Holiness*

는 것을 어떻게 알 수 있을까? 하나님은 그분의 아들만 사랑하시는 거 아닐까?"

때로는 비그리스도인이 이런 어색한 질문을 먼저 제기하기도 한다. 그들은 기독교 신앙을 보면서 "그리스도인이 되려면 원래의 '나'는 버려야 하나요?"라고 묻는다. 이 질문에 대답하는 일은 생각보다 까다로울 수 있다. 자기밖에 모른다거나 개인주의적이라며 이런 질문들을 묵살하는 것은 정직한 답을 회피하려는 수단인 경우가 많다. 확고한 개인주의는 서양 문화 특유의 유혹일 수 있지만, 그것은 하나님 나라에서 특정 개인이 어떤 위치를 차지하는지 묻는 것과는 다르다. 예수님은 이 일에 꽤 많은 시간을 들이셨다.

하나님 아버지는 나를 어떻게 생각하실까?

이런 질문을 솔직하게 던지는 것은 엄청난 도움이 된다. 우리는 속도를 줄이고 우리가 성경적 복음을 벗어나지는 않았는지 살펴볼 수 있다. 그런 오해는 두 형태로 나타나는데, 구세주 하나님의 역할만 기억하고, 창조주 하나님의 역할은 잊어버리는 것이다. 이는 절대 분리할 수 없다.

예를 들어 복음을 이야기하면서, 진노하시는 아버지와 사랑하시는 그리스도를 제시하는 경우가 종종 있다. 여기서 아버지는 벌컥 화를 내고 분노하는 완벽주의자처럼 보이고, 더 자비로운 아들이 용서해 달라고 요청하는 것 같다. 이에 아버지는 우리를 참아 주시지만, 그 이유는 순전히 예수님이 우리를 사랑하시기 때문이다. 그런 이야기에서 확연히 드러나는 아버지와 아들의 갈등은 하나님의 하나 되심과 아버지에게서 흘러나오는 그분의 사랑을 강조하는 여러 성경 본문을 훼손한다(예. 요 3:16; 롬 5:8; 엡 2:4; 요일 4:8).

삼위일체 하나님을 잘못 이해하면, 마치 하나님이 아이 친구들이 귀찮지만 아이가 좋아하니 할 수 없이 집에 와서 놀게 하는 아버지처럼 느끼게 된다. 그런 모습이 나만의 상상이면 좋으련만, 그런 인상을 받은 사람들을 세계 곳곳에서 허다하게 만났다. 조금 거칠게 말해서, 이들에게 아버지는 분노하시는(혹은 짜증이 나지만 참으시는) 분이고 아들은 사랑하시는 분이다. 복음과는 정반대다. 이런 실험을 한번 해 보자. 당신은 하나님 아버지 앞에서 안전하고 환영받는 자녀보다는 이방인 같은 느낌에 기도를 피할 때간 있는가?

하나님이 죄를 견디지 못하신다는 주장이 어디서 비롯했는지는 이해가 가지만, 복음 그리고 하나님의 본성과는 근본적으로 반대되는 주장이다. 그와 비슷한 주장들도 거꾸로 되었다. 사실은 죄가 하나님을 견디지 못하는 것이다. 하나님이 죄를 견디지 못하신다는 말은 그분을 거미를 못 견뎌서 다른 사람에게 처리해 달라고 부탁하는 사람처럼 만든다. 그러면 죄가 하나님에 대해 영향력을 행사한다. 이 주장은 하나님을 까다롭고 연약한 분 혹은 사랑하는 사람의 안전과 온전함보다 일의 매끄러운 진행을 더 신경 쓰느라 화를 내고 자기밖에 모르는 트집쟁이로 만든다. 자신을 제외하고는 사랑하는 사람이 아무도 없는 그런 존재로 만드는 것이다. 이는 성육신하신 하나님으로서 평생 죄인들과 함께하신 그리스도의 신성을 약화하고 부정한다. 죄인들에게 '내주하셔서' 그들을 성도로 바꾸시는 성령님을 오해한다.[14] 이런 주장은 회복에는 관심이 없는 응징으로만 정의를 바라보는 신학에서 비롯될 수 있다.

설교자와 상담가가 성부를 진노와 연결하고 성자를 사랑과 연결할 때 우리의 삼위일체 개념은 심각하게 왜곡된다. 존 오웬(John Owen)은 17세기 그리스도인들 사이에 있었던 비슷한 오해를 다루었다. 그는 이런 관점이 뿌리를 내리면 예배, 즐거움, 휴식, 사랑이 모두 성장하기보다는 위축된다는 것을 깨달았다.[15] 그래서 이런 관점에 맞서기 위해 오웬은 신약 성경을 가르치면서 "하나님[아버지]이 세상을 이처럼 사랑하사 독생자를 주셨[다]"고 강력하게 선포했다(요 3:16, 괄호는 저자 추가).

삼위 하나님은 서로 다투지 않으신다. 하나님은 한 분이시기에 아버지와 아들과 성령님 사이에 마찰이나 갈등은 없다. 하나님은 한 분이시기에 그분의 거룩함과 사랑 사이에 마찰이나 갈등은 없다. 게다가, 아들은 수동적이지 않다. 오히려 모나 후커(Morna D. Hooker)의 말대로, 우리를 위해 기꺼이 적극적으로, 마지못해서가 아니라 그분 앞에 있는 기쁨을 위해 자신을 주신다.[16]

성령님은 우리를 하나님의 아들과 하나 되게 하시고, 우리를 하나님의 생명과 사랑으로 이끄셔서 그분의 은사를 자유로이 나누어 주신다. 성령님을 통해 아들과 하나가 된 우리는 "아빠 아버지"라고 부르짖는다. 하나님은 거룩하시다. 하나님은 사랑이시다. 이 거룩하신 하나님이 당신을 진정으로 사랑하시고, 당신과 화해하기 위해서 필요한 일을 행하신다.

아들과 성령님의 은사는 우리가 아버지께 사랑받고 있음을 보장하는 것이 아니라, 그저 우리를 향한 사랑의 열매다. 하나님의 세상과 백성, 당신에 대한 그분의 사랑은 죄에 대한 추상적인 회계 문제를 해결하기보다 우리에게 십자가의 의미를 형성한다. 하나님은 당신을 미워하지 않으신다. 오히려 구속 사역에 대한 기쁨으로 사랑을 표현하신다.

신자들은 아버지의 사랑과 아들의 은혜, 성령님의 교통하심을 경험한 사람들이다(고후 13:13). 구속은 막연히 인류 전체를 위한 것이 아니라 구체적인 사람들을 위한 것이다. 목자는 자기 양을 알고, 양 떼를 위해 목숨을 걸며, 양의 이름을 각각 부른다(요 10:3, 11, 14). 나중에 살펴보겠지만, 우리는 오늘날 서구 교회에서 하는 것보다 훨씬 더 공동체를 강조해야 한다. 하지만 그렇다고 해서 하나님이 인류 전체나 세상이 아니라 구체적인 사람을 부르신다는 상호 보완적인 성경의 진리를 가볍게 생각해서는 안 된다(출 33:12, 17; 사 40:26; 요 6:37; 10:3 참조). 그분이 당신의 이름을 아신다. 당신을 보신다. **당신을 사랑하신다.**

우리가 구속을 그저 문제(우리가 문제다.) 해결의 한 형태로만 여긴다면, 선하신 창조주가 우리를 선하게 창조하셨다는 사실도 자칫 잊어버리기 쉽다. 하나님의 즐거움과 쾌락, 만족을 잊어버리는 것이다. 하나님은 그분이 만드신 것을 좋아하시고, 인간이라는 피조물도 정말 좋아하신다.

어쨌거나 우리를 그분의 형상대로 만드시지 않았는가. 두루뭉술한 인류 전체가 아니라, 젊은이와 늙은이, 남자와 여자, 빠른 사람과 느린 사람, 바로 당신과 나 같은 구체적인 사람으로 말이다. 이는 사만다 사라

> 구세주의 사랑을 이미 알지 않았다면,
> 당신 자신을 그렇게 분명하게 보지 못했을 것입니다.
> _ 플레밍 러틀리지, 『죽음의 취소』 The Undoing of Death

마리의 어머니가 자녀의 잘못된 행동을 못 본 체하지 않듯이, 하나님이 우리의 반역과 죄를 눈감아 주지 않으신다는 뜻이다. 하나님은 강퍅한 마음과 탐욕스러운 손, 폭력적인 반응을 싫어하신다. 그분은 죄에 무심하지 않으시고 그러실 수도 없는데, **죄가 그분의 선한 창조 세계를 망가뜨리기 때문이다.** 하나님은 그 죄를 바로잡으시고 처리하실 것이다.

하지만 타락한 인류의 죄악이 인류에 대한 평가에서 어떤 한 가지 주제가 아니라 주요 주제로 떠오를 때마다 우리는 개인에게서 일하시는 하나님의 독특한 사역을 인식하지 못하게 된다. 그러면 우리는 피조물의 삶에서 건전한 측면도 죄의 표현으로 해석하기 시작한다. 나쁜 설교와 신학은 전형적으로 설교자의 특정 인생관이 유일하게 올바른 양식이라고 제시하기 때문에(예. 그리스도인은 고등교육을 받아야 한다거나 특정한 뜻을 위해 일해야 한다는 등) 듣는 자들은 이 특정한 양식에서 벗어난 것은 모두 죄라고 믿게 된다.

창조와 구속의 분리는 하나님의 백성에게 자기혐오와 수치심을 조장한다. 5장과 6장에서 자세히 살펴보겠지만, 올바른 회개와 겸손은 자기를 혐오하는 것이 아니다. 우리가 하나님이 우리를 창조하신 대로 살지 못함을 인정하는 것이다. 창조와 구속과 분리는 우리의 지식을 왜곡하고, 우리가 하나님과 세상과 관계 맺는 방식을 망가뜨린다. 회개는 항상 죽음이 아니라 생명에 이르는 길이다.[17] 회개는 자기를 해치는 것에서 돌아서서[헬라어 '메타노이아'(*metanoia*)] 치유하시는 하나님께로 향하는 것이다. 그래서 회개는 바울이 새로운 피조물의 탄생을 가리킨다고 말한 부활과 연결된다(고후 5:17). 하지만 우리는 여기서 '새로운'이 무엇을 의미하는지 질문해야 한다. 구속받고 용서받은 백성, 곧 새로운 피조물인 우리는 그리스도 안에서 소유한 존엄성에 기초해서 감사할 수 있고 감사해야 한다. 삼위일체 창조주는 "주 예수 그리스도의 은혜와 하나님의 사랑과 성령의 교통하심"(고후 13:13)으로 만물을 새롭게 하고 계시며, 우리는 그분의 새롭게 하시는 사역을 찬양한다.

피조물의 유한성을 극복해야 할 악이 아니라 선한 특징으로 긍정하기 위해서는 하나님이 '나 대신 그리스도'가 아니라, '나'를 사랑하신다고 고백해야 한다. 하나님의 사랑은 무지가 아니라(예. "하나님은 너를 보시지 않아."), 기쁨과 목적에서 나온다(당신을 목자를 필요로 하는 잃어버린 양으로 보신다.). 하나님은 그분이 만드신 모습 그대로 당신을 좋아하신다. 그리고 이제 그분의 넘치는 사랑이 그분의 특별한 피조물인 당신에게 부어진다. 하나님은 '당신'을 구원하시고 새롭게 하실 것이다. 창조와 구속을 하나로 볼 때 사도 바울이 적용한 이 역학(갈 2:20)을 이해할 수 있다.

갈라디아서 2장 20절 다시 보기

갈라디아서 도입부에서, 바울은 하나님이 자신을 부르신 이야기를 반복하면서(갈 1:12-17), 아라비아와 "전에 멸하려던 그 믿음을 지금 전한"(1:23) 수리아와 길리기아에 다녀온 여정을 언급한다. 그러고 나서 그는 14년 후에 바나바와 함께 예루살렘에 올라간다(2:1). 그 후 이방인을 멀리하기 시작한 베드로와 부딪힌 괴로운 이야기를 들려준다. 베드로는 이방인이 그리스도에 의해 깨끗하기보다 부정하다고 여겨서 그들과는 함께 먹지도 않고 거리를 두었다(2:11-14). 그런 태도는 복음에 배치되므로 바울은 그 일에 가담하지 않았다.

하나님은 차별하지 않으신다(갈 2:6). 출신이나 "율법의 행위"(2:16)로 하나님이나 다른 사람들 앞에서 의로워지는 사람은 없다. 우리의 의와 생명은 우리 안에 사시는 그리스도를 통해 나온다(2:20). 그분이 우리 각자가 처한 곳에 오셔서, 우리를 개인과 공동체로서 믿음으로 부르신다. 그리스도만이 세상의 구세주이시기에 우리는 우리 구원과 생명과 죽음을 비롯한 모든 것을 예수님의 생명과 죽음과 부활의 관점에서 보아야 한다. 이는 다음의 바울의 주장과 연결되는데, 이 주장은 우리의 패러다임을 완전히 전환시킨다.

"내가 그리스도와 함께 십자가에 못 박혔나니 그런즉 이제는 내가 사는 것이 아니요 오직 내 안에 그리스도께서 사시는 것이라 이제 내가 육체 가운데 사는 것은 나를 사랑하사 나를 위하여 자기 자신을 버리신 하나님의 아들을 믿는 믿음 안에서 사는 것이라"(갈 2:20).

이 구절은 우리가 신약 성경에서 가장 많이 암송하지만, 잘못 이해하고 적용하기 쉬운 구절이다. 우리도 이 말씀의 일부에만 귀 기울이고 있지는 않을까? 여기서 바울이 주장하는 내용은 무엇이고, 그가 지지하지 않는 내용은 무엇일까? 나는 이 본문에서 '그리스도와의 연합', '내가 사는 것', '믿으라는 요청' 이렇게 세 측면을 강조하고 싶다. 이 셋은 우리가 구속과 창조를 하나로 보도록 도와주고, 이를 통해 피조물의 유한성과 죄성을 혼동하지 않게 해 준다. 둘은 다르다!

그리스도와의 연합

그리스도인들이 예수님을 이야기할 때 세상 사람들이 얼마나 이상하게 들을지 생각해 본 적이 있는가? 우리는 예수님을 단순히 지혜를 가르친 위대한 선생이나 날카로운 현인이나 예언자로 이야기하지 않고, 하나님의 아들이라고 말한다. 이 하나님의 아들은 모든 면에서 우리와 같은 사람이 되셨지만 죄는 없으셨다(요 1:1, 14; 히 4:15). 우리는 그분을 여러 운동을 일으키고, 사람들에게 통찰력을 주고, 용기 있게 당대의 권력 구조에 맞선 역사적 인물로 이야기할 수 있다. 예수님은 이 모든 일을 하셨다.

그러나 이런 행동들 때문에 오늘날까지 수많은 사람이 그분을 따르는 것은 아니다. 전 세계 그리스도인들은 그분을 메시아로 예배하며, 우리는 예수님이 단순히 지혜로운 스승이나 강력한 예언자라는 주장보다 훨씬 더 크게 세상을 뒤흔드는 주장을 한다. 곧 신자들은 우리가 이 사람과 계속해서 개인적(또한 공동체적)으로 교제하면서, 그리고 그분의 삶과 죽음, 부활과 승천, 계속되는 하늘에서의 중보를 통해서 유익을 얻는다고 주장한다. 이 모두는 다 무슨 뜻일까?

그리스도인의 정체성의 핵심은 성령님을 통해서 그리스도와 신자가 연합하는 것이다. 바울은 갈라디아서 2장 20절에서 이 점을 지적한다.

"내가 그리스도와 함께 십자가에 못 박혔나니…내 안에 그리스도께서 사시는 것이라." 잠깐. 바울은 십자가에 못 박히지 않았는데, 도대체 이게 무슨 말일까? 이 말씀을 제대로 이해하려면 시간이 필요하니 너무 재촉하지 말라. 하지만 우리가 여기서 알게 될 내용은 우리 삶에 아주 중요한 의미가 있다.

신약 성경에 '그리스도와의 연합'이라는 표현은 나오지 않지만, 이 개념은 그리스도인의 존재에 대한 바울의 관점에서 매우 핵심적이다. 바울 서신서에는 다음과 같이 이 연합을 암시하는 표현이 곳곳에 숨어 있다. 성도들은 "그리스도 예수 안에" 있고(예. 고전 1:2; 엡 1:1; 빌 1:1 등), 그리스도는 믿는 이들 "안에" 계신다(예. 롬 8:10; 골 1:27 등). 신자들은 그리스도의 몸의 지체다(롬 12:4-5; 고전 6:15; 12:12-27; 엡 4:11-13; 5:30). 그리스도의 신부인 교회는 그분과 한 몸이며(고전 6:15-17; 고후 11:2-3; 엡 5:25-32), 따라서 우리는 서로 한 몸이다(롬 7:4). 우리는 그리스도로 "옷 입은" 사람들이다(롬 13:12-14; 고전 15:53-54; 고후 5:3; 갈 3:26-27). 과거에는 첫 사람 아담과 연결되었지만, 이제는 마지막 아담[헬라어 '에스카토스 아담'(*eschatos Adam*)]에게서 우리의 정체성을 찾는다(롬 5:12-21; 고전 15:22, 45). 신자들은 이제 "주 안에" 있고 "그 안에서" 발견된 사람들이다(예. 롬 16:2, 8, 11, 13; 엡 1:4; 2:21; 5:8; 빌 3:8-9).

콘스탄틴 캠벨(Constantine R. Campbell)은 우리가 '그리스도와의 연합'(United to Christ)이라고 이름 붙인 바울의 다양한 이미지와 그에 대한 해석을 조사했다. "신자는 믿게 된 순간에 그리스도와 연합한다. 성령님의 내주하심으로 그들은 연합하게 된다. 따라서 그리스도와 연합한 사람은 그리스도의 죽음, 부활, 승천, 영화에 참여한다. 그리스도의 죽음과 부활에 참여한 신자는 세상에 대해 죽고 그리스도의 왕국에 속하게 된다. 그리스도와의 연합은 그 지체와의 연합을 수반하기에, 그리스도의 왕국에 속한 신자는 그분의 몸에 통합된다."[18] 이 말은 바울이 그리스도와의 연합이라는 더 큰 개념 안에서 정체성을 확인하고, 그 정체성에 참여하고, 통합된다는 주제를 한데 묶는 다양한 방식을 반영한다.

바울 서신뿐 아니라 신약 성경 전체에서 비슷한 이미지와 전제를 찾아볼 수 있다.[19] 예를 들어, 신자들은 하나님의 가족으로 입양된 하나님의 이스라엘이다. 따라서 '새 언약'이요 그리스도와 연결된 이들은 '머리 되신 그리스도를 통해 언약 가운데' 산다.[20] (이사야가 개인과 공동체로 묘사한) '고난받는 종'[21]이 우리와 연대하셨기 때문에 우리는 그 고난의 유익, 특히 치유에 참여할 수 있다.[22] 그분은 우리 죄를 짊어지고 담당하셨다(사 52:13-53:12; 마 8:14-17). 죄로 오염된 우리가 깨끗해져서 이스라엘의 고난받는 종과 하나가 되었다. 그리스도와 함께 못 박혔다.

마찬가지로 요한도 포도나무와 가지라는 농경 이미지를 사용해서 이런 개념을 담은 글을 썼다(예. 요 15:4-20; 요일 2:24-27). 그리스도가 우리를 위해 하신 일에서 우리는 어떻게 유익을 얻을까? 우리는 포도나무 가지처럼 하나님의 아들과 연결되어서 그분에게서 모든 생명을 얻는다. 어떻게 그럴 수 있을까? 요한은 분명하게 답한다. "그의 성령을 우리에게 주시므로 우리가 그 안에 거하고 그가 우리 안에 거하시는 줄을 아느니라"(요일 4:13). 성령님이 나누인 것을 하나로 묶어 주신다. 이번에도 삼위일체 하나님은 우리 편에서 행하신다. 하나님 안에 분열은 없다.

이와 비슷하게 성례전은 그리스도와의 연합의 아름다움과 그 중심성을 강조하는 연합의 도구다. 우리는 성례전을 통해 그리스도의 이름으로 세례를 받고 그분과 하나가 되었다고 선포된다(롬 6장). 이 신성한 물이 우리 몸에 떨어져서 그분의 죽음과 하나가 되고, 이를 통해 우리는 새 생명을 경험한다(예. 고전 6:11; 갈 3:27-28). 주님의 식탁에 둘러앉아 떡을 먹고 포도주를 마시면서 감사한다. 여기서 우리와 함께 계시는 그리스도를 만나고, 여기서 죽음과 부활로 우리를 구원하시고 우리에게 생명을 주시는 성령님을 통해 우리 가운데 계시고 내주하시는 분을 찬양한다(고전 10:16-17). 또한 세례와 성찬에 참여함으로써 함께 축하하든 서로 짐을 지든 동료 신자들과 하나가 된다(고전 12:13, 26).

그리스도와 연합한다고 해서 우리의 개성이 사라지지 않고 오히려 더 드러난다. 그리스도 안에서 새로운 가족, 새 생명, 새 세상으로 다시 태어난다. 이렇듯 성례전을 나눔으로써 우리는 인간 피조물을 향한 하나님의 원래 계획과 다시 연결된다.

성령님을 통해 아들과 하나 된 우리는 "압바 아버지."라고 외친다. (그 연합을 통해) 아들과 딸이 된 우리는 이제 절망과 무관심이 아니라 소망과 신뢰의 자리에서 신음한다.[23] 존 칼빈(John Calvin)은 이 점을 이해하고 이렇게 주장했다. "그리스도가 우리 밖에 계시고, 우리가 그분과 동떨어져 있는 한, 그분이 인류의 구원을 위해 고난받고 행하신 모든 일은 우리에게 아무 쓸모도 없고 가치도 없다."[24]

그리스도 안에서 우리는 새로워지거나 '새로운' 피조물이 되어 자유로이 주님을 예배하고 누린다. 바울이 우리가 그리스도와 함께 십자가에 못 박혔다고 말할 때는 우리의 모든 죄와 수치도 십자가에 못 박혔다고 일깨워 주는 것이다. 십자가의 관점에서 우리는 죄가 아니라 그리스도가 우리를 정의하시는 것을 기쁘게 바라본다! 바울이 갈라디아서 2장 20절에서 선포한 말씀은 "이제 그의 안에 있는 그리스도의 임재가 그의 삶을 구성한다고 본다."[25]라는 의미다. 이와 비슷하게 골로새서 3장 3절도 이렇게 선언한다. "이는 너희가 죽었고 너희 생명이 그리스도와 함께 하나님 안에 감추어졌음이라." 그리스도와 연합하고 그분과 함께 묻힌 결과, 당신의 '생명' 곧 가치와 존엄성과 미래가 그리스도 안에서 보장된다. 다른 사람들과 하나님 앞에서 당신이 이룬 성과나 인지하는 수용 가능성은 그것들을 보장하지 않는다. 오히려 부활하신 그리스도의 변함없는 성품에 달려 있다. 그래서 우리는 두려워하지 않고 자신의 한계를 대면할 용기를 낼 수 있다.

우리와 하나 되신 이 그리스도가 부활하셨다! 따라서 죽음이 최종 결정권자가 아니다. 죄도, 공포나 두려움도 아니다. "주님이 다시 사셨다."라는 첫 말씀이 최종 결정권자다. 그래서 우리도 다시 살았다. 새 창조가 동트며 왕이신 그분이 오셔서 우리를 그 나라로 인도하시기 때문에 우리는 일주일의 첫날인 일요일에 예배한다. 믿는 자들은 그리스도 안에 있고 그리스도는 우리 안에 계신다. 이 하나 됨이 우리의 위로이자 소망이요 생명이다. 그리스도와의 하나 됨을 떠난 구원은 없다. 창조주가 또한 구속자시다.

내가 산다

우리는 (적어도 교회 밖에서는) 다른 사람과 함께 처형되거나(갈 2:20) 함께 매장되거나(골 2:11-12) 함께 죽는다는(갈 2:20) 개념에 익숙하지 않다. 더군다나 이 사건들이 우리가 태어나기도 전인 2천 년 전에 일어났다면 더 그럴 것이다. 그래서 이런 것들을 다루기가 어색하다. 우리는 이 개념을 얼마나 문자 그대로 받아들여야 할까? 이 말씀이 은유적 표현이라면 무엇을 가리키는 것일까?

여기를 포함한 비슷한 본문들(참고. 고후 5:14-17; 골 3:1-5; 딤후 2:11)에서 바울이 말하는 내용을 살펴보면, 우리가 염두에 두어야 할 두 가지 사실을 긍정하는 듯하다. 그는 (롬 12:1-2에서처럼) 우리가 일상에서 어떻게 생활해야 하는지 말하면서도, 우리 삶(우리 존재의 중심)이 이미 다른 곳에, 곧 "그리스도와 함께 하나님 안에 감추어[져]"(골 3:3) 있다고 말한다. 무언가가 '이미' 사실인 동시에 이루어지는 '과정' 중에 있다.

"이제는 내가 사는 것이 아니요." 갈라디아서 2장 20절만 놓고 본다면 우리는 사라지고 그리스도만 남는다는 인상을 받기 쉽다. 그러니 "도대체 여기 어디에 '내가' 있다는 말입니까?"라는 질문은 타당하다. 하지만 관련 본문들을 살펴보면 볼수록, 바울이 더는 당신의 존재나 의미나 가치가 없다고 말하지 않는다는 것이 분명해진다. 수전 이스트먼(Susan Eastman)이 지적하듯이, 바울은 그리스도와 함께 십자가에 못 박혔는데도 "독특한 역사와 소명을 지닌, 생각하고 의도하고 느끼고 행동하는 자아를 강하게 의식한다."[26] 바울은 진짜 '내 존재'가 무엇이며 어디에 있는지를 보여 줌으로써 우리가 자신을 더 또렷이 볼 수 있게 해 준다. 그는 하나님의 모든 창조와 구속 행위에 나, 곧 죄의 왜곡에서 해방된 진짜 내가 포함된다는 것을 보여 준다. 죄와의 끝없는 싸움 한복판에 있는 나를 인식하는 것은 정말 힘든 도전일 수 있다. 하지만 창조주께 '나', 곧 '자아'는 여전히 중요하다.

1867년 11월 17일, 찰스 스펄전(Charles Spurgeon)은 갈라디아서 2장 20절 본문으로 "그리스도와 자아"(Christus et Ego)라는 제목으로 설교했다. 설교 서두에 스펄전은 1인칭 단수 대명사인 '나'가 이 본문 전체에 가득하다고 말했다. 반면에 복수 대명사는 전혀 없다. 대개 다른 본문들에서 사도 바울은 공동체, 복수형, 전체를 강조하지만 여기서는 개인의 관점으로 이야기한다. 창조주는 그분의 피조물을 어떤 체제나 총체적 인류로 사랑하시는 것이 아니라 "나를 사랑하사 나를 위하여 자기 자신을 버리신[다]." 이런 사도 바울의 말이 조금 이기적이거나 자기 생각만 하는 것처럼 들리는가? 스펄전은 그렇게 생각하지 않는다. 이를 진정한 기독교의 특징으로 보기 때문이다. 흔히 성경적 믿음은 부분보다 전체를, 혼자보다 공동체를 중요시하라고 권하지만, 개인과 특수성의 중요성을 망각하지 않는다. 성령님을 통해 그리스도 안에 있는 하나님의 사랑은 개인에게 전해진다.

스펄전의 해석에 따르면, "기독교의 독특한 특징" 중 하나는 인간을 틀로 똑같이 찍어 내듯 다루지 않고 개인의 특성을 끌어내는 것이다. 그는 "기독교는 우리를 이기적으로 만들지 않고, 오히려 그 악을 고쳐 준다. 하지만 여전히 우리 안의 자아를 드러내서 우리가 자신의 개성을 현저하게 의식하게 해 준다"라고 분명히 말한다.[27] 그러고 나서 유익한 비유를 제시한다. "우리는 오래전부터 밤하늘에서 천문학자들이 '성운'이라고 하는 밝은 빛 덩어리를 관찰해 왔지만, 허셜(Herschell) 망원경이 뚜렷하게 밝혀 주기 전까지 우리는 그것을 형태가 없는 혼돈 물질의 저장고라고 생각했다. 기독교를 마음에 받아들이면, 망원경이 별을 뚜렷하게 밝혀 준 것처럼 그리스도의 종교가 인간을 위해 그렇게 한다!"[28]

갈라디아서 2장 20절을 다시 살펴보자. 우리가 그리스도와 함께 십자가에 못 박혔다는 바울의 말은 이런 질문을 유발한다. "무엇 혹은 누가 십자가에 못 박혔다는 말일까?" 나는 지금 여기 당신 앞에 서 있다. 나라는 생명체에는 변함이 없다. 내 개인의 과거와 양육 과정은 사라지지 않았다. 내가 차보다 커피를 더 좋아한다는 사실도 그대로다. 그러면 무엇이 죽었을까?

위대한 종교 개혁가 마르틴 루터(Martin Luther)는 "내 안에 계시는 그리스도께서 모든 악을 몰아내신다. 그리스도와의 이 연합이…죄악된 자아와 나를 분리한다."라고 말했다.[29] 죄가 반역한 피조물과 창조주를 갈라 놓았지만, 그리스도는 인간을 하늘과 땅의 창조주와 다시 교제하게 하셨다. 루터에 따르면, 죄를 지은 왜곡된 자아는 율법과 정죄 아래 있다. 그리스도를 떠난 '나'는 다 마찬가지다. 우리는 원래 창조주를 의지하고 자유로이 그분께 반응하는, 예배하는 피조물로 만들어졌다. 죄가 창조주와 나머지 피조물과 우리의 관계를 망가뜨렸다. 하지만 그리스도가 우리를 구원하시고 성령님이 생명을 주셔서 (죄를 지은 자아가 아니라) 진정한 자아가 살게 된다. 구속받은 '나'는 그리스도와 하나 됨을 통해서만 항상 자유로울 것이다.

계속해서 루터는 이렇게 말한다. "빛이 벽에 붙듯이 그리스도는 아주 친밀하고 밀접하게 우리에게 내주하신다…그리스도는 지금 내가 사는 생명 그 자체이시다."[30] 사도는 우리가 그리스도와 함께 십자가에 못 박혔을 뿐 아니라 "내 안에 그리스도께서 사시는 것이라 이제 내가 육체 가운데 사는 것은…믿음 안에서 사는 것이라"라고 말한다.

갈라디아서 앞부분에 나오는 경고(특히 갈 1:6-9)는 그저 이교도들의 문제만이 아니라, 훨씬 더 흔히 우리가 스스로를 '투영'하는 문제다. 우리는 자신의 성격과 성향을 반영해서 그리스도인의 삶을 묘사하는 경향이 있다. 열정적인 기독교 지도자와 영성 지도자가 이런 오류에 빠지기 쉽다. 여기서 개인의 성격의 차이를 다 다루기에는 지면이 부족하지만, 한 가지 예만 들어도 도움이 될 것이다.

미국 교회 상당수가 매우 외향적인 용어로 표현된 영성을 받아들였다는 주장이 제기되었다.[31] 이 견해에 따르면, 진정한 그리스도인은 많은 사람과 함께 있고 겉으로 드러나는 일을 하기 좋아하며, 자신의 감정과 실패를 모든 사람과 끊임없이 공유해야 한다. 하지만 당신이 내향적인 사람이라면 어떻게 될까? 성화의 증거를 보여 주기 위해 외향적으로 변해야 할까?

다른 성격보다 더 거룩한 성격이 따로 있을까? 바울이 우리가 그리스도와 함께 십자가에 못 박혀서 "이제는 내가 사는 것이 아니요"라고 말할 때는 본모습을 버려야 한다는 뜻이 아니다. 각 사람은 고유하다. 외향적인 사람이 있고 내향적인 사람이 있다. 공개적으로 활동하는 사람이 있고 잘 드러나지 않는 사람이 있다. 모험을 쫓는 사람이 있는가 하면 고요를 즐기는 사람도 있다. 활동을 좋아하는 사람이 있고 사색을 좋아하는 사람이 있다. 사람들 사이에서 에너지를 얻는 사람이 있는가 하면 홀로 있을 때 에너지를 얻는 사람이 있다. 유머로 스트레스를 다스리는 사람이 있고 더 집중해서 스트레스를 날리는 사람이 있다. 이 모든 사람은 그리스도 안에서 신실한 정체성을 표현한다.

신실한 그리스도인이 되라는 부르심은 '당신'의 원래 모습을 버려야 한다는 뜻일까? 내 말을 잘 듣기 바란다. 당신은 당신을 벗어날 수 없다! 자신에게서 도망치지 말라. 그리스도가 사시는 당신은 여전히 **당신**이다. 그리스도는 당신을 없애거나 변형하거나 죽이지 않으신다. 당신을 만드신 분이 누구신가? 하나님이 실수로 당신을 만드셨는가? 우리 각 사람을 고유한 모습으로 창조하신 생명의 아버지는 그분의 피조물을 기뻐하신다.

존 오웬은 그리스도와의 연합 교리를 설명하면서, 개인의 특성이 흡수되거나 사라진다고 생각하려는 유혹을 포함해서 다양한 오해를 예측했다. 오웬이 일깨워 주기를, 하나님의 아들이 사람이 되기 위해 오실 때 "그분은 우리 (개인의) 본성을 취하지 않으시므로 우리의 성격을 없애고 우리를 그분과 한 인격으로 만들지 않으신다." 오히려 그분은 성령으로 "우리 인격에 내재하셔서 그분의 성품을 유지하시고 우리 개성이 무한히 독특하게 하신다."[32]

교회사를 보면 때때로 그리스도와의 연합이 "신자들 개인을 파괴한다."라고 주장하는 사람들이 있었다. 그들은 "신자들이 그리스도와 연합해서 개성을 잃어버린다고, 더는 사람이 아니라고 혹은 적어도 이렇거나 저런 개인은 아니라고 확신했다."[33] 이는 그리스도와의 연합을 완전히 오해하고 하나님과 우리 자신에 대한 관점을 왜곡한 것이다. 개성이나 특수성을 잃어버리는 것이 아니라, "그분과 우리에게 내주하시는 동일하신 한 성령님"[34]이 이 연합을 확고히 하신다. 우리가 그분의 영을 받았으니 이제 그 성령님이 우리 안에서 열매를 맺으신다(갈 5:22-23; 요 10장도 보라).

사랑, 희락, 화평, 오래 참음, 자비, 양선, 충성, 온유, 절제는 모두 성령의 열매이지만, 주님의 땅을 채운 다양한 나무 가운데 조금씩 다른 형태와 맛을 나타낼 때가 많다. 각 나무는 열매를 맺고 다른 나무에 영양분을 공급하며 튼튼하게 자란다. 그렇다고 해서 각 나무가 똑같다는 말은 아니다. 우리는 그리스도인 예술가가 교회에서 환영받지 못할 때, 항상 일정한 형식으로 복음을 전해야 한다고 요구할 때, 언제나 (지도자에 따라) 내향성이나 외향성의 용어로만 영성을 제시할 때 그런 오해의 증거를 본다. 획일화가 목적이 아니다. 성령님의 생명과 열매가 목적이다. 마찬가지로 두 사람이 결혼으로 연합할 때도 독특한 개성을 포기하는 것이 아니라, 차이가 있지만 하나가 되는 것이다. 교회가 그리스도의 한 몸이라는 말은 우리의 개성과 배경, 취미, 즐거움 같은 차이점을 없애는 것이 아니라, 다양성 가운데서 함께 그리스도와 연합함을 보여 주는 것이다.

우리는 자신에게서 도망치려 애쓰지 않는다. 그리스도가 우리 안에 있는 그분의 형상을 왜곡하고 변형하는 죄의 얽매임에서 우리를 해방하셨다. 구속주가 우리를 해방하셔서 진정한 자기 자신이 될 수 있다. 죄에서 도망쳐야 하는가? 물론이다! 그러나 진정한 그리스도인이 되기 위해 다른 성품이나 개성을 지녀야 한다고 생각하지 말라. 모두가 똑같은 외모와 소리를 지닌 똑같은 존재가 되는 것은 하나님의 목적이 아니다. 그것은 획일화를 독실함으로 착각하는 것이다. 모든 사람이 다 카키색 옷을 입거나 문신을 할 필요는 없다. 하지만 누구나 성령님을 통해 그 아들과 하나가 되어 아버지의 사랑을 온전히 누려야 한다. 이 연합으로 인해 우리가 삼위일체 하나님과 적극적으로 교제할 수 있다.

믿는다는 것

'믿음으로 사는 삶'이 왜 그렇게 힘들까? 하나님은 우리에게 믿음으로 사는 삶을 요구하신다. 이는 우리가 그리스도 안에서 발견되고 그분의

> 악의 존재는 우리와 하나님뿐 아니라, 우리와 진정한 자아를 분리한다.
>
> _ 존 스윈튼, 『연민 어린 분노』 Raging with Compassion

삶과 죽음과 부활이 우리 삶을 결정한다는 믿음이다. 우리 이야기보다 그리스도의 이야기를 믿어야 한다. 이렇게 한번 설명해 보자.

성경적으로 말하면, 적어도 그리스도와의 연합은 보편적이거나 일반적인 현상은 아니다. 그랜트 매캐스킬(Grant Macaskill)이 이 주제를 다룬 책에서 분명히 밝히듯이, "요한처럼 하나님의 보편적 사랑을 강력하게 주장하는" 신약 성경 저자들조차 "그리스도와의 연합은 믿음의 주체로서 행동하는 사람들에게만 제한되어 있다."라고 말한다.[35] 이는 믿음이 하나님과의 관계가 새로워진 죄인들을 위한 성경 용어이기 때문이다. 이 용어는 개인적인 신뢰, 실상을 보는 눈, 하나님이 가능하게 하시는 삶, 그분을 즐거워하는 것을 포함한다. 믿음이 없이는 하나님을 기쁘시게 하지 못하는 이유는(히 11:6) 믿음을 떠나는 것은 본질적으로 하나님께 맞서는 것이기 때문이다. 믿음은 우리가 하나님과 이웃을 있는 모습 그대로 보고 거기에 어울리게 반응하는 관계를 의미한다.

내 생각에, 아들 곧 예수님을 믿는 믿음으로 살기가 힘든 이유는 바울이 갈라디아서 2장 20절에서 믿으라고 요청하는 두 가지 구체적인 사실과 관계가 있다. 첫째, 예수님은 "나를 사랑하[시고]", 둘째 "나를 위하여 자기 자신을 버리[셨다]." 이는 각각의 '나'와 함께, 우리의 독특성과 차이(유대인, 이방인, 남자, 여자, 젊은이, 노인), 그리고 피조물 됨과 죄까지 포함한다.

우리는 대부분 하나님이 계시고 이 세상을 사랑하신다는 생각에 크게 어려움이 없다. 하지만 평생 교회에 다닌 성숙한 그리스도인들조차 "그리스도께서 당신을 위해 오셨어요. 그분이 **당신**을 위해 목숨을 버리셨어요."라는 말을 개별적으로 들으면 불편해한다.

수년 전에 예배가 끝나고 나서 어떤 사람과 기분 좋게 대화한 적이 있다. 그런데 나중에 차로 돌아가는 길에, 당시 아홉 살이던 아들 조너선이 내게 이렇게 말했다. "저 사람은 상대의 눈을 바라보는 법을 배우지 못한 것 같아요. 그게 아니면 몹시 긴장했던지요." 조너선은 상황을 제대로 파악했다. 아무것도 잘못한 게 없는 성인이 나와 대화를 나누는 동안 거의 눈을 맞추지 못했다. 우리가 서로 눈을 마주치기 힘들다면(실제로 그렇다!) 어떻게 아버지 하나님 앞에서 안전하다고 상상할 수 있을까? 내 생각에는 하나님이 우리를 좋아하신다고 확신하는 사람은 아무도 없는 것 같다. 따라서 우리 문제는 우리의 죄와 분투와 부족함을 감안할 때 어떻게 하면 이성적으로뿐 아니라 마음 깊은 곳까지 개인적인 은혜의 말씀을 실제로 받을 수 있는지를 배우는 것이다.

우리는 마더 테레사(Mother Teresa)나 빌리 그레이엄(Billy Graham) 같은 위인이나 버려진 고아를 위해서는 그리스도께서 목숨을 버리실 수 있다고 믿을 것이다. 하지만 나를 위해서라니? 내 이름은 아는 사람도 없는데 말이다. 내가 성경 공부를 인도하기 싫어하거나 선교 여행을 가지 않거나 가난한 사람에게 줄 돈이 없다면 어떻게 될까? 다른 어떤 것이 아니라, 하나님이 그리스도 안에서 '당신'을 사랑하셔서 바로 '당신'을 위해서 그분을 주셨다는 사실이 그리스도인으로서 당신의 정체성을 형성해야 한다.

16세기 '하이델베르크 요리문답'은 복음이 우리 각 사람에게 개별적으로 적용된다는 메시지를 아름답게 포착한다. 그리고 하나님은 선하시고 사랑이실 뿐 아니라, 나를 선대하시고 사랑하시며 내게 공급하시는 분이라고 선언한다. 그래서 하나님 백성이 먹는 '거룩한 식사'를 묘사할 때 이 희생 제사, 이 식사, 이 좋은 소식이 얼마나 개인적인지 말해 준다. "주님의 떡이 '나를 위해' 떼어지고 잔이 '나에게' 분배되는 것을 내 눈으로 보는 것처럼 확실히 그분의 몸은 '나를 위해' 십자가에서 드려지고 찢기셨으며, 그분은 그 피를 '나를 위해' 쏟으셨습니다."[36]

마찬가지로, 같은 요리문답은 진정한 믿음은 단순한 지식이 아니라고 말하며, 진정한 믿음은 하나님의 자비를 일반적으로 받아들이는 것이 아니라, 하나님이 "순전한 은혜로" 주신 것이 "다른 사람뿐만 아니라 나에게도" 해당된다고 받아들이는 것이라고 말한다.[37] 하나님은 인류의 전반적인 죄를 용서하실 뿐 아니라 '내 죄'를 용서하신다. 우주만 구원하시지 않고 '나'를 구원하신다. 왜일까? 그분은 당신과 나를 특별한 존재로 사랑하시기 때문이다.

당신은 누구인가? 신자인 당신은 그리스도 안에 있고 그리스도는 당신 안에 있다. 그리스도가 완성하신 사역을 당신 삶에 적용하시는 성령님의 능력이 당신을 보호한다. 성령님은 당신이 하나님과 이웃과 교제함으로써 진정한 당신으로 성장하고 꽃필 수 있게 하신다. 당신이 다른 사람들과 똑같이 한 가지 패턴을 복사한 것에 지나지 않는다면, 우리는 교제하는 것이 아니라 반향실을 갖게 될 것이다. 당신은 연결되어 있지만 독특한 존재여서 특유의 목소리와 행동을 우주에 더한다. 하나님이 주신 특별한 은사를 당신이 사용할 때 그분은 기뻐하신다.

당신은 왕의 자녀다. 그리스도의 몸에서 대체 불가능한 지체다. 하나님은 당신이 있는 모습 그대로, 독특한 당신으로 번영하면서 하나님과 그분의 창조 세계를 누리기를 원하신다. 그것이 하나님이 창조하시고 기뻐하시는 독특한 인간 피조물인 당신의 소명이요 특권이다. 하나님은 막연한 세상 전체나 형태가 없는 인류를 사랑하시는 것이 아니라, 당신을 사랑하신다. 게다가 당신을 좋아하신다.

하나님이 당신을 사랑하시고 좋아하시는 것의 기본은 바로 그분이 기쁘게 창조하신 당신 몸이다. 우리는 몸을 무의미하거나 나쁜 것으로 다룰 때가 너무 많다. 하지만 그렇게 하면 좋은 소식의 핵심을 경시하는 셈이다. 그리스도 안에는 "신성의 모든 충만이 육체로 거하시고"(골 2:9). 인간으로 산다는 것은 몸이 있다는 한계를 겪는 것이다. 하나님의 아들이 인간의 육신을 취하신 성육신은 하나님이 그분의 창조 세계, 구체적으로는 유한한 인간 피조물을 긍정하신 것이다. 이 사실을 온전히 이해할 때에야 비로소 우리는 몸을 입고 더 편안히 살아가는 법을 배울 수 있을 것이다. 이제부터는 이 이야기를 살펴보자.

You're Only Human

창조주 하나님은 우리 몸과 물질세계의 한계를 거북해하지 않으시고,
성자의 성육신을 통해 그 한계를 온전히 인정하신다.
이를 이해할 때만이 우리는 인간의 한계를 죄와 혼동하지 않고,
인간성의 긍정적인 측면으로 보아야 함을 확실히 알 수 있다.

03

인간의 한계는 하나님 보시기에 선하다

인간의 몸을 입으신 예수님

같은 이야기?

상상해 보자. 당신은 따뜻한 캠프파이어 옆에 앉아 있다. 그리고 이제부터 시작될 일에 당신은 무척 흥분했다. 지금은 나중에 2세기로 알려지게 될 시기의 초반부다.[1] 당신은 독실한 유대 가정에서 성장했는데, 불을 피워 놓고 장로들이 인용하는 토라의 방대한 구절을 듣는 이 저녁 시간은 당신이 가장 좋아하는 시간이다.

첫 사람이 시작해서 몇 줄을 읽고 멈추면, 다음 사람이 곧바로 이어서 암송하곤 했다. 게임이라도 하듯이, 각자 주의 깊게 따라가면서 앞 사람이 중단한 부분부터 (외워서) 즉시 시작할 수 있는지 확인했다. 존경받는 지도자 중에는 히브리 성경에서 많은 대목을 암송하는 이도 있었다. 야심만만한 어린이였던 당신은 주의 깊게 들으면서, 언젠가 당신도 이 경건한 기억과 신앙을 통해 집단을 이끌 수 있기를 고대했다.

최근 당신 부모는 약속된 메시아에 대해 불안하지만 흥미진진한 주장을 하는 다른 유대인 가족과 자주 어울렸다. 그들은 여호와 신앙을 부정하지는 않았지만, 여호와가 침묵을 깨뜨리셨다면서 신이 찾아오셨다고 이야기한다. 오늘 밤에 그들도 캠프파이어에 참여한다. 당신 부모는 이 친구들에게 오늘 밤 신의 오심에 대해 말해도 좋다고 약속했다. 아마 이들의 가르침은 히브리 성경에 근거할 테니 아브라함과 이삭과 야곱의 하나님을 더 온전히 가리킬 것이다. 그러나 이 친구들이 이야기하는 가르침은 모세나 이사야가 아니라 요한이라는 사람에게서 온 것이다. 불이 붙으며 서서히 온기가 올라오는 사이, 의심과 호기심이 뒤섞여 당신 가슴을 채운다. 이 사람들이 과연 뭐라고 말할까? 왜 이들의 메시지가 아바(아버지)와 이마(어머니)를 그렇게 자극하는 것일까? 온통 기대감으로 가득하다.

사내가 몇 차례 기침으로 목을 가다듬더니 손을 들어 좌중을 조용히 시키고 말하기 시작했다. "태초에…." 이게 뭐야? 다들 아는 너무나 유명한 말씀이 아닌가. 전혀 새로울 게 없는데! 이 말씀은 히브리 성경 맨 처음에 나온다. 그래서 불안감을 내려놓고 마음속으로 그 본문을 따라 암송하기 시작한다. '태초에…하나님이 천지를 창조하시니라….'

그런데 그다음에 사내의 입에서 나온 말은 '하나님'이 아니었다. 익숙한 서두는 뜻밖의 낯선 문장으로 이어졌다. "태초에…말씀이 계시니라 이 말씀이 하나님과 함께 계셨으니 이 말씀은 곧 하나님이시니라." 이 말씀(로고스)은 하나님께만 독특하게 쓰이는 표현이었다. "이 말씀이 하나님과 함께 계셨으니 이 말씀은 **곧** 하나님이시니라." 이건 신성을 모독하는 발언이 아닌가?

사내는 계속해서 말했다. "만물이 그로 말미암아 지은 바 되었으니." 이 말씀은 다름 아닌 창조주 자신이며, 어쨌든 한 하나님이라는 정체성에 들어맞았다. 당신 머릿속은 창세기에서 요한복음을 왔다갔다한다. 어떻게 이 두 이야기가 들어맞는지 궁금해 할 때, 딴생각 사이로 사내가 말하는 소리가 계속해서 들린다.

다시 사내에게 집중했을 때, 그는 당신이 감히 상상해 보지도 못한 이야기를 하고 있었다. "말씀이 **육신이 되어** 우리 가운데 거하시매 우리가 그의 영광을 보니 아버지의 독생자의 영광이요 은혜와 진리가 충만하더라." 잠깐만, 어떻게 그럴 수가 있지? 어떻게 하나님과 함께 계셨고 하나님이신 말씀이 '육신이 될' 수 있단 말인가? 이런 해괴망측한 일이. 하나님은 창조주시다. 창조주이면서 피조물일 수는 없다. 그렇지 않은가? 이 하나님의 말씀에는 특정 인물로 확인되는 역사적 이름까지 있었다. 나사렛 예수, 메시아다.

이 모든 낯선 개념 속에서, 당신은 매우 불편하고 불쾌하면서도 어쩌면 초월하시고 거룩하신 하나님에 대한 가장 아름다운 주장일 수도 있는 연결 고리를 만들기 시작한다. 영원하며 '스스로 계신 분'이 우리와 하나가 되셔서 아주 독특하게 인간 피조물과 연대하신다. 하나님이 예수님 안에서 인간이 '되셨다'. 도대체 이게 무슨 뜻일까? 사내의 이야기는 그날 밤 길고도 활발한 토론과 논쟁을 불러올 게 확실했다.

그리스도인들은 창조 기사와 예수님에 대한 복음서 이야기에 익숙하다. 하지만 안타깝게도, 성경에서 가장 중심인 두 이야기를 연결하지 못하는 경우가 너무 많다. 이 둘을 연결하면 두 이야기가 서로 얼마나 깊은 정보를 주고 설명하는지 알 수 있다. 예수님이 구세주이면서 창조의 말씀이시고, 모든 피조물을 창조하신 그 말씀이 인간의 육신을 입고 우리 가운데 계셨고, 태초부터 그리스도 안에 계신 하나님이 항상 우리를 보살피시고 우리를 위한 자리를 만드시며 우리를 쫓아다니고 잡으셨다는 이 모든 개념은 우리가 창세기 1장이나 요한복음 1장을 서로 분리해서는 절대 이해할 수 없다는 사실을 보여 준다. 이 본문을 따로 떼어 놓으면 성경이 그리스도에 대해 하시는 말씀을 가로막아 창조와 구속을 모두 과소평가하게 된다.

메시아 예수님은 창조주인 동시에 구속주이시다. 창조와 '재'창조, 창세기 1장과 요한복음 1장 사이의 이 연결 고리를 볼 수 있어야만, 예수님의 주 되심이 어떻게 우리를 해방하는지 이해할 수 있다. 이를 통해서만 우리의 피조물 됨에도 불구하고가 아니라 그 모습 그대로 우리를 향한 하나님의 사랑을 보고 알 수 있다. 성육신하신 창조주는 창조 세계를 멸하기 위해서가 아니라, 거기에 들어와 사랑하고 치유하기 위해서 오셨다.

아버지가 성령님 안에서 아들을 보내셔서 인간이 되게 하신 성육신 교리는 하나님이 각 사람의 특수한 인간성과 유한성을 가치 있게 여기신다는 가르침을 포함한다. 그렇다면 우리가 거기에 똑같이 가치를 두지 못하면 하나님의 판단을 거부한다는 뜻이 된다. 하나님이 우리의 인간성을 흔쾌히 인정하신다는 것을 살펴보았으니, 이제는 창조주-구속주와 우리의 관계는 어떠하며 그분과 함께하는 신실한 삶이란 무엇인지 질문할 수 있다.

> 하나님은 굴욕 가운데 숨 쉬고 먹고 마시고 주무셔야 했다.
> 그분은 상처를 입으면 피를 흘리셨다.
>
> _ 엘리즈 핏츠패트릭, 『그 안에서 나를 찾다』 Found in Him

물질세계는 악한가?

 2세기와 3세기의 거침없는 두 지도자가 교회 내에서 반복해서 제기한 문제는, 곧 앞선 이야기가 암시하는 긴장에서 비롯된 문제를 대표한다. 먼저, 나중에 이단으로 선언된 신학자 마르키온(Marcion)부터 살펴보자. 마르키온은 그 전후의 많은 사람처럼 물질과 영성이라는 상반된 관점에서 세상을 이해했다. 그는 삶의 물질적 측면을, 순수하고 윤리적인 삶을 추구하는 영성에서 멀어지게 하는 어리석고 부패한 방해 요소로 보았다. 적어도 초기 교부들은 종종 그를 그렇게 표현했다.[2]

 마르키온은 구약 성경의 히브리 창조신이 이 세상과 너무 엮여 있고 너무 공격적이어서 예배를 받을 만하지 못하다고 보았다. 그는 그 신을 신약 성경의 더 영적이고 은혜롭고 사랑이 많은 신과 대립했다. 따라서 구약의 신은 물질적이고 악한 존재로, 신약의 신은 순수한 영성과 자유의 존재로 보았다.[3] 영과 사상의 비물질 세계는 추구할 만한 목표인 반면, 피조물의 물질성은 수치스럽고 악한 짐이었다.

 마르키온의 사상에서 그리스도인들에게 가장 문제가 되는 부분은 예수님에 대한 견해다. 물질세계에 대한 부정적 판단과 예수님에 대한 긍정적 태도를 고려할 때 마르키온은 그리스도가 정말로 세상에 태어나시지 '않았고' 어린 시절과 성장도 겪으실 수 없다는 결론에 도달한 것이다.[4] 예를 들어, 그는 그리스도의 몸이 진짜 물리적 실체라기보다는 어떤 인상, 곧 틀림없는 '환영'이었을 것이라고 주장한다.[5]

이것이 '그리스도 가현설'[헬라어 '도케인'(*dokein*), "생각하다"]의 예다. 예수님이 정말 몸을 지닌 인간이 아니시고 사람들이 그렇다고 '생각했다'는 교리다.[6] 예수님이 진짜 뼈와 피가 있는 인간이시라면 마르키온주의자들은 그분이 '필연적으로' 악하거나 죄가 있을 수밖에 없다고 여겼을 것이다. 몸에는 한계와 수치가 따라오는데, 선하신 하나님이 스스로 낮추셔서 그런 제약과 피조물성과 하나가 되실 리가 없으셨다. 마르키온에 따르면, 육신이 아니라 영혼을 구원하는 것이었다! 그래서 마르키온의 정통 반대자들은 복음서를 기초로 두 가지 핵심 가르침, 곧 예수님의 출생과 몸의 부활을 강조했다.[7]

그때도 지금처럼 몸과 영혼, 영과 육신, 하늘과 땅, 하나님과 피조물 등 물질적 피조물과 비물질적 영의 세계를 대립하여 영성을 추구하는 것이 사람들의 관심을 끌었다. 점점 더 많은 사람이 마르키온의 독특한 관점을 수용하더니, 결국에는 교회 내에서 신학적 문제뿐 아니라 목회적 문제까지 양산했다.

마르키온주의와 영지주의 전통의 영향을 받은 지도자들은 때로 예수님과 마리아의 관계를 두고 의견을 달리했다. 이 문제적 교사들은 창의적인 추론을 내놓았는데, 일부는 "물이 관을 통과하듯이 예수님이…마리아를 통과하셨다."라고 주장했다.[8] 초대 교회 교부 이레나이우스(Irenaeus)의 보고에 따르면, 이 '이단자들'은 한 가지에는 모두 의견을 같이했다. 그들은 "하나님의 말씀이 육신이 되었다."라는 것을 부인했다.[9]

어떤 사람들은 환영설을 받아들여서 예수님이 '인간의 형태'를 취한 듯 보이지만 사실은 유령에 가깝다고 생각했다. 반면에 다른 사람들은 "예수님이 인간의 형태조차 취하지 않았고, 비둘기처럼 내려와 마리아에게서 태어난 인간 예수 위에 임했다."고 주장했다.[10]

어떤 설명이든, 그들의 공통된 기반은 선하신 하나님은 근본적으로 초월적 존재이기에 물질적이고 제약이 있는 땅의 세계와는 연합하실 수 없다는 주장이었다. 물질은 기껏해야 방해 요소이고 최악의 경우에는 모든 것을 덮어 버리는 악한 겉옷이었다. 그들은 사람들을 육신, 곧 땅의 것에서 해방해야 한다고 여겼다.

확실히 마르키온의 신은 엉망진창인 이 세상과 진정으로 하나가 될 수 없었다. 마르키온에 따르면, 그것은 하나님께 '합당하지 않고' '어울리지 않는' 일이었다. 생각할 수도 없는 일이다. 그래서 예수님이 정말로 신이라면 진짜 피부와 뼈, 코와 머리카락이 있을 수 없다. 그건 말도 안 되는 일이다. 선하신 하나님, 심지어 이 하나님의 아들도 물질세계와는 그렇게 밀접하게 연결될 수 없었다. 혹, 그럴 수 있을까?

육신을 취하다

이 즈음 아프리카에서는 고대 교회에 가장 큰 선물이 될 인물이 등장했는데, 바로 카르타고의 테르툴리아누스(Tertulian of Carthage)이다. 훌륭한 사상가요 재치 있는 전달자이며, 비록 흠도 있지만 열정적이었던 지도자 테르툴리아누스는 마르키온이 죽고 나서도 잔존한 마르키온주의 사상에 강력히 반대했다. 마르키온과 영지주의자들의 가르침에 반대한 초기 지도자인 이레나이우스처럼,[11] 테르툴리아누스는 문제의 핵심을 아주 잘 담아낸 글을 남겼다.

『그리스도의 육신론』(*De carne Christi*)은 테르툴리아누스가 마르키온주의의 왜곡에 재치 있게 답한 글이다. 그는 이 글의 도입부에서 단도직입적으로 주요 논쟁을 짚는다. "주님의 영적 본성에 대해서는 모두가 동의하므로 그분의 몸의 실체를 살펴보자."[12] 테르툴리아누스는 그리스도의 영적 본성이라는 주제를 일축하는데, 여기서 그의 관심을 끄는 주제는 예수님의 신성이 아니라 **인간성**이기 때문이다. 흥미롭게도 이런 우선순위는 20세기, 21세기와는 대조적인데, 요즘에는 메시아의 신성이 논란이 될 때가 더 많기 때문이다.

지난 150년간 서양의 복음주의자들은 똑같이 중요한 예수님의 온전한 인간 본성보다는 메시아 예수님의 신성을 옹호하는 데 훨씬 더 에너지를 많이 쏟았다.[13] 당신이 오늘날 많은 그리스도인에게 "예수님이 정말 사람이셨다고 믿으세요?"라고 묻는다면, 대개는 별 고민 없이 고개를 끄덕일 것이다. 하지만 내 경험으로 미루어 보건대, 우리가 그 교리와 함의를 제대로 이해하는지 의구심이 든다. 표면적인 이해를 걷어 내고 몇 가지 불편한 질문을 던져 보면(예. 예수님도 사춘기를 겪으셨을까?), 많은 신자가 성육신하신 아들의 온전한 인간성에서 지극히 평범한 부분을 긍정하는 데에도 예민한 반응을 보일 것이다. 이런 불편함은 부분적으로 변증의 초점이 한쪽으로 치우친 데서 나온다. 우리가 예수님의 신성에 모든 에너지를 집중한다면 참되고 온전한 인간성의 혼란스러움과는 전혀 다른 이상화된 추상에 쉽게 빠져들 수 있다. 그 결과 우리는 자기 몸의 기능에 당황할 때 그것을 주신 하나님을 탓하기 시작한다.

> …사실, 이 육신은 피가 흐르고, 뼈로 되어 있고, 힘줄이 누비고,
> 정맥으로 얽혀 있으며, 태어나고 죽을 수 있는 존재,
> 인간 어머니에게서 태어난 의심할 여지 없는 인간이다.
>
> _ 테르툴리아누스, 『그리스도의 육신론』 On the Flesh of Christ

"육신이 되신 말씀"의 온전한 인간성에 대한 긍정은 1세기 요한과 3세기 테르툴리아누스가 그랬듯이 사람들에게 충격을 주었다. 그 점은 21세기에도 마찬가지다. 여전히 이 교리는 많은 비그리스도인에게는 심각한 방해물이요, 일부 경건한 회중에게 불안감을 조성하는 신조다. 예를 들어, 나는 많은 복음주의자가 그들의 구세주요 하나님의 아들이 곧 마리아의 아들이라는 믿음의 함의를 온전히 수용하지도 해결하지도 못했다고 생각한다.

이는 우리를 다시 테르툴리아누스에게로 인도한다. 그는 예수님의 출생을 사용해서 구세주의 온전한 인간성, 곧 육신의 존재를 확인했다. 일부 학자들은 테르툴리아누스가 여성을 혐오했다고 주장했지만(그의 글 중에는 확실히 변명의 여지가 없고 불쾌한 부분이 있다.), 최근에 도나 마리 쿠퍼(Donna-Marie Cooper)는 그의 수사학적 방법론과 전체 말뭉치에서 발견되는 강조점은 순전히 비판적인 현대 해석에 의문을 제기한다는 중요한 증거를 제시했다. 그녀는 많은 사람이 테르툴리아누스가 고대 여성관에 잠재적이며 긍정적으로 기여한 바를 놓칠까 봐 염려할 정도였다.[14] 그러나 책의 목적을 위해서, 테르툴리아누스가 마리아를 언급한 부분을 그가 메시아의 온전한 인간성을 긍정한 방식으로 살펴보는 데 집중하자.

나는 우리가 예수님의 인간성의 함의를 이해할 때만이 우리의 인간성을 제대로 평가할 수 있으리라 확신한다. 말씀이 육신이 되었다는 교리는 하나님이 친히 우리의 육신을 긍정하셨으며, 그 확인이 우리를 피조물의 한계를 변명할 필요가 없도록 해방해 준다는 의미다. 모든 죄에서 우리를 해방하신 예수님, 온전한 인간이신 예수님을 믿는다면, 이는 그분이 피조물의 제약을 악이 아니라 선한 창조 세계의 일부로 여기셨다는 뜻이다. 그렇다면 우리는 하나님의 아들이 기꺼이 받아들이신 것을 변명하지 말아야 한다.

마리아를 주신 하나님께 감사하기

영원하신 하나님 아들의 성육신에 대한 현대인의 의심은 동정녀 탄생을 예수님의 신성에 대한 진술로 생각하는 습관을 만들었다. 그러나 초기 정통 교회 지도자들 대부분 동정녀의 탄생이 예수님의 온전한 '인간성'을 강조한다고 여겼다. 테르툴리아누스는 마리아의 자궁과 임신에 수반되는 모든 신체 작용과 체액을 비롯하여 임신의 물리적 상태에 대해 상세하게 적었다. 그는 마리아의 실제 임신에 대해 썼다. 예수님이 마리아의 자궁에서 자라고 있었기 때문에 그녀가 "날마다 배가 불러오고 몸이 무거워지고 불안해하고 잠을 자면서도 불편해하며, 까탈스러운 불쾌감과 과도한 배고픔 같은 충동을 오락가락했다."라고 썼다.[15]

우리는 '동정녀'라는 측면에 집중하는 경향이 있지만, 테르툴리아누스는 너무 뻔해서 놓치기 쉬운 측면, 곧 예수님도 다른 사람들과 똑같이 '태어나셨다'는 점에 집중한다. 차이가 있다면, 이 임신은 남자와 성관계를 맺은 결과가 아니라는 것뿐이다(마 1:18-20; 눅 1:34). 이는 아주 큰 차이점이고, 아주 중요하다.¹⁶ 그러나 우리는 예수님과 마리아가 각각 평범한 태아의 발달을 경험했다는 사실을 놓쳐서는 안 된다(눅 2:5 참조).

나는 임신 경험이 없지만 아내는 두 번 있다. 아이들이 어렸을 때 아내는 아이들이 아내에게 진 빚에 대해 말해 주기를 좋아했다. 아이들이 엄마가 시킨 일을 주저할 때 아내는 이런 농담을 던지곤 했다. "얘들아, 엄마가 너희들에게 생명을 줬으니 쓰레기 좀 버려 주면 어떨까?"

아내가 조녀선과 마고의 어머니이듯, 마리아는 예수님의 어머니였다. 마리아의 임신은 사실이었다. 아기 예수의 생명은 그 어머니에게 달려 있었다. 마리아는 베들레헴에서, 곧 실존하는 시기에 실존하는 장소에서 예수님을 낳았다. 예수님을 만나 찬양한 다른 사람들은 그분의 인간 어머니에 대해 의심하지 않았다. 오히려 마리아의 아이를 낳은 '태'와 아이를 먹인 '젖'을 축복했다.

이 신체적 상징은 어머니와 아들의 친밀한 유대 관계(눅 11:27), 신체적 친밀감 이하가 아닌 그 이상의 관계를 일깨워 준다. 예수님은 마리아를 평생 소중한 어머니로 모셨을 것이다(요 19:26). 신약 성경 어디에도 그렇지 않다고 전제하는 내용은 없다. 마리아가 어린 예수님에게 쓰레기를 내다 버리라고 했다면 순종했을 것이다. 그분은 어머니를 사랑하고 공경하는 신실한 아들이셨다.¹⁷

하나님의 아들은 영원하시지만, 마리아가 없다면 나사렛 예수라는 인간도 존재하지 않는다. 분명히 말해 두지만, 예수님은 그 '어머니'를 통해 온전한 인간성을 얻으신다. 목욕물과 함께 아이를 버리지 말라는 격언이 있듯, 마리아를 "공동 구원자"로 오해할까 두려워서 마리아에 감사하지 않는다면 큰 손실이다. 개신교인인 나는 성경이 마리아를 공동 구원자로 제시한다고 믿지는 않지만, 그렇다고 해서 마리아가 성경의 구원 이야기에서 필요 없다고 생각하지는 않는다. 마리아는 메시아가 아니다. 하지만 성경의 계시에 따라 우리도 다음과 같이 고백해야 한다(마 1:16; 막 6:3 참조). **예수님을 낳은 마리아가 없다면 예수라는 역사적 인물도 없다!**

16세기에 존 칼빈은 동시대 인물 메노 시몬스(Menno Simons)에 맞서 영적 논쟁에 뛰어들었다.[18] 칼빈은 하나님의 아들 예수님의 완전한 신성을 확신한 동시에, 마리아가 그분의 진짜 어머니라는 확신도 양보하지 않았다. 예수님은 시몬스를 비롯한 몇몇 사람들의 주장과 달리 "천상의 육신"을 지니지 않으셨다.[19] 칼빈은 마리아는 태 속에 있는 아이를 위한 단순한 "도구"가 아니라고 강조했다.

칼빈이 보기에는, 시몬스와 다른 이들이 예수님을 마리아에게 이식한 이질적인 존재로 취급하는 마르키온주의자들과 똑같은 실수를 저지른 것 같았다. 그런 교리는 구세주의 진정한 연결성과 의존성, 인간성을 약화한다. 칼빈은 이런 교리를 받아들이지 않았을 것이다. 마리아는 정말로 예수님의 어머니였고, 두 사람은 여느 모자들과 마찬가지로 가장 친밀하게 연결되어 있었다.

창세기 2장에서 아담에게서 하와가 창조된 이후에, 창조 이야기는 이렇게 선언한다. "아담이 이르되 이는 내 뼈 중의 뼈요 살 중의 살이라." 하지만 두 번째 혹은 마지막 아담은 남자가 아닌 여자, 곧 '이' 여자에게서 나온다! 진정한 반전이 이루어진 것이다. 예수님은 마리아를 통해 온전한 인간성을 받으신 온전한 인간이시다. 마리아가 이 소중한 아이를 품에 안고 내려다보며 이렇게 속삭이는 모습을 상상해 보라. "너는 내 뼈 중의 뼈요 살 중의 살이란다."

이는 많은 고대 교회가 예수님과 아담뿐 아니라 마리아와 하와 사이에도 확실한 상관관계가 있다고 보는 부분적인 이유다.[20] 하지만 이 연결 고리에는 하와는 불순종했지만 마리아는 하나님을 신뢰했다는 대조적인 면도 있다.[21] 하와는 자신의 한계를 벗어나야 하는 족쇄로 여기도록 유혹받았지만, 마리아는 작고 연약한 자신에게서 하나님의 크심이 이루어질 것을 믿었다. 리처드 보컴(Richard Bauckham)이 언급했듯, "마리아가 하나님의 말씀과 그 말씀을 신뢰하며 행동하는 책임을 받아들이고 주님의 여종(눅 1:38, 48)으로 행동할 때, 그녀는 온전한 자기 자신, 곧 능동적이고 책임감 있는 자기 이야기의 주체가 된다."[22] 창조주가 그 뜻을 계시하시자, 하와와 아담과는 달리 마리아는 그분을 신뢰했다.

하와는 자신의 유한성을 벗어나려 한 반면, 마리아는 창조주께 전적으로 의지함으로써 그것을 껴안았다. 창조의 영[라틴어 '크레아토르 스피리투스'(Creator Spiritus)]이 새로이 창조된 수면 위를 운행하셨듯이 성령님이 마리아에게 임하셨을 때(눅 1:35; 창 1:2) 하나님은 마리아의 인간성을 부인하지 않으시고 오히려 '긍정'하셨다. 이 둘은 다른 영이 아니라, 똑같은 하나님의 영이시다. 두 이야기 모두에서 하나님은 창조 세계의 선함을 긍정하시고 거기에 헌신하신다. 이제는 의문과 두려움 가운데서도 하나님께 기꺼이 순종하려 한 이 여인을 빼놓고서는 그 약속을 이해할 수 없다. 마리아를 주신 하나님을 찬양하자!

여기서 이 주장이 얼마나 중요한지 놓쳐서는 안 된다. 창조주 하나님은 창조 세계로 들어가셔서, 우리와 하나가 되시고 재창조의 사역을 하셨다. 창조주가 피조물이 '되셨다'. 어떻게? 다른 모든 인간과 똑같이 여자에게 나셔서! 마리아의 태에서 무한성과 유한성이 하나가 되었다.[23] 하나님의 거룩하신 아들에게, 유한한 존재가 '된다'는 것은 죄가 아니라 피조물 된 존재의 적절한 측면이요 그분이 성육신 가운데 기꺼이 취하신 특성이다.

예수님의 평범한 출생

테르툴리아누스는 예수님의 출생이 얼마나 평범한지 묘사한다. 마리아의 아들은 '태반'과 함께 이 세상에 태어났다.[24] 그의 적나라한 표현이 어떤 이들에게는 거칠거나 부적절하거나 불경하게까지 들릴지 모른다. 초대 교회 교부가 예수님에 대해 그렇게까지 무신경하게 말할 이유가 무엇인가? 그러나 테르툴리아누스는 우리가 예수님의 지극히 평범한 출생과 거리를 두면 그분의 구체적인 인간성과도 거리가 생기고 성자로 오신 하나님에 대한 좋은 소식이 약화된다고 확신했다. 테르툴리아누스는 마르키온주의자들에게 도전하기 위해 예수님의 출생이 얼마나 너저분했는지를 곱씹는다. 예수님이 거북해하지 않으시는데 왜 우리가 물질세계를 거북해해야 하는가?

어떤 사람들은 이런 자세한 설명에 반대한다. 성경은 마리아의 산후에 대해 언급하지 않는다. 그렇지 않은가? 그런데 아무런 언급이 없다는 점, 그것이 바로 핵심이다. 당연하게 여겼다는 것이다. 성경이 이런 내용을 언급하지 않은 이유를 아는가? 신문에서 평범한 일상을 보도하지 않는 것과 같은 이유다. "오늘은 잔디가 초록초록합니다. 조가 화장실에 갔습니다. 친구의 농담을 들은 샐리가 함박웃음을 터뜨립니다." 신문은 평소와 다른 것, 예상치 못한 것, 뉴스거리가 되는 것에 사람들의 이목을 집중시킨다. 이 점을 파악하지 못하면 우리는 테르툴리아누스의 심오한 뜻을 이해하지 못할 것이다. 그는 이렇게 말한다. "사실 그분의 다른 모든 것을 놀랍게 만든 것은 그분의 현세적(흙으로 된) 육신의 평범한 상태였다."[25] 그는 여기에 온전한 한 인간, 배고프고 목마르고 울고 격한 감정에 흔들리며 피(철분으로 된 진짜 피)를 쏟아낸 사람이 있다고 말한다. 그분은 또한 진정한 몸의 부활로 무덤에서 일어나실 분이다. 이 사실이 왜 중요한가?

우리가 예배하는 하나님은 그분의 창조 세계를 거북해하지 않으시고 오히려 그 세계를 사랑하신다. 그 사랑에 겨워 행동하신다. 테르툴리아누스는 인간 피조물에 대한 하나님의 헌신과 기꺼이 인간과 하나가 된 그분의 뜻을 불편해하는 사람들을 책망한다.

어떤 사람들은 성자의 평범한 출생 없이 십자가의 유익만을 바라지만, 둘 중 하나만 취할 수는 없다. "출생과 죽음 중에 어느 것이 더 하나님께 모욕적일까? 더 수치스러울까? 육신을 입는 것일까, 십자가를 지는 것일까? 할례를 받는 것일까, 처형당하는 것일까? 어머니의 젖을 먹는 것일까, 무덤에 묻히는 것일까? '하나님의 미련한 것'을 믿어서 이 세대에 어리석은 자가 되지 않는 한, 당신은 현명해지지 못할 것이다."[26] 예수님은 우리 모든 사람과 마찬가지로 어머니에게 의존하는 존재로 태어나셨다.[27]

자기 몸에 대한 생각과 예수님의 몸에 대한 생각은 상호 작용한다. 우리는 구체화된 삶으로 한계가 정해지는 피조물이라는 존재에 편안해져야 한다. 하나님은 예수님의 매우 인간적인 출생을 통해서 우리의 인간성을 기뻐하시며, 창조 세계가 사랑스럽고 사랑받을 만하다는 것을 온전히 보여 주신다. 테르툴리아누스는 우리가 하나님의 경이로운 낮아지심을 놓치지 않기를 원한다. 그것이 영적 구원의 길뿐만 아니라, 피조물의 물질성에 대한 하나님의 긍정의 길을 가리켜 주기 때문이다. 이것을 놓치면 인간 번영에 대한 하나님의 계획을 놓치게 된다.

사랑, 육신, 하나님의 긍정

테르툴리아누스는 우리가 예수님의 '육신'을 어떻게 생각하는지가 사랑과 삶에 대한 관점을 많이 드러낸다고 말한다. 그는 마르키온주의자들에게 이렇게 도전했다. 당신이 "어떤 사람의 출생을 혐오한다면, 도대체 무슨 수로 누군가를 사랑할 수 있겠는가?"[28] 우리는 예수님의 출생에 대해 아무 문제가 없다고 생각하겠지만, 테르툴리아누스의 언급은 그렇지 않다는 것을 보여 준다.

사람은 누구나 사랑을 주장하지만, 낭만화된 사랑의 개념이 사라지고 엉망진창에다 우발적이고 갈등으로 가득한 '구체화된' 사랑을 대면하면 사랑이 흔들린다. 이웃을 사랑한다는 것은 그들과 우리의 피조물 됨을 인정한다는 의미다. 누군가를 정말로 사랑하려면 그 사람 얼굴의 여드름을 보고 땀 냄새를 맡고 그의 장단점에 익숙해질 정도로 가까워져야 한다. "어떤 것이 사랑받는 이유는 그것을 존재하게 하는 본질적인 특성 때문이다."[29] 사랑은 어떤 사람을 미화한 모습이 아니라 그의 개성과 한계를 있는 그대로 긍정해야 하는 것이다.

> 나는 인간이다.
> 나는 인간에 대한 것은 그 어떤 것도 남의 일로 보지 않는다.
> _ 푸블리우스 테렌티우스 아페르, 『고행자』 *Hauton Timorumenos*

우리가 자신의 한계에 대해 시간 관리의 관점을 벗어나서 신학적 관점으로 옮겨 가려면, 창조와 재창조를, 창세기 1장과 요한복음 1장을 다시 연결해야 한다. 10킬로그램이 채 되지 않는 아기가 바닥을 기어다니는 모습을 상상해 보자. 부활절 토끼보다 더 실체가 없는 구유에 누운 감상적인 아기가 아니라, 진짜 아기 말이다. 진짜로 오줌을 싸고, 똥을 싸고, 젖을 빨고, 악을 쓰며 울어 대고, 보는 이의 마음을 녹아내리게 만드는 사내아이를. 그리고 나서 이 작은 아기가 하나님이신 말씀이기도 하다고 상상해 보자. 어떻게 그럴 수 있을까? 왜 하나님은 굳이 그렇게 하셨을까? 왜 그렇게 되셨을까? 답은 간단하다. '사랑'이다.

하나님은 세상을 사랑하신다. 예수님 곧 성육신하신 하나님 안에서, 창조 세계에 대한 하나님의 강한 긍정이 울려 퍼진다. 진짜 아기로 육신을 입으신 하나님의 말씀은 우리를 창세기로 데려가 새 창조로 나아가게 한다. 하나님의 아들이 마리아의 태에서 성육신하셔서 사람으로 성장하셨다는 사실은 인간의 몸과 세상이 선하게 창조되었음을 우리에게 일깨워 준다. 테르툴리아누스는 이 둘을 분리할 수 없다는 것을 알기에 "육신을 벗고 하나님이 구속하신 존재를 데려오라."라고 비꼬듯이 외친다. "하나님이 구속하신 것을 그분께 부끄러운 것으로 만들겠는가?"[30]

우리 몸을, 물질성과 유한성을 부끄러워한다면, 우리 창조주를 부끄러워하는 위험을 초래하게 된다. 하지만 하나님은 우리의 물질성을 부끄러워하지 않으신다. 그분이 흔쾌히 사랑하시는 것을 우리가 왜 부끄러워하겠는가?

우리의 물질성을 거부해서 유한성과 죄를 혼동한다면 피조물이 좋은 것임을 부인하는 것이다. 영적인 것에 집중하기 위해 일상에서 벗어나려 한다면, 하나님이 우리 앞에 두신 순종이라는 구체적인 길을 거부하는 것이다.

내 생각에는, 경건함과 그리스도인의 삶에 대한 오해 뒤에 우리가 피조물이라는 사실을 불편하게 여기는 마음이 도사리는 듯하다. 마르키온을 비롯해서 하나님이 물질세계를 거북해하신다고 생각하는 이들에게 반박하기 위해서, 테르툴리아누스는 우리에게 예수님의 출생, 곧 피조물인 인간에게 꼭 필요한 육신을 상기시킨다. "그리스도가 창조주께 속했다면, 그분은 당연히 그분의 창조 세계를 사랑하셨다."[31]

타락한 창조 세계일지라도 하나님은 그분의 창조 세계를 확실히 긍정하신다! 아버지가 보내시고 성령님이 능력을 주신 하나님의 아들은 피조물을 외면하거나 피조물의 존재를 거부하지 않으신다. 오히려 온전한 물질성과 피조물의 필요를 지닌 채 인간이 되어 그 속으로 들어가신다. 그래서 테르툴리아누스는 계속해서 이렇게 주장한다. "그분은 우리 육신을 회복하셔서 문제가 없게 하신다. 나병이 생기면 깨끗하게 하시고, 눈이 멀면 보게 하시며, 마비되면 고치시고, 귀신이 들리면 정결하게 하시고, 죽으면 살리신다. 그런데 그분이 육신으로 태어나는 걸 부끄러워하실까?"[32]

하나님의 관심사는 우리의 인간성을 지우거나 없애는 것이 아니라, 새롭게 하시는 것이다. 피조물의 한계가 사라질 때가 아니라 그 한계가 건강하고 온전할 때 인간은 번영한다.

태초, 예수님, 유한성을 받아들이기

캠프파이어에서 이야기를 들려주던 장면으로 이 장을 시작했다. 그 유대 소년은 창세기와 요한복음 시작 부분을 비교해 가면서 이야기에 귀를 기울였다. 이제 이야기를 마무리할 시간이다.

마태복음에서는 또 다른 사도가 태초로 돌아가서 자기 이야기의 포문을 연다. 요한이 "태초"(요 1:1; 칠십인역 창 1:1 참조)에 '아르케'(*archē*)라는 단어를 사용한 것과 달리, 마태는 다른 단어를 사용해서 비슷한 개념을 담아낸다. 이 단어가 대다수 현대 성경 독자들에게 더 익숙할 것이다. 마태는 바로 '근원' 혹은 '기원'이라는 뜻의 '게네시스'(*genesis*)라는 헬라어로 서두를 연다. 다음과 같은 움직임을 잘 살펴보라.

- 태초에['아르케'] 하나님이(창 1:1 칠십인역)
- 태초에['아르케'] 말씀이(요 1:1)
- 예수 그리스도의 계보['게네세오스'(*geneseōs*), '게네시스'의 속격](마 1:1)
- 예수 그리스도의 나심['게네세오스'](마 1:18)

마태는 무엇을 하고 있는가? 사람들은 계보를 지루하게 여길지도 모르지만, 이 계보는 저자의 목적을 드러낸다. 여기서 마태는 창세기 5장

1절의 칠십인역을 암시한다. 특히 '아담의 계보['헤 비블로스 게네시오스'(*hē biblos geneseōs*)]를 적은 책'이라는 표현에서는 "천지가 창조될 때에 하늘과 땅의 내력"(창 2:4)이 떠오른다. 마태는 예수님을 아브라함부터 포로기까지, 바벨론 시대 이후부터 1세기 초까지 하나님 백성에게 하신 약속을 성취하고 그들과 함께하신 분으로 소개한다. 예수님이 약속과 시간과 이전에는 감추어져 있던 신비의 절정이라고 주장하는 계보를 소개한 후에 마태는 자신의 버전으로 그 이야기를 이어 간다.[33]

하나님은 창조주시다. 하나님이 아닌 모든 것은 '피조물'이다. 여기에는 식물과 거미, 해왕성과 토성, 산소와 인간도 포함된다. 하나님이 아닌 모든 것은 그분을 만물을 창조하고 유지하시는 분으로 가리킨다. 하나님은 기원도, 시작도 없는 유일한 분이다. 영원하신 분이다. 만물이 주에게서 나오고 주로 말미암고 주에게로 돌아간다(롬 11:36).

이 피조된 세상이 타협하면서 파멸과 무질서, 분열을 초래한 것은 사실이다. 이 혼란이 하나님과의 교제에서부터 다른 사람들과의 교제, 암에 걸린 몸에서부터 지구와의 왜곡된 관계에 이르기까지 우리의 모든 관계에 영향을 미친다. 이런 혼란 때문에 피조물의 한계를 죄와 혼동해서 창조 세계까지도 오해하게 된다. 이렇게 되면 마르키온처럼 우리도 창조주와 구속주를 대립시켜 하나님을 오해하고 창조 세계와 그 안에 있는 우리에 대한 그분의 목적을 오해할 수 있다.

이런 오해를 해결하는 방법은 창조 때의 원래 '시작'과 구속 때의 '새로운 시작'의 관계를 새롭게 이해하는 것이다. 하나님은 그리스도 안에서 그분의 세상을 향한 사랑을 보여 주신다. 하나님은 세상을 너무 사랑하셔서 삼위일체 하나님의 구체적이고 독특한 행위를 통해 영원하신 하나

> 이로써 너희가 하나님의 영을 알지니
> 곧 예수 그리스도께서 육체로 오신 것을 시인하는 영마다 하나님께 속한 것이요.
>
> _ 요한일서 4장 2절

님의 아들이 "육신이 되어 우리 가운데 거하[셨다]"(요 1:14). DNA도, 유전적 혈통도 없으신 하나님이 아들을 통해 스스로 낮아지셨다. 이 아들은 하나님과 동등하신 분이지만 동등 됨을 취할 것으로 여기지 않으시고 오히려 사람이 되셨다(빌 2장). 가이사랴의 바실리우스(Basil of Caesarea)는 그 점을 이렇게 표현했다. 성자가 원래 아담이 창조되었던 것처럼 진짜 사람이 되셨다. 그렇지 않았다면, "아담 안에서 죽었던 우리는 그리스도 안에서 살아날 수 없었을 것이다…또한 아담이 빚어진 물질로부터 하나님을 품은 육신을 취하지 않았다면 마리아가 왜 필요했겠는가?"[34]

희한하게도, 성자는 신성을 계속 유지하면서도 진정한 인간 본성을 취하신다. 신성과 인성 둘 중 하나를 고르지 않으신다. 유한성에 쌓여 피조물의 한계 안에 계신 성자는 역설적이게도 창조 세계를 품에 안으시는 하나님으로 오신다. 그분은 가까이 오셔서 새롭게 하신다. 이런 오심 가운데서 우리는 하나님의 마음을 발견한다. 그리고 그분의 오심은 인간의 번영을 피조물인 우리의 한계와 연결하신다.

우리 사회에는 여전히 영지주의의 흔적이 남아 있지만, 대부분은 (영적 문제를 무시하는 수준에 이르기까지) 우리의 물질성을 수용하고 축하한다. 우리는 인간이 몸을 가졌다는 일반적인 사실보다 특정한 자신의 몸에 대해 더 자주 불평한다. 다음 장에서는 이 문제를 살피면서, 한편으로는 학대를 거부하고 다른 한편으로는 몸으로 예배에 참여하도록 격려하는 것으로 각자의 몸을 존중하라고 요청하려 한다.

You're Only Human

우리는 우리의 물질성을 통해 하나님과 이웃, 이 지구와 관계를 맺도록 창조된
인간 피조물이다. 이는 죄의 결과가 아니라, 우리를 위한 하나님의 선하신 계획이다.
공간과 시간은 물질성의 무대, 특히 우리가 서로에게 존재할 수 있게 해 주는 장이다.
그래서 우리는 신체적으로나 영적으로 접촉이 필요한데, 이런 필요는
단순한 성생활을 넘어서서 신뢰와 긍정의 표현으로까지 확장된다.

04

몸이라는 한계는 선물이다

필요와 의존성 그리고 예배

몸이 중요하지 않은 척하기

자신과 타인에 대한 관점은 우리가 몸을 어떻게 인식하느냐와 밀접하게 연관된다. 육신은 내면의 영혼을 담는 하찮은 일회용 용기가 아니다. 그런데 때로 우리는 몸은 중요하지 않고 영혼만 가치 있게 생각하도록 유혹을 받는다. 운동선수에서부터 사지 마비 환자까지 사람은 모두 진짜 시간과 공간에 위치한 구체화된 피조물이다. 다른 어딘가가 아니라 여기 있으며, 다른 몸이 아니라 이 몸이다. 컴퓨터 기술은 전신보다는 정신이 필요하기에 아바타 뒤로 숨을 수 있지만, 현실에서 우리는 땀샘이나 소화관, 신경계를 벗어날 수 없다.

한국에 있다는 24시간 PC방에 대해 들어봤는지 모르겠다. 어떤 젊은 이들은 악취가 나서 주인이 억지로 내쫓을 때까지 몇 날 며칠이고 게임을 한단다. 디지털 세상에 빠진 그들도, 인정하든 인정하지 않든 자신이 앉아 있는 의자를 차지하고서 냄새와 체내 노폐물을 배출한다. 자기 몸을 무시하고 '내가 아닌' 척하는 것은 대개 자신과 타인에게 해롭다.

가끔 이런 말을 듣는다. "당신이 영혼을 소유한 것이 아니라, 당신이 곧 영혼이다. 당신은 몸을 소유한 것이다." 루이스(C. S. Lewis)가 한 말로 알려져 있는데, 사실 그가 한 말은 아니다. 루터교 작가 매슈 블록(Mathew Block)의 주장처럼, 그 이면의 생각은 '기독교적 틀'보다는 '심령술'을 지지할 때가 많다.[1] 3장에서 보았듯이, 이는 마르키온주의, 영지주의 이단이 다시 등장한 것과 마찬가지다. 우리는 몸이 없는 자아가 아니라 몸과 영혼으로 존재하기 때문에 몸과 자아를 분리할 수 없다.[2]

"업사이드"(The Upside)라는 코미디 영화에는 부자이면서 똑똑한 사지마비 환자 필립(브라이언 크랜스톤)이 등장한다. 그는 죽은 아내를 그리워하며 외로움과 죄책감에 시달린다. 그러던 어느 날, 그는 다른 지역에 사는 릴리와 편지와 시, 우정을 교환하며 연락을 주고받게 된다. 필립은 릴리의 얼굴을 보기는커녕 목소리를 들어 본 적도 없다. 두 사람은 그저 지면으로 아름다운 말을 주고받을 뿐이다.

결국 필립은 용기를 내서 어느 식당에서 릴리를 만난다. 그의 상태를 알고 있는 릴리는 사전 조사를 하고 나서 어느 정도 만남에 준비가 되었다고 느낀다. 하지만 식사가 끝날 무렵에는, 손가락 하나 까딱하지 못해서 끊임없이 도와줘야 하는 이 남자를 보며 주저하게 된다. 필립의 여러 장애를 직접 대하고는 어쩔 줄 몰라 하는 그녀는 이 상황을 받아들일 수 없거나 받아들이지 않을 것이다. 그러면서 필립이 무엇을 두려워했는지 깨닫는다. 그는 자신의 몸, 약함, 타인에 대한 의존을 추상화할 수 있었기에 필담을 주고받던 관계가 훨씬 더 좋았다. 릴리는 부인하려 애썼지만, 그의 신체 조건을 받아들이지 못하고 주저한 것은 곧 그를 거부한 것이다. 필립은 분노와 혼란과 절망을 동시에 느낀다.

사람은 누구나 사랑받기 원한다. 우리의 생각이나, 우리에 대한 말이나 우리가 하는 말이 아니라, 우리의 전 존재를 환영하고 알아주고 사랑해 주기 원한다. 일반적으로 우리는 인간성에 매우 중요한 접촉과 소통을 통해 이러한 전인적인 사랑을 경험한다.

확실히 필립의 사지마비는 세상의 근본적인 망가짐을 가리키지만(원래는 이런 모습이 아니다.), 인간이 날마다 겪는 약함과 의존성은 그렇지 않다(원래 그런 것이다.). 인간 신체의 헤아릴 수 없는 필요는 의도적으로 설계된 것이다. 홀로 독립적인 존재가 아니라 상호의존과 관계망으로 서로 연결된 존재, 육신이 없는 유령 같은 영혼이 아니라 흙으로 만들어져 호흡을 불어넣은 피조물 말이다. 그리고 그것은 하나님이 보시기에 좋다! 인간의 물질성 덕분에 우리는 다른 인간과 주변 세상과 상호 교류할 수 있다. 그 물질성의 한계조차 우리 창의성의 요소가 된다. 인간 존재는 항상 몸을 지닌 구체화된 상태였고, 그것은 항상 나쁜 것이 아니라 좋은 것이었다.

우리 사회의 개인주의 철학과는 대조적인 의존성조차도 인간이 받은 복의 일부다. 첫 번째 창조 기사(창 1장)는 물질세계 전체가 '좋다'고 묘사하지만, 두 번째 기사(창 2장)는 인간의 창조를 두 부분으로 나누어 살펴본다. 본문이 아담을 '혼자'인 피조물로 간주할 때는 "좋지 아니하니"라고 선언한다(창 2:18). 아담의 몸은 나쁘지 않지만, 혼자인 것이 문제다. 그래서 하나님은 아담에게 그와 닮고, 같은 몸을 지녔으면서도 다른 사람을 데려오신다. 다른 사람이라는 '개념'이 아니라 몸을 지닌 존재, 곧 하와를 데려오신다. 아담은 이 타자에게 자신의 의존성을 연결할 때 창조 세계의 선함을 경험한다. 우리는 서로 의사소통하도록 설계되었고, 우리의 물질성은 그 의사소통의 도구를 제공한다. 이 의사소통 자체가 하나님과 이웃과 지구에 대한 일종의 필요를 보여 준다. 창세기는 물질성과 그에 상응하는 필요가 결함이 아니라 하나님의 원래 설계에서 선한 요소임을 보여 준다. 그러나 세상의 죄와 망가짐은 그 선함을 왜곡하고 약화했고, 우리가 타인의 조종에 취약하게 만들었다.

그 결과, 우리는 다른 사람이 필요하면서도 그들이 우리를 받아 주지 않을까 봐 두려워하는 불안정한 공간에 살고 있다. 그래서 다른 사람이 필요 없는 척한다. 이렇게 자족하려는 시도는 우리 존재의 핵심인 관계적 성격을 부인하는 것이다. 앞으로 살펴보겠지만, 우리의 구매 습관과 신체 문제도 이를 뒷받침한다.

따라서 우리 몸이 근본적으로 다른 사람을 필요로 한다는 점을 이해하려면 "우리는 누구인가?"라는 질문을 탐색해 보아야 한다.

몸을 무시하는 답변들은 현실적이지도 않고 기독교적이지도 않다. 릴리언 칼레스 바저(Lilian Calles Barger)는 '우리가 우리 몸이 아니'라고 쉽게 믿는 성향에 대해 들여다본다. 우리는 거울을 보면서 '이건 내가 아니야.'라고 생각한다.[3] 그러나 진정한 기독교 신앙은 언제나 '몸을 긍정하는' 신앙이기도 하다. 바저는 기독교 신앙이 "우리를 몸에서 해방하는 것이 아니라, 몸의 한계 내에서도 가능한 것을 상상하는 자유를 주어야 한다."고 설명한다.

기독교 신앙을 믿든 거부하든, 신앙의 실천은 항상 몸의 실천이어야 한다. "세상에서 내가 하는 행동과 일은 내 몸을 통해, 내 몸 안에서 이

> 접촉은 모든 사람에게 중요하지만 특히 신자들에게는 그 중요성이 분명한데, 하나님이 손으로 만질 수 있는 물질세계를 만드셨기 때문이다. 그분은 그 세계 안에 오감을 지닌 인간을 만드셔서 거기에 참여하게 하셨다.
>
> _ 로어 퍼거슨 윌버트, 『신중한 손길』 *Handle with Care*

루어진다. 내가 어떤 존재인지 입으로 고백하는 내용에 대한 가장 진정한 시험이다. 우리에게 필요한 것은 우리를 몸으로 축소하는 영성이 아니라, 몸을 존중하고 그 사회적 의미를 이해하는 영성이다."[4] 그런데 우리의 물질성은 늘 편하지만은 않다. 그렇지 않은가?

그리스도인들, 특히 보수적인 그리스도인들은 자기 몸을 혐오한다는 비난을 자주 받는다.[5] 그런 비난은 성과 관련된 논의의 맥락에서 나올 때가 많다.[6] 하지만 착각하지 말자. 현대 사회에서는 '모든' 사람이 자기 몸에 대해 건강하지 못한 관점을 가지라는 유혹을 받는다고 생각할 이유가 충분하다.

사람들은 몸을 단순한 도구로 취급하기에, 인간의 물질성에 상충하는 접근법이 여럿 도출된다. 우리는 이 현상을 조금 더 면밀하게 검토해야 하는데, 몸에 대한 관점이 피조물의 한계에 대한 불편함을 포함해서 우리의 영성관을 형성하기 때문이다. 이는 자신에 대한 내적 관점을 왜곡하고 따라서 외적 관계를 심각하게 조작하게 된다. 여기에 몸에 대한 잠재적인 불안감을 이용하는 수많은 마케팅이 더해지면, 그 파괴력은 배가 된다.

이상적인 이미지인가, 실제 몸인가?

1970년대 초의 미국인은 하루 평균 500개의 광고 이미지를 보았다. (믿기 힘들겠지만) 지금은 그 수가 무려 5,000개에 달한다.[7] 우리는 우리 안에 있는 욕구를 불러일으켜서 화장품과 옷, 버거, 맥주를 사도록 자극하는 광고 폭탄을 맞고 있으며, 그 덕에 경제가 굴러간다. 특정 상품은 특정 신체 이미지, 대부분은 젊고 매력적인 이미지와 연결되어 있는 경우가 많다.

일부 기업의 간헐적인 노력에도 불구하고 광고가 자신이나 타인에 대한 건전한 시각을 길러 주는 경우는 드물다. 열망을 자극하는 광고든(예. 헬스장 회원권) 실용적인 광고든(진공청소기), 어떤 형태의 판단이 내포되어 있기 마련이다. "당신은 더 잘할 수 있습니다." "당신은 더 좋아질 수 있습니다." 최근 버전이 무엇이든 각 판단에는 공통된 함의가 있는데, "당신은 충분하지 않다."라는 것이다. 이 상품이나 프로그램이 적어도 일부 해결책을 제공해 준다. "당신이 온전해질 수 있도록 도와줄 겁니다." 우리는 이 암시된 메시지를 공기처럼 마시고 있어서 거기에 빠져 얼마나 조종당하고 영향을 받고 있는지 알아차리지 못한다. 우리 몸(곧 우리 자신!)에 대한 관점이 크게 영향을 받고 왜곡되고 상처 입는다.

이 상품들은 이런 노력으로 관심을 끌어 우리로 하여금 일반적인 삶의 법칙이 우리에게 적용되지 않는다고 생각하도록 유혹한다. "그럼요, 2천 칼로리 저녁 식사를 해도 아무 문제가 안 될 거예요." "이 상품만 있으면 금세 복근이 생기고 근육이 팽팽해집니다." 우리는 음식을 너무 많이 먹으면 소화가 되지 않아 불편할 수 있다는 말을 듣고 싶지 않다. 배가 이미 꽉 찼는데도 아이스크림이 있으면 먹는다. 그리고 (당연하게도!)

살은 그냥 녹아서 사라지지 않으므로 대신 허리띠를 느슨하게 푼다. 이런 동작과 움직임에는 내 몸과 마음, 애정과 의지가 모두 담겨 있다. 건강한 식단은 "이만큼만 먹고 이제 그만."이라고 말하지만, 항상 그 말을 듣지는 않는다. 잠언은 아무리 좋은 것도 과하면 몸이 반발한다고 경고한다. "너는 꿀을 보거든 족하리만큼 먹으라 과식함으로 토할까 두려우니라"(잠 25:16).

우리는 이상한 부조화 가운데 살고 있다. 몸은 귀하다고, 어쩌면 몸이 '가장' 귀하다고 외치는 단호한 목소리가 들린다. 하지만 스크린과 광고판에 등장하는 몸들은 대개 30대 이하에 비쩍 말랐으며 (꾸미지 않았는데도) 완벽한 피부를 지녔다. 그런 이미지들을 흡수하는 '우리' 대부분과는 전혀 다른 생김새다.

거기에 더해서, 입술에 햄버거 육즙이 흘러내리는 여성 모델이든 타이어 광고에서 시청자를 유혹하는 남성 모델이든 남녀 불문하고 성적인 이미지가 자주 등장한다. 서구 문화에서 몸은 거의 항상 성적인 것으로 환원된다. 이것이 내가 스스로를 보는 관점이나 다른 사람과 관계 맺는 방식인가? 많은 사람이 이런 환원주의적 관점에 큰 문제의식을 느낀다. 우리가 성적 피조물인 것은 확실하다! 하지만 성적 충동이 우리 몸의 중요성을 말해 주는 전부인가? 이런 질문을 제기한다고 해서 우리 몸을 미워할 필요는 없지 않을까?

광고와 연예 산업이 정의한 아름다운 몸에 집착하는 우리의 성향을 고려한다면, 비평가들은 미국 문화가 인간의 몸을 불편해한다고 주장할 수 없을 것 같다. 그런 질문을 제기하는 사람들은 단순히 '청교도적'이라고 치부해 버릴 수 있는 것 아닌가? 그러나 종교가 없고 청교도라는 말을 들어 본 적 없는 사람들 사이에서도, 자신의 몸을 불편해한다는 증거가 넘쳐난다. "키가 너무 커." "키가 너무 작아." "너무 뚱뚱해." "너무 말랐어." "피부가 너무 까매." "너무 하얘."처럼 말이다.

보드카에서 시계까지 성적 대상화된 광고물이 줄줄이 늘어선 공항을 다녀와서 아내와 이런 이야기를 나눈 기억이 난다. 아내는 벽과 잡지 표지를 도배한 모델들이 안됐다고 말했다. '뭐라고?' 처음에는 무슨 말인지 알아듣지 못했다. 아내의 의도는 이랬다. 그 모델들을 포함해서 아무도 그런 이미지가 조장하는 은밀한 자기 비난으로부터 안전하지 않다는 것이다.

공항이나 쇼핑몰을 거닐거나 페이스북 최신 광고를 훑어보면 미남 미녀들을 셀 수 없이 많이 보게 되는데, 대개 그런 이미지들은 우리의 실제 몸, 곧 스스로를 더 볼품없는 존재로 여기게 만든다. 하지만 아내의 예리한 관찰은 더 잔인한 무언의 현실을 지적했다. 당신이 그 광고 속 모델이라면, 같은 공항을 걷다가 '자신'의 이미지를 보게 된다면 어떻게 될까? 물론, 으쓱하면서 기분이 좋아질 수도 있다. 하지만 그 광고를 보는 모델조차도 자신이 눈앞에 있는 사진과 닮지 않았다는 걸 안다. 그건 그녀가 아니다! 광고주는 포토샵으로 피부에 있는 흠을 지우고 허벅지는 얇게, 가슴은 크게, 목은 길게, 머리숱은 풍성하게 만들었다. 이렇듯 과장된 사진 속 웃는 모델조차 이미지에 대한 판단을 경험한다.

최근에 도브(Dove) 비누는 우리가 보는 이미지가 얼마나 많이 조작되었는지를 보여 주는 네 편의 짧은 동영상을 제작했다. 그런 조작된 이미지들은 자기 몸에 대한 심각한 불만족을 초래하는 건강하지 못한 기대감을 조성한다.[8]

일부 여배우와 모델은 이 비현실적인 변형과 조작에 이의를 제기하기 시작했다. 이 사실이 놀라운가?[9] 이들은 이런 신화가 가져온 폐해를 보고 느낄 수 있었다. 그런 조작은 미묘하지만 강력하게 이들의 진짜 몸을 평가 절하하고, 이들을 보는 대중이 자기 몸을 더 불편하게 느끼도록 조장한다. 몸의 이미지에 관한 문제를 다루는 사람들이 급속도로 늘어나는 현상이 놀랍지 않은가? 그렇다면 우리는 우리 몸에 대해 건강한 관점을 지니고 있을까?

세상은 우리에게 몸은 끊임없이 조작되어야 하고 항상 대중의 판단을 받을 준비가 되어 있어야 한다고 말한다. 노화를 경험하면서 자연스럽게 몸이 변하는 과정에 맞서 싸우고 극복해야 한다고 말한다. 어떤 기사는 "50은 새로운 30"이라고 당당하게 선언한다.[10] 출산한 여성은 (때로는 수술을 해서라도) 임신 전의 몸으로 돌아가서 변화의 흔적을 남겨서는 안 된다는 광고에 끊임없이 시달린다. 이는 출생의 힘과 중요성을 평가 절하하는 것이 아닌가?

우리는 진정한 인간성의 특징을 지우고, (늘 그렇듯 젊음을 이상화한) 결점 없는 완벽한 사회적 이미지에 우리 몸을 끼워 맞추려 한다. 이런 지속적인 비현실적 기대감은 독이 되는 충동과 불안감을 낳아 우리가 서로 연합하기보다 경쟁하게 만들 때가 많다. 앞으로 살펴보겠지만, 이는 우리가 자신의 인간적인 독특함을 불편해한다는 표시다. 이 입술이 아니라 저 입술, 이 모양이 아니라 저 모양을 원한다는 것을 암시한다. 그 결과, 우리의 자아상과 관계가 악화된다.[11]

여성만의 문제가 아니다

여성이 성적 대상화되기 쉽고, 비현실적인 기대감에 눌리고 비인격화된다는 것, 이로 인한 개인적·사회적 문제가 막대하다는 점은 대체로 납득하기 쉬운 이야기다. 그런데 최신 연구에 따르면, 남자들도 점점 더 성적으로 대상화되어 과거에 여성들에게 부담을 주던 압박을 느끼기 시작했다.[12]

역사학자 린 루치아노(Lynne Luciano)는 지난 70년에 걸친 남성 신체에 대한 미국인들의 인식 변화를 다음과 같이 설명한다. 1950년대 '조직적인 남성'에서부터 60년대의 자기 발견 추구, 70년대의 나르시시즘, 80년대의 '폭식과 몸짱'까지 시대마다 남성 신체에 기대하는 바가 달라졌다. 루치아노는 1990년대에 이르러 남성이 새로운 곤경을 느끼기 시작했다고 말한다. "베이비 부머들은 운동의 유익에서 예상치 못(하고 불쾌)한 한계를 발견했다. 아무리 조깅을 해도 노화의 영향을 무한정 막아낼 수는 없었다. 운동에도 부정적인 측면이 있었다. 뚱뚱한 사업가들이 헬스클럽에서 땀을 흘리며 살을 빼는 사이, 갑작스럽게 체중이 줄면서 피부가 처지고, 탄탄한 몸통과 피곤하고 노화된 얼굴이 대조된다."[13] 다시 말해, 게으른 사람만 자기 몸을 혐오하도록 유혹을 받는 것이 아니다. 열심히 몸을 움직이는 사람도 마찬가지다.

그렇다면 우리는 어떻게 해야 할까? 사회 변화에 따라 지방 흡입에서 모발 이식, 음경 확대 장치에서 비아그라에 이르기까지 남성 성형 수술과 '시술'이 폭발적으로 증가했다. 젊음을 되찾아 주겠다고 약속하는 의료 기술은 새로운 희망을 제시하면서 큰 인기를 끌었다.[14] 대중의 생각과 달리, 여성들만 그런 미용에 관심이 있는 것이 아니라는 증거가 충분하다. 남성은 여성보다 자기 몸을 더 편안하게 받아들인다는 통념이 있지만, 부정적인 신체 이미지 문제가 남성들에게도 영향을 미치고 있다는 증거가 늘고 있다.

역설적이게도, 어떤 사람들은 남성이 대중의 대상화가 되는 것이 진보의 표시라고 믿기 시작한 것 같다.[15] 그러나 남성 신체의 사회문화적 이상을 내면화한 사람들 사이에서 해방은커녕 '남성 신체 불만족'이 급증했다. 그러면서 여성 신체 불만족과 비슷한 수준에 이르렀다.[16] 끝없는 전쟁이 되어 버린 여성의 성적 대상화를 바로잡는 대신, 남성도 똑같이 취급해야 한다고 결정해 버린 것이다. 이런 식으로 남녀 할 것 없이 모두 불안감을 키우고 있다! 루치아노는 그런 갈등이 최근에 더 심해졌다고 말한다.

그 결과, 이제 우리는 남녀 모두를 존엄하고 가치 있는 온전한 인간 존재로 대우하기보다는 욕구나 혐오의 대상으로 축소해 버렸다. (그 정도로 나이가 많지는 않지만) 늙은 꼰대처럼 들릴 위험을 무릅쓰고 말하자면, 연예계를 비롯한 여러 업계의 유력한 목소리들이 만연한 성차별을 한탄하는 동안(매우 정당한 우려다!) 같은 업계 전반에서는 비현실적 신체 고정관념과 대상화를 계속하며 문제를 해결하기보다 부추기고 있다. 이상한 사실이지만 더는 놀랍지 않다. 온전한 인간 개인을 존중하기보다 디지털로 만들어 낸 인공 이미지를 추앙한다. 이들은 살과 피가 있는 실제 몸을 바라보는 현실적이고 건강한 관점이 아니라 인공적이고 왜곡된 문화적 이상을 생산하고 홍보한다.

당신 앞에 있는 사람을 긍정하기

그러면 나는 누구일까? 나는 당신과 어떻게 관계를 맺어야 할까?

우리는 사람들의 몸을 폄하하거나 이상화하려는 유혹에 저항해야 한다. 전자는 우리의 피조물 됨을 약화하는 데 비해, 후자는 우리 앞에 있는 진짜 사람과 더 거리를 두게 한다.[17] 마찬가지로, 성생활이 태생적으로 악하다는 주장을 거부해야 하듯이, 성욕이 가장 중요하다고 말하는 우리 문화에 유행하는 서사도 거부해야 한다. 확실히 이 영역의 사방에 지뢰가 도사리지만, 내 주요 목표는 우리가 자신의 물리성에 대한 불편함을 인식하도록 돕는 것이다. 하나님이 좋다고 하신 것을 우리도 긍정해야 한다. 우리 몸과 그 태생적 한계는 선하신 창조주가 주신 좋은 선물이다.

우리는 늘 개선의 여지가 있다. 예를 들어 외모를 더 돋보이게 가꿀 수 있다. 그렇지 않은가? 그게 다 나쁜 것만은 아니다. 몸을 성실하게 돌보는 것은 좋은 것이다. 하지만 그런 많은 욕구 배후에 무엇이 숨어 있는지는 질문해 볼 필요가 있다.

우리는 십대에게 말고는 '수용'하라는 표현을 잘 사용하지 않는다. 하지만 나이와 상관없이 모든 사람은 외모를 편안하게 느끼려고 애쓴다. 어딘가에 소속되어 환영받고, 사람들이 우리를 받아 주고 우리에게 웃어 주기를 바란다. 배를 집어넣고 가로줄 무늬 셔츠를 피하는 본능은 몸에 대한 불안감을 나타내는 것일까? 남들이 우리를 어떻게 생각하느냐뿐만 아니라 우리가 스스로 어떻게 생각하느냐가 문제다. 우리는 자신의 물리성과 그 물리성의 구체적이고 개별적인 버전과 타협해야 한다. 아마도 그렇게 되면 우리 중에 어떤 사람은 덜 먹을 것이고, 어떤 사람

> 우리 몸이 곧 우리는 아니지만, 지구상에서 이보다 더 친밀한 소유물은 없다.
> 몸을 통해서만 우리는 여기에 거할 수 있다.
>
> _ 니콜라스 월터스토프, 『나는 사랑하는 사람을 잃었습니다』 Lament for a Son

은 더 먹을 것이다. 하지만 모든 몸은 음식과 친구가 필요하다. 타인의 수용이 없다면 몸과 영혼 모두 시들기 때문이다.

몸에 대한 건전한 관점은 실제적인 것, 특정한 것, 평범한 것을 인정한다. 우리는 각자 독특한 피조물로 창조된 존재임을 긍정하라는 요청을 받는다. 피조물 됨을 저주가 아니라 축복으로 여겨야 한다. 책의 뒷부분에서 더 자세히 살펴보겠지만, 몸은 우리를 전 인류와 하나 되게 해 준다. 그뿐 아니라, 몸은 우리의 독특함에도 중요하다. 몸은 수치심이 아니라 자유와 건강, 신실함을 위해 존재한다.

자, 그렇다면 나는 누구인가? 당신은 누구인가? 나를 안다는 것은 당신 앞에 서 있는 실제 사람을 안다는 것이다. 내 음성이 당신 외이도 속 작은 뼈들을 통과해서 당신이 내 목소리를 듣고 알아차릴 수 있도록 그 목소리를 듣는 것이다. 몸은 우리를 구별해 주는 동시에 함께 모은다.

기독교 비전의 핵심에는 특정한 한 사람, 1세기 유대인, 마리아의 아들이 있다. 마지막 아담. 여기, 자기 몸을 밀어붙이는 시공간의 현실을 아는 사람이 있었다. 연약한 아기, 아직 사춘기에 이르지 않은 어린이, 성장하는 십대, 망치를 든 청년, 그리고 활기찬 교사가 있었다. 죄 없으신 분, 진짜 시간과 공간에 태어나 머문 나사렛 예수, 손가락과 무릎과

4. 몸이라는 한계는 선물이다   109

미뢰가 있는 사람이 있었다. 진짜 몸, 진짜 제약, 진짜 곡선, 진짜 모반을 지닌 사람이 있었다. 그는 육체적 존재라는 물리적 시공간을 매개로 다른 사람들을 알고 그들과 관계를 맺으셨다. 이렇게 그는 사람들의 인간성을 부인하지 않고 오히려 그들의 물질성을 긍정하고 그들을 고치시며 그 과정에서 관계를 회복하셨다.

그리스도의 지상 사역에 대해서는 나중에 더 자세히 살펴볼 것이다. 우선은 현대의 예배와, 교회가 우리의 물질성을 다루는 기본 방식부터 이야기해 보자.

구체화된 예배?

한번은 아이들이 뛰어노는('달리기'라고 하기엔 무리다.) 축구장 옆에 서서, 내 유능한 의사 친구와 대화를 나누었다. 그녀는 어릴 때부터 교회에 다녔고 어른이 되어서도 계속 신앙생활을 했기에 교회 문화의 장단점을 잘 알았다. 그래서 통찰력 있는 질문을 던지기도 했고 불편함을 느끼기도 했다.

그녀는 대화 중에 자신의 경험을 털어놓았다. "솔직히 말해서 요즘에는 요가 수업이 교회 가는 것보다 더 의미 있게 느껴질 때가 많아. 잘 모르겠지만, 요가 시간에 몸으로 하는 경험이 교회에서는 경험해 보지 못한 방식으로 내 가슴을 울려." 태양이 밝게 빛나는 선선하고 상쾌한 아침이었다. 친구의 말이 호기심을 자극했다. 나는 계속 질문을 던지고 귀를 기울였다. 그녀만의 특별한 이야기 배후에는 나를 포함한 많은 사람이 공통으로 겪는 어려움이 자리하고 있었다.

간단히 말해, 이 친구는 교회에서 머리만 있는 존재로 축소되는 느낌이 든다고 했다. 마치 정보를 받기 위해 교회에 가는 것처럼 말이다. 앞에서 듣고 필기하고, 집으로 돌아가 또 다른 한 주를 더 열심히 살아간다. 하지만 그녀가 느끼기에, 요가 시간은 몸과 마음과 의지에 작용하며 그녀를 온전한 인간으로 대해 주는 것 같다고 말했다. 거룩한 교회라는 신성한 공간에 있을 때보다 스트레칭을 하면서 조용히 명상하는 것이 더 가치 있다고 생각할 때가 자주 있다. 이런 대화를 나누다 보니 우리가 몸으로 참여하는 예배의 중요성을 어떻게 잊어버리게 되었는지 궁금해졌다.

교회 예배가 삼위일체 하나님 앞에 몸으로 참석하는 것이 아니라 강의에 출석하는 것처럼 느껴진다면, 우리가 동떨어진 느낌이 든다고 해도 전혀 이상한 일이 아닐 것이다. 나를 포함한 장로교인들은 강의를 좋아한다. 지성을 강조하는 목회자와 성도들이 장로교로 모여드는 경향이 있다. 이는 장로교 전통의 큰 은사다. 우리는 합리적인 사람들이(라고 생각한)다. 하지만 이런 성향은 우리 역사에 큰 위험 요소이기도 하다. 지성을 중시하다 보면 (무심코?) 그것이 전부인 양 행동하기 쉽다. 이런 편향은 하나님과 자신, 세상을 바라보는 시각을 왜곡한다.

공동 예배를 예로 들어 보자. 성경의 많은 부분이 하나님 백성의 모임과 관련이 있으며 예배가 우리의 물질성을 강조한다는 사실에 주목한 적이 있는가? 떡을 떼고(고전 11:23-24), 포도주를 마시며(고전 11:25-26), 손뼉을 치고(시 47:1), 손을 들어 기도하며(딤전 2:8), 힘껏 하나님께 외치고(시 95:1-2), 굽혀 경배하며(시 95:6), 기름을 바르고(약 5:14), 물로 세례를 준다(예. 마 3:11). 성경에 나오는 예배는 오감 곧 시각, 촉각, 후각, 미각, 청각을 모두 사용한다. 소파에 앉아 텔레비전을 보거나 팟캐스트를 들어서는 이를 온전히 경험할 수 없다. 물론 어떤 경우에는, 특히 환자나 집 밖을 나갈 수 없는 사람들에게는 텔레비전과 팟캐스트가 선물이 될 수 있다. 하지만 1970년대의 '드라이브인 예배'든 스키 슬로프에서도 홀로 얼마든지 하나님을 예배할 수 있다는 주장이든 간에, 이런 것들은 우리 사회의 개인주의적 오류를 조장하고 신구약 성경에 나타난 예배관을 부정한다.

코로나19가 온 세계에 퍼지자 그리스도인들은 함께 모일 수가 없었다. 갑자기 예배의 기초가 되는 구체성이 사라졌고, 우리는 그것을 느낄 수 있었다. 스트리밍 서비스나 비디오 소그룹은 모임이 아예 없는 것보다는 나았지만, 서로 안고 노래하고 악수하고 나란히 앉아 있는 것과는 차원이 달랐다.

전 세계의 박해받는 자매들과 형제들은 서로 물리적으로 함께할 수 없을 때 교제를 가능하게 해 주는 디지털 자료에 의존할 때가 많았기에 그런 모임이 이상적이지 않다는 것을 오래전부터 알고 있었다. 예를 들어, 사우디아라비아의 신자들은 라디오 방송 예배, 지금은 더 편리한 인터넷을 통해 하나님을 찬양하지만, 할 수만 있다면 두려움과 주저함 없이 다른 신자들을 '직접 만나' 따뜻하게 안을 수 있는 시간을 항상 고대하고 갈망해 왔다.[18] 그들에게 자양분을 주시는 하나님께 감사하지만, 그들의 몸과 영혼에는 당연히 더 큰 갈증이 있다! 물리적 만남은 모든 인류에게 강력한 영향을 주지만, 그리스도인의 삶은 이 물리적 연결에 더 심오한 의미를 부여한다. 종교의 자유를 존중하는 나라에 살고 있는 우리는 몸과 몸이 연결되어 드리는 예배의 가치를 잊기 쉽다.

함께 예배하기 위해 모일 때 우리의 신체적 자아는 서로 연결되어 힘을 얻고 서로 만나고, 예수님을 만나고, 하나님의 임재와 사랑과 치유하시는 은혜로 새로워져서 세상으로 보냄을 받는다. 하지만 하나님의 사랑은 한 개인이 아니라 많은 사람의 모임에 초점을 맞추고 있다는 점을 잊지 말자. 바울이 선언하듯이, "이와 같이 우리 많은 사람이 그리스도 안에서 한 몸이 되어 서로 지체가 되었느니라"(롬 12:5).

우리 몸이 한데 모여 한 몸을 이루고, 여기서 하나님의 용서와 되살리는 은혜에 대한 반응으로 우리는 용납과 용기와 소망을 얻는다. 그리스도의 몸과 피, 떡과 포도주를 마음껏 먹고 마신다. 이 구체화된 실재가 우리 내장에 영향을 미친다. 생명의 떡이요 생수이신 예수님은 우리가 그분께 절대적으로 의존하며 그리스도의 몸을 계속해서 의지해야 함을 일깨워 주신다. 우리는 의존성을 염두에 두고 창조되었지만, 독립을 성숙함으로 여기는 경향이 있다. 모든 신자는 그리스도의 몸과 피를 의지하여 그분 안에서 하나가 된다. 영으로도, 몸으로도 말이다. 공동 예배 시간은 우리를 변화시키는데, 교회가 우리의 물리성을 어떻게 다루느냐에 따라 우리가 변화되기도 한다.

거룩한 입맞춤

신약 성경에는 "거룩한 입맞춤"이나 "사랑의 입맞춤"으로 서로 문안하라는 명령이 자주 등장한다(롬 16:16; 고전 16:20; 고후 13:11; 살전 5:26; 벧전 5:14). 사정을 잘 모르는 외부인들은 고대 교회에서 나온 이런 표현을 듣고는 신자들이 난잡하며 성적으로 부도덕하다고 비난했다.[19] 신자들은 이런 오해에 굴하지 않았다. 이들은 이 다정한 몸짓을 (직계 가족을 넘어) 그리스도인의 연합과 사랑을 강력하게 (몸으로!) 나타나는 특징으로 여겼다. 전에는 몰랐던 이들이 이제 서로를 형제와 자매로 대우했다.

하나님이 하나 되게 하신 것을 그 어떤 사회문화적 압박도 나누지 못하리라. 부자와 가난한 자, 헬라인과 헬라인이 아닌 자, 남자와 여자, 청년과 노인, 종과 자유인 모두가 하나님의 새로운 한 가족이 되었다(롬 3:29; 골 3:11). 건강한 가족 사이에서 포옹과 입맞춤은 당연하다. 명절이 끝나고 떠나는 친척에게 작별 인사를 하면서 가족끼리 서로 안아 주듯, 고대 교회는 때로 그리스도인의 연합 가운데 "기도를 봉인하는" 입맞춤으로 공동 기도를 마무리해야 한다고 믿었다.[20]

예를 들어, 테르툴리아누스는 "[(공동) 기도를 봉인하는] 평안의 입맞춤을 꺼리기" 시작한 사람들에게 "거룩한 입맞춤이 없는 기도가 어떻게 완성될 수 있는가?"라고 경고한다.[21] 예배와 기도는 단순히 고립된 개인의 실천이 아니라, 예배하러 함께 모인 몸을 지닌 인간 피조물의 행위였다. 마찬가지로, 8세기 무렵 콘스탄티노플 아야 소피아(Hagia Sophia)에서 신성한 전례를 행할 때 "신조를 낭송하기 직전에 거룩한 입맞춤을 시작했다." 회중은 이 평안의 입맞춤으로 봉인된 공유된 신앙과 서로 사랑하라는 요청을 받았다.[22] 주님과 이웃 앞에서 믿음과 실천, 영과 몸을 모두 긍정하고 하나 되게 했다.

그러나 교회는 남용 가능성을 고려하여, 이 친밀한 몸짓을 부당하게 이용하거나 잘못 적용하지 않도록 경고하기도 했다.[23] 예를 들면, 이 입맞춤을 여전히 중요하게 여기던 시절, 사도헌장(Apostolic Constitutions)은 이 관습의 부적절한 오용을 막기 위해 "주님의 입맞춤"을 성별로(여성끼

> 그러나 거룩한 의미에서 자신을 사랑하는 것은 하나님을 사랑하는 것이요, 진정으로 다른 사람을 사랑하는 것은 그 사람이 하나님을 사랑하도록 돕는 것이다.
>
> _ 쇠렌 키르케고르, 『사랑의 역사』 *Works of Love*

리, 남성끼리) 나누어 실천하도록 했다.[24] 고대 교회는 그 위험을 알고 대처할 방도도 찾았지만, 여전히 진실하고 존엄을 갖추어 신체 접촉과 다정한 환대를 긍정하고자 애썼다. 힘 있는 사람들이 하층 계급을 신체적으로 착취하는 만연한 행태에 맞서, 초기 교회는 여성과 가난한 자들의 쉼터가 되었다. 이들은 교회가 자신을 착취하지 않고 환영하며, 다른 신자들과 똑같이 대접해 주는 곳임을 알았다(약 2:1-9 참조).

이런 조치는 그들의 몸과 독특성을 무시하지 않고, 오히려 신체적 본성과 필요를 긍정해 주었다. 신자들은 교회에서 원래 에덴의 특징인 샬롬의 순간에 상호 의존과 사랑을 경험할 수 있다고 믿고, 기대하는 마음으로 함께 모여 예배를 드렸다. 역사학자들은 이와 같이 포용과 공유된 존엄성이 통합된 표현이 초기 교회가 폭발적으로 성장하는 데 중요한 역할을 했다고 본다.[25]

그러나 나를 비롯한 많은 사람은 주일 예배에서 서로 인사하는 시간을 가장 달갑지 않게 여긴다. 대다수 내향인은 이 어색한 시간이면 가장 가까운 의자 밑으로 기어 들어가고 싶은 심정이다. 하지만 이 시간이 불편하게 느껴질 때가 많기는 해도, 이런 신체 접촉은 예배에 꼭 필요한 기초다. 우리는 손을 잡고, 안아 주고, 아이들 머리를 쓰다듬고, 아기들에게 뽀뽀하고, 서로 눈을 쳐다보고, '주님의 평안'을 교환한다. '평안의 입맞춤'에 가장 가까워지는 순간이다.

교회는 영혼이 모인 곳이 아니라, 몸을 지닌 인간 회중의 모임이다. 이런 몸짓이 바보 같거나 불필요하게 보일 수도 있지만, 장담컨대 절대 바보 같은 행위가 아니다. 우리가 깨닫든 깨닫지 못하든, 이런 몸짓은 우리의 몸, 곧 온전한 자아를 예배의 맥락과 연결한다. 몸과 영혼, 물질적인 것과 영적인 것, 창조와 구속 사이의 건강하지 못한 분열로부터 우리를 보호하며 삶을 통합하도록 도와준다. 키가 크든 작든, 날씬하든 튼튼하든, 나이가 많든 적든, 영리하든 순진하든, 모든 사람이 함께 나아와 포옹과 수용, 위엄 있는 사랑을 통해 그리스도 안에서 한 몸으로 대우를 받는다. 이런 행위는 본능적으로 우리 몸이 중요하고 사랑받고 있다고, 우리가 중요하고 사랑받고 있다고 느끼게 한다. 그리고 우리 몸이든 온전한 자아든 그것이 특정한 성이나 다른 어떤 단일한 특징으로 축소될 수 없다고 말한다. 우리의 온전한 자아는 환영받고 사랑받으며, 주님의 평안 가운데 새로워져서 보냄을 받는다.

신체 접촉에 대한 갈망

학생들이 대학을 졸업하고 나서 가장 그리워하는 게 무엇일까? 학생 식당 음식이나 끝없는 과제가 아니다. 학생들은 지금 그것을 날마다 누리고 있다는 사실을 아마 모를 것이다. 그건 바로 신체 접촉이다!

대학생들이 소파에 앉은 친구 옆에 철퍼덕 끼어 앉거나, 서로 고개를 맞대거나, 깔깔거리며 상대의 품에 안기거나, 잔디밭에서 뒹굴며 장난치는 모습은 흔히 보인다. 학생들 사이에 신체 접촉은 당연하고 평범한 일이다. 남학생이나 여학생 할 것 없이 말이다. 대학 캠퍼스에서도 다양한 성격의 사람들이 이런 상황에 달리 대처할 테니, 일반화하고 싶지는 않다. 하지만 내향인이든 외향인이든, 친한 친구가 한 명이든 열 명이든, 이런 신체적 표현을 거의 날마다 목격할 수 있는데, 특히 그 공동체가 모든 접촉을 성적으로 보기를 거부할 때는 더 그렇다(물론 그런 성향은 대학 캠퍼스뿐 아니라 어디서든 보기 드문 일이 되었다).

그러나 대학을 떠나면 일상적인 신체 접촉이 줄어드는 경우가 많다. 학생들은 이전에 포옹과 긍정적인 손길, 다른 사람의 존재를 얼마나 자주 누렸는지 알아차리지 못했다. 룸메이트가 잠잘 때 코를 골면 당시에는 짜증이 나기도 했지만, 텅 빈 아파트에 홀로 앉아 있으면 그 적막감이 예상치 못한 갈망을 만들어 낸다. 사람이 혼자 있는 것은 좋지 않다.

독립할 때까지는 진짜 '어른'이 아니라고 말하는 사회에서 이 문제는 더 심각해진다. 그리스도인이라면 적어도 이런 관점에 의문을 제기해야 한다. 졸업한 학생들은 종종 나를 찾아와서, 졸업하고 나서 새로운 공동체를 세우기 전까지 한두 해가 뜻밖에 외롭고 고통스러운 시간이었다고 말한다. 이들의 이야기가 신체 접촉의 상실과 그에 대한 갈망을 뜻할 때가 얼마나 많은지 모른다. 싱글인 제자가 몇 날, 몇 주, 때로는 몇 달 동안 자신이 건강한 신체 접촉 없이 지냈다는 사실을 깨닫고 끔찍했다고 하는 이야기도 자주 들었다. 그럴 때, 그런 긍정적인 신체 접촉이 필요하다고 생각해 본 적이 없었던 사람이라면 특히나 더 불안감을 느낀다.

적절한 신체 접촉은 인간의 온전함에 매우 중요하다. 우리 몸은 상호 관계를 맺고 유지하고 격려하도록 만들어졌다. 교황 요한 바오로 2세

(John Paul II)는 창세기 창조 기사가 우리 몸을 선물이자 소명으로 제시한다고 주장했다. 인류는 흙으로 만들어졌고 나머지 피조물과 연결되어 있지만, 다른 생명체[라틴어 '아니말리아'(*animalia*)]와는 구별된다.

아담은 자신과 다른 동물의 공통점을 많이 발견했지만, 결국 "자신이 '혼자'라는 확신에 도달했다."[26] 이상하지 않은가? 혼자라니? 그는 혼자가 아니다. 동물도 있고, 나무와 열매도 있다. 하나님도 계신다. 그런데도 그는 '혼자'라고 느꼈다.[27] 요한 바오로 2세는 이 "원초적인 고독과 몸에 대한 인식"이 인간 피조물을 나머지 피조물과 구분하며, 이것은 한 사람이 자기를 이해하기 위해 필수적이라고 주장했다.[28]

각 사람은 다른 사람과 교제하도록 만들어졌다. 그렇지 않으면 고립과 고독을 경험하고, 이는 외로움과 절망을 낳기 쉽다. "아담이 혼자 사는 것이 좋지 아니하니"(창 2:18, 여기서 '아담'은 이름인 동시에, '지구인'이라는 말처럼 인류의 한 구성원을 뜻한다.) 그래서 하나님은 '아담'을 고독과 고립에서 동행으로, 하나에서 둘로 옮기셨다. 아담과 하와로 말이다. 성 분화보다 더 근본적인 것은 사람에게는 다른 사람이 필요하다는 것이다. 타인이라는 물리적 존재 말이다. 그래서 많은 사람이 독방 감금을 고문으로 여기고, 어떤 사람들은 이런 채워지지 않는 욕구를 해결하기 위해 '커들 파티'(cuddle party, 포옹 등을 통해 신체적 교감을 나누는 파티)에 참석하기도 한다.[29]

트라우마와 터치

사랑을 표현하려면 반드시 신체적인 손길과 돌봄이 있어야 한다. 유명 심리학자 베셀 반 데어 콜크(Bessel van der Kolk)는 사람들이 트라우마를 겪었을 때 "어루만지고, 안아 주고, 흔들어 주는 것은 인간이 고통을 가라앉히는 가장 자연스러운 방식"이라고 설명한다.[30] 이는 우리 안에 있는 원시적인 무언가, 곧 어떤 결점이 아니라 창조주의 선한 행위를 가리킨다.

우리는 서로 안아 주기 위해 창조되었다. 슬프게도, 죄의 왜곡된 영향으로 고통받는 타락한 세상에서는 피조물의 이런 욕구가 이용당하고 배신당할 수 있다. 예를 들면, 성직자가 악을 행해서 회중의 몸을 학대한다면 수많은 차원에서 파괴적인 결과를 낳는다. 이는 상처받은 사람들이 하나님과 다른 사람들과 관계 맺는 방식에 치명적인 결과를 가져온다. 하지만 우리가 신체의 중요성을 제대로 알지 못할 때는 이런 배신이 얼마나 심각한 결과를 초래할 수 있는지 과소평가하게 된다.

예를 들어, 존 하워드 요더(John Howard Yoder)는 훌륭한 메노나이트(재침례파) 신학자요 많은 책을 펴낸 윤리학자다. 그의 대표작으로 『예수의 정치학』(The Politics of Jesus)이 있다. 그는 통찰력 있는 문화적 비판과 성경적 적용이 가득한 책을 통해, 카이사르가 아니라 예수님이 진정한 왕이라는 믿음을 드러내며 살라고 교회에 요구했다.

그러나 학식과 빼어난 지혜에도 불구하고, 그에게는 무시무시한 어두운 흠이 있었다. 너무 믿기지 않기 때문에 많은 사람이 그 징후를, 그리고 결국에는 비난을 무시한 것 같았다. "평화의 신학"에 집중했던 요더는 인간의 조건, 곧 우리가 자신의 물질성을 진지하게 받아들여야 한다는 것을 이해했다. 그러나 이제는 그가 그리스도 안에 있는 연약한 자매들에게 그 통찰력을 남용했다는 증거가 상당하다. 요더는 사망하기 전 부적절한 친밀한 접촉을 강요하고 심지어 몸을 더듬었다는 혐의로 최소

8명의 여성으로부터 고소를 당했다. 그 숫자가 훨씬 더 많다는 증거도 있다.[31] 증언이 사실이라면(지금은 대체로 그렇게 본다.), 그는 자신이 아는 바를 남용한 것이다. 관계는 우리 몸과 분리할 수 없고, 신체 접촉은 우리의 치유와 번영에 중요한 부분이라는 사실 말이다. 이런 사람이 그런 관찰을 가져다가 악의적인 조작과 성적 자기만족을 위해 사용한 것은 더욱 악한 일이 아닐 수 없다.

최근 새로운 조사에 따르면, 라르슈 공동체 설립자 장 바니에(Jean Vanier)에 대해서도 비슷한 의문이 제기되었다. 그가 자기 지위를 이용해 최소 6명의 여성을 성적으로 학대했다는 증거가 드러났다.[32] 이 책의 출판을 준비하면서 최종 퇴고를 거치는 동안에도, 유명 기독교 변증학자 라비 재커라이어스(Ravi Zacharias)가 강력한 지위를 이용하여 오랫동안 여성을 학대해 온 정황이 드러났다.[33]

여기서 우리는 예배의 고유한 영적-신체적 연결이 악에 이용될 수도 있음을 고통스럽게 인식한다. 권력자들이 자기만족을 위해 인간 피조물에 대한 하나님의 계획을 악용할 때 교회는 그 학대를 명명백백하게 정죄하고 피해자를 보호해야 한다. 그러나 모든 접촉을 나쁘게 간주하려는 유혹에는 저항해야 한다. 하나님은 우리가 신체 접촉을 나누도록 만드셨다. 물질성이 문제가 아니라, 왜곡과 부적절한 학대가 문제다. 양질의 아동 보호 정책과 사려 깊은 공동체의 책임감은 공동체를 보호할 수 있고 또 그렇게 해야 한다. 그래서 하나님 백성 가운데 건강하고 하나님을 공경하는 실천이 이루어져야 한다.

최근 수십 년간, 로마 가톨릭에서 개신교 각 교파에 이르기까지 교회 공동체 전체에 고통스러운 학대가 드러났다. 교회 역사가 성적 학대를 비롯한 신체적·비신체적 학대로 얼룩져 있다는 것은 참담한 일이다. 이런 학대 사례는 신체 접촉과 돌봄이라는 하나님의 좋은 선물에서 일탈한 행위일 뿐 아니라, 하나님이 우리에게 부여하신 한계와 피해자의 존엄성을 거부하는 행위다. 그들은 그렇게 학대당하도록 창조되지 않았다. 잔인한 주먹질, 폭력적인 말, 원치 않는 손길 등 무엇이 됐든 간에 그 행위는 가해자의 권력과 상대방에 대한 통제를 전제한다. 거룩하신 창조주가 허락하신 좋은 제약을 거부함으로써 이들은 다른 사람에게 상처를 줄 뿐 아니라, 자신을 흉물로 만든다.

하지만 언어 학대의 역사가 우리 입을 틀어막지 못하듯이, 모든 신체 접촉을 배제하는 것은 답이 아니다.[34] 여기서 유일하게 가장 현실적인 반응은 완전하신 한 분을 바라보는 것이다. 그분은 우리에게 해답뿐 아니라 생명도 주신다.

예수님의 손길

예수님은 아주 다르셨다. 마치 그들의 일원이기라도 한 것처럼 다른 사람들을 환영하고 어루만지고 인사를 나누는 데 거리낌이 없으셨다. 하늘과 땅의 모든 권세를 가지신 그분은 진정한 권위는 항상 지배하지 않고 섬긴다는 사실을 아셨기에, 그 권위와 능력과 지위를 지배하는 데 쓰는 법이 없으셨고 오히려 궁핍한 자를 섬기는 데 사용하셨다. 여성과 아동을 보호하는 수단이 거의 없고 그들을 열등한 존재로 취급하는 역사적 상황에서(심지어 이들은 사람 수를 셀 때도 포함되지 않았다. 예. 마 14:21; 15:38), 예수님의 공생애 기간에 여인과 아이들의 끊임없는 등장은 시사하는 바가 크다. 복음서가 가장 힘든 시기에 남자들만이 아니라 여자들도 예수님을 따랐다고 강조하는 데는(예. 눅 23:27, 49) 그럴 만한 이유가 있다. 1세기 이스라엘의 여성에게는 흔히 사회적 장벽과 부정적 기대감이 따라다녔지만, 복음서는 동시대 여인들에 대한 예수님의 긍정적 관점을 보여 주었고 이는 초기 교회에 중대한 영향을 미쳤다.[35]

복음서에는 일반적인 '여인' 전체가 아니라, 이들의 구체적인 이름이 등장한다. 예를 들어, 마리아와 요안나와 수산나는 예수님의 사역에서 매우 중요한 역할을 했다(눅 8:1-3). 무덤에 둔 예수님의 시신을 지켜보고(23:55) 나중에 향품을 들고 돌아와서 제대로 예를 갖춘 이들도 여성이었다(23:56-24:2). **주님이 이 여인들의 몸을 귀히 여기셨기에 그들도 그분의 몸을 귀히 여기기 원했다.** 1세기 이스라엘 법정은 여성의 증언을 인정하지 않았지만, 복음서에서는 남성이 아닌 여성들이 예수님의 몸의 부활을 증언했다(24:2-11).[36]

예수님은 여인과 아이들을 하찮게 여기거나 무시하지 않으신다(막 9:33-37). 그들을 지배하지도 조종하지도 학대하지도 않으시고 오히려 사랑하신다. 그들은 예수님(의 몸)이 곁에 계시면 위협을 느끼는 것이 아니라 오히려 안심했다. "그 어린 아이들을 안고 그들 위에 안수하시고 축복하시니라"(막 10:16).

아우구스티누스는 누가복음의 이 이야기(눅 18:15-17)를 다음과 같이 이해한다. 그는 먼저 아이들에 대한 예수님의 반응이, 교만한 바리새인에 대해 경고하시고 궁핍한 세리를 칭찬하신 이야기 직후에 나온다는 점에 주목한다. 한 사람(바리새인)은 스스로 하나님 앞에 완전하고 의롭다고 여긴 반면, 다른 한 사람(세리)은 거룩한 분 앞에서 자신의 죄와 부족

> 예수님의 치유는 자연계에서 이루어지는 초자연적 기적이 아니다.
> 그것은 비정상적이고 악마화되고 상처받은 세상에서 유일하게 '자연스러운' 일이다.
>
> _ 위르겐 몰트만, 『예수 그리스도의 길』 *The Way of Jesus Christ*

함을 깨닫는다. 그런데 이 이야기가 아이들과 무슨 관계가 있을까? 아우구스티누스는 이렇게 썼다. "여기 아이들이 있다. 들어 올려져 손길을 받으려는 아이들이다."[37] 누구의 손길을 기다리는가? '의사'요 '구세주'의 손길이다. "주님이 큰 자와 함께 작은 자도 복 주시고, 의사가 큰 자와 함께 작은 자도 어루만져 주소서."[38]

아이들은 완전한 체하지도 않고, 하나님과 다른 사람들에게서 아무것도 필요 없는 척하지도 않는다. 오히려 온갖 형태로 필요와 상호의존성을 드러낸다. 갓난아이가 자립할 수 있다고 보는 사람은 아무도 없다. 갓난아이에게 도움이 필요하다는 사실은 자명하다. 하지만 어찌 된 일인지 우리는 자라면서 이 상호의존성을 부인하려는 유혹을 받는다. 그리고 이런 부정이 바리새인을 낳는다. 아우구스티누스는 예수님의 손길을, 자족이라는 신화 속에 살아가는 사람들보다 '남을 의존하는 사람들'에게 주시는 긍정과 축복과 은혜의 표시로 여긴다.

예수님은 주변부에 있는 사람들을 반기신다. 그들의 물질성을 미묘하지만 아주 미묘하지는 않게 긍정하신다. 또한 그분은 사람들을 성적 대상화하지 않으신다. 예를 들어, 예수님이 사마리아 여인과 우물에서 단둘이 계실 때 자신의 명성이 훼손될까 염려하지 않으시고 여인을 바라보고 대화하신다. 물을 달라고 하신다. 우리는 이를 의아하게 생각하지 않겠지만, 그것은 그 요청이 당시 문화에 얼마나 배치되는지 우리가 모르기 때문이다. 반대로 여인은 금세 차이를 알아차린다. "당신은 유대인으로서 어찌하여 사마리아 여자인 나에게 물을 달라 하나이까?" 그러고 나서 요한은 편집자 주를 단다. "이는 유대인이 사마리아인과 상종하지 아니함이러라"(요 4:9). 이 여인은 '부정한' 사람으로 간주되었기에 그녀에게 물을 달라는 예수님의 요구는 충격적이다.[39] 여인이 만진 물건에 예수님이 입술을 대시면 오염될(사회적·의식적으로 부정해질) 위험이 있기 때문이다. 그러나 예수님은 여인의 신체적 필요(날마다 물이 필요하다.)를 아시고 그 필요를 취해서 더 깊은 필요를 드러내신다(요 4:7-24).

여인은 하나님과도 다른 사람과도 불편한 관계다. 예수님이 그녀를 도와주실 수 있다. 크레이그 키너(Craig Keener)가 지적하듯이, 제자들이 돌아와서 반응을 보일 때 우리는 "예수님의 행동이 사회적으로 추문"을 일으킨다는 사실뿐 아니라, 그분에 대한 제자들의 신뢰가 어느 정도인지 깨닫는다(요 4:27).[40] 사람들은 어떻게 생각했을까? 그런 행동이 21세기 서양에서는 크게 놀랄 일이 아니지만, 1세기 이스라엘의 종교 지도자가 그렇게 하려면 중대한 위험을 감수해야 했다. 하지만 예수님은 이 여인(의 몸)에게서 전혀 위험을 느끼지 않으시는 듯하다. 오히려 존엄하고 정중하게 그녀를 대하신다. 여인도 예수님의 존재를 위협으로 느끼지 않고, 환대하며 정중하게 대한다.

이와 비슷하게, 비싼 향유 곧 순전한 나드 한 근을 예수님의 발에 부은 마르다의 동생 마리아는 머리카락을 수건 삼아 종의 태도를 취한다(요 12:1-3). 이 향이 매춘과 연관되어 있었을지도 모르지만, 예수님은 성적인 방식과는 상관없이 다가올 죽음을 준비하기 위해 이 향유를 받으신다. 이 행위를 통해 거룩한 방식으로 촉각, 후각, 시각 교환이 이루어진다. 그리고 예수님은 건강하고 치유하는 방식으로 그 물질성을 긍정해 주신다.

그렇다면 예수님이 종처럼 무릎을 꿇고 수건을 챙겨 대야에 차가운 물을 받아 제자들의 발을 한 사람씩 씻겨 주셔서 주되심을 드러내신 것은 얼마나 적절한지 모른다(요 13:4-5). 요즘에는 운동화와 장화를 신지만, 제자들은 대개 샌들을 신었기 때문에 길거리 흙을 온통 뒤집어썼을 것이다. 길, 특히 도시의 길에는 먼지와 (동물과 인간) 배설물이 가득했다. 깨끗하게 씻긴 갓난아기 발에 입을 맞추는 것과는 차원이 달랐다. 예수님은 심하게 닳은 발뒤꿈치와 보기 흉한 발가락, 뼈마디와 굳은살이 가득한 발을 닦아 주셨다. "그들의 발을 씻으신 후에 옷을 입으시고 다시 앉아 그들에게 이르시되 내가 너희에게 행한 것을 너희가 아느냐 너희가 나를 선생이라 또는 주라 하니 너희 말이 옳도다 내가 그러하다 내가 주와 또는 선생이 되어 너희 발을 씻었으니 너희도 서로 발을 씻어 주는 것이 옳으니라 내가 너희에게 행한 것 같이 너희도 행하게 하려 하여 본을 보였노라"(요 13:12-15).

수십 년 후에 이 세족식은 신실한 과부들이 본을 보인, 성도의 특징이 되었다(딤전 5:9-10). 나는 교회가 이 고대의 실천을 되찾아 좀 더 주기적으로 실천한다면, 겸손, 은혜, 물질성, 섬김 등 개인과 공동체의 삶에 긴급히 필요한 미덕을 기를 수 있지 않을까 생각한다.

예수님은 은혜의 말씀만이 아니라 섬김과 치유하는 손길을 통해 주되심을 표현하신다. 제자들의 발을 씻기신 행위는 인간의 몸과 사람 사이에 있어야 하는 상호 관계를 창조하신 하나님의 선한 사역을 재확인해 준다. 여기에 성적인 요소는 전혀 없으며, 오히려 예수님은 바로 이 신체 활동을 통해 제자들의 영적·신체적 측면을 모두 긍정하신다.

우리는 모든 지혜와 용기를 총동원하여 어떤 형태의 성적·신체적 부당 행위로부터 사람들을 보호해야 한다. 하지만 구체화된 행동 없이 그저 말로만 복음을 적절히 표현할 수 있다고 생각하는 실수를 저질러서는 안 된다.

예수님은 우리가 자비롭고 너그러운 구체화된 행동으로 믿음을 표현해서 가난한 자들을 먹이고 입히라고 부름받았다는 사실을 일깨워 주신다(마 25:31-46). 몸의 필요는 중요하다. 로어 퍼거슨 윌버트(Lore Ferguson Wilbert)는 『신중한 손길』(Handle with Care)이라는 놀라운 책에서 이렇게 말한다. "하나님은 우리를 몸으로 지으시고 몸으로 오셔서 몸으로 죽으시고 몸으로 다시 살아나셨으며, 언젠가 모든 하나님의 백성이 영광스러운 몸으로 그분과 함께 영원히 거할 것이다. 이러한 각 현실은 전체 복음 이야기에 중요하므로 우리가 주변 세계와 이 땅의 동료 인간과 상호작용하는 방식에 각각 정보를 제공해야 한다."[41]

복음이 좋은 소식인 까닭은 메시아이신 예수님이 소속감을 회복하셔서 죄를 지은 인간 피조물을 창조주, 그리고 서로와 다시 연결하셨기 때문이다. 우리 몸은 다른 사람의 몸을 필요로 하며, 그리스도의 몸은 존엄과 존중과 사랑과 함께 거룩한 치유가 일어나는 성스러운 장소가 되어야 한다.

결론

　벌거벗고 거울 앞에 서는 걸 좋아하는 사람이 몇 명이나 될까? 얼마 안 될 것이다. 아이를 여럿 출산했거나 젊은 시절 신진대사가 아득한 기억으로 남아 있는 많은 사람은 더 힘들 수 있다. 스스로 못생겼거나 어색하다고 생각하는 사람은 몸과 자아를 분리하려는 유혹을 느낀다. 하지만 이는 자의식과 자책이 뒤섞여 사람을 힘들게 하는 결과를 낳는다. 영혼에서 육체를, 혹은 몸에서 마음을 떼어 놓을 수는 없다. 둘을 분리하려는 시도는 하나님이 우리를 창조하신 온전한 모습을 부인하고, 우리의 유한성을 부정하는 것이다.

　우리 몸, 곧 온갖 필요와 의존성을 지닌 이 몸은 선하게 창조되었다. 그리고 우리 몸의 타고난 선함은 피조물인 우리의 필요를 항상 일깨워 준다. 인간이라는 존재는 창조주를 의존하고, 우리 곁에서 우리를 사랑해 주는 다른 인간 피조물을 의존하며, 산소에서 양상추까지, 그늘에서 샘물까지 인간 신체에 필요한 것들을 제공하는 이 땅을 의존한다. 이 의존성을 인식하고 기억할 때, 그것은 현대 사회에서 너무나 자주 당연시하고 권장하는 스스로 만들어진 정체성에 대해 진지한 질문들을 제기한다. 유한한 피조물인 우리의 정체성은 과연 순수하게 스스로 만들어진 것일까? 내가 정체성을 만들어 갈 뿐 아니라 수많은 방식으로 영향을 받게 된다는 사실을 무시하지 않고도 어떻게 내 독특함을 소중히 여길 수 있을까? 우리 한계가 좋은 것임을 이해하기 위해서는 이런 질문에 주목할 필요가 있다.

서양 문화는 모든 맥락에서 개인을 고립시켜서 그 개인의 정체성을 정의하는 경향이 있다.
기독교 신앙은 항상 개인을 유한하며 필연적으로 연결된 존재
곧 하나님, 다른 사람들, 창조 세계, 그 내면과의 연결 가운데 개인을 이해한다.
죄가 우리 내면세계와 외적 관계를 모두 왜곡했기에 회복을 위해서는
우리의 연결성을 이해하고 자기 자신을 하나님의 사랑과 기쁨의 대상으로 보아야 한다.

05

정체성은 의존하는 관계에서 발견된다

혼자서는 자신을 다 알 수 없다

우리 사회는 "자신에게 솔직하라."라든가 "너답게 행동하라."라고 요구하지만, 같은 사회가 우리 자신이 누구인지 알려고 애쓰는 것을 방해할 때가 많다. 이런 요청은 해방과 자유로 표현되지만, 명료성보다는 불안과 자기 의심을 불러일으킬 때가 훨씬 많다. 서구 사회는 지혜 대신 진부한 이야기만 늘어놓는 것에 더해서, 개인의 정체성에 대해 몇몇 오해를 키웠는데 우리는 그 전제를 면밀히 검토하고 바로잡아야 한다.

기독교 문화 내부의 지나치게 단순화한 전제도 방해가 되기는 마찬가지다. 예를 들어, 건전한 창조 교리와는 별개로 "그리스도 안에서 정체성을 찾으라."라는 요구는 문제를 낳을 수 있다. 창조 세계를 긍정하지 않는 방식으로 영성화할 때는 인간 피조물이 실제 시공간에서 형성된다는 사실을 이해하지 못한 채 자기 정체성을 보편화하고 추상화하기 쉽다. 내 정체성이 그리스도 안에 있어야 한다는 사실은, 내가 저 사람이 아니라 이 사람이고, 저기 있지 않고 여기 있으며, 저 역사가 아니라 이 역사와 관계를 지니고 있다는 사실을 바꾸지 않는다.

또한 우리는 자신의 타고난 인간적 한계를 극복해야 할 잘못으로 오해하는 경향이 있다. 그러나 그리스도 안에 있는 정체성을 찾으려는 노력에는 피조물의 유한성과 독특성에 대한 건강한 관점도 포함되며, 그럴 때 우리는 정말로 아름답고 독특한 무언가가 구체화되는 것을 본다. 교회가 원래 의도된 모습, 곧 다양하면서도 하나 되고, 자비롭고, 무엇보다도 사랑하는 모습을 드러내기 시작한다. 그리스도 안에서와 그분 주변에서 말이다!

우리가 인간의 유한성을 자기 정체성의 일부로 보는 성경적 관점을 소홀히 여긴다는 한 가지 표시는, 다양성을 신학적 가치보다 순전히 정치적 올바름의 문제로만 보는 경우다. 그러나 인간의 한계와 차이에 대한 건전한 기독교적 관점은 상호 즐거움과 타인에 대한 의존성을 인식하는 것, 관계의 진실성, 만족을 권장한다. 기독교의 창조 개념은 다른 문화와 경험을 지닌 사람들의 기여를 무시하지 않으면서도 우리의 독특성을 가치 있게 여기도록 만든다. 상대와 내가 같아야만 연대할 수 있다고 전제하지 않고도, 공통된 인간성을 인식할 수 있다. 앞으로 살펴보겠지만, 우리는 자신의 독특함이 단순히 스스로 그렇게 선택해서가 아니라 공동체와 문화와 역사와 연관되어 있음을 확인하면서도, 그 독특함을 가치 있게 여길 수 있고, 또한 그래야 마땅하다.

그러면 우리는 어떻게 자신을 알 수 있을까? 이는 다시 한번 생각해 볼 만한 질문이지만, 상투적이지 않은 답을 제시하려면 시간이 조금 필요하다. 관계, 의존, 책임에 대해 진지하게 생각해 볼 필요가 있다. 절대

부인할 수 없지만 너무나도 간과하기 쉬운 사실에서부터 시작해 보자. 우리에겐 배꼽이 있다.

사르트르와 배꼽

겨울 방학을 며칠 앞둔 학생들에게서 피곤한 기색이 엿보인다. 많은 학생이 곧 집에 갈 것이다. 늘어지게 잠잘 날만 기다리겠지! 하지만 그동안의 경험으로 보건대, 모든 학생이 다 집에 가기만을 고대하는 것은 아니다. 역기능 관계, 혹은 복잡한 가정사를 마주해야 하는 경우가 많기 때문이다. 학생들은 부모를 사랑하겠지만, 그렇다고 부모와의 관계가 늘 쉽지만은 않다. 때로는 고통스러울 정도로 힘들기도 하다. 반면 즐겁고 기대하는 마음으로 고향으로 향하는 학생들도 있다. 멀리 떨어져 있다 보면 애틋한 마음이 들기도 해서(혹은 잘 잊어버려서!) 가족들과 꽤 좋은 관계를 유지하고 따뜻한 기대감이 가득하다. 하지만….

배경이 어떻든, 평범한 대학생이 아빠에게 짜증을 느끼기 시작하는 데는 사나흘이 채 걸리지 않는다. 아빠는 코를 심하게 골거나 항상 늦거나 공공장소에서 굉장히 어색해한다. 엄마에게 짜증이 날 수도 있다. 엄마의 질문은 처음에는 받아 줄 만하지만, 점점 도를 넘어서서 짜증을 유발한다. 게다가 엄마의 옷차림은 정말이지 당황스럽다. 이처럼 이유가 뭐든, 며칠 만에 부모와의 관계로 힘들어하는 학생들이 많다. 같은 공간을 공유하는 것이 말할 수 없이 힘들어지고, 관련된 모든 사람이 좌절하고 불안해한다. 엄마 아빠의 존재는 이 학생의 독립과 정체성을 위태롭게 하고, 집을 나가거나 문을 걸어 잠그고 싶게 만든다.

나는 듀크대학교 교수였던 스탠리 하우어워스(Stanley Hauerwas)와 윌리엄 윌리몬(William H. Willimon)에게 힌트를 얻어, 방학 기간에 학생들에게 과제를 주었다. 위험한 숙제다. 끝까지 다 듣지 않으면 무슨 이런 해괴한 과제가 다 있나 생각할지도 모른다. 바로 집에서 며칠 지내면서 짜증이 나기 시작하고 부모와의 거리가 점점 더 멀어지는 것 같을 때, 나는 학생들에게 **목욕**을 하라고 권한다. 몸을 씻으면서…배꼽을 내려다보아야 한다. 이유는? 부모와의 관계가 껄끄러워지기 시작할 무렵이면, 우리가 다 혼자서 컸다고 생각하기 쉽기 때문이다.

하우어워스와 윌리몬은 부모를 공경하라는 성경 말씀을 살피면서 이렇게 설명한다. "배꼽만큼 우리를 존재론적으로 드러내는 것은 없다…십계명은 인간이 어머니와 아버지 사이에서 태어난 피조물이라는 사실에 주목하면서, 생명이 선물이라고 가르친다. 인간은 만들어지지 않고 태어난다. 우리의 기저귀를 누군가 갈아 주는 것, 이는 은혜가 어떤 모습인지를 보여 주는 최초의 표지다. 일부 사람들이 부모를 경멸하는 것도 당연한데, 이는 부모가 우리가 창조되었다는 사실, 우리 삶의 중요성이 자기 자신에게서만 나오는 것이 아니라는 사실을 눈에 띄게 상기시켜 주는 존재이기 때문이다."[1]

이러한 관점은 요즘 서양인들이 믿는 바와 근본적으로 다르다. 우리가 마틴 하이데거(Martin Heidegger)와 장 폴 사르트르(Jean-Paul Sartre) 같은 학자들의 이름을 알든 모르든, 우리 문화는 "실존은 본질에 앞선다."[2]라는 그들의 격언을 흡수했다. 이는 곧 우리가 의미를 받지 않고 의미를 만든다는 뜻이다. 이 격언은 우리의 선택에 큰 존엄성을 부여했다. 하지만 우리가 백지상태로 태어난다는 환상을 키워서 우리의 생물학적이고 사회적인 배경이 정체성 형성에 갖는 막대한 중요성을 평가 절하하게 만들었다.

사르트르가 내린 결론처럼 "**결국 인간은 인간 스스로가 만들어 내는 것 외에는 아무것도 아니다.** 이것이 바로 실존주의의 제1원칙이다."[3] 실존주의는 정규 철학으로서는 인기를 잃었을지 모르지만, 우리의 심리적·사회적 전제 가운데 여전히 남아서 영향을 미치고 있다. 우리는 스스로 자신을 만든다는 개념을 좋아한다. 무엇이 됐든 당신이 원하는 사람이 되라. 어떤 사람이나 사회나 종교도 당신의 정체성을 규정하지 못하게 하라. 당신은 그저 존재할 뿐이다. 당신은 폭풍이 몰아치는 거센 바다 한가운데 내던져졌고, 거기서 무엇을 만들어 내고 어떤 존재가 될지는 이제 당신에게 달렸다.

얼마나 진실하고 용기 있고 대담한가? 이 프랑스인은 수동성을 낳는 신의 동화 같은 이야기를 피하고 대신 자기 결정이라는 대담한 행동을 촉구하면서 우리에게 진짜 사실을 말해 줄 배짱이 있지 않은가?

십대 시절의 내게 사르트르는 매력적이었지만(물론 지금도 그에게서 배울 점이 많다고 생각한다), 지금은 처음만큼 그렇게 굉장하다고 생각하지 않는다. 스스로 자신의 의미와 가치를 만들어야 한다고 생각하면서 성장한 사람들의 결과가 눈에 보이기 때문이다. 나도 느꼈다. 이 시각은 너무나 광대하고 사람을 지치게 만든다. 사르트르는 일말의 진실을 말하면서도 그것을 오류의 매트릭스에 집어넣기 때문에 그 사람에게 상처를 줄 수 있다.

물론, 우리는 살아가면서 자기 삶을 형성한다. 우리는 변한다. 변하는 만큼 우리 행위는 새로운 존재 형식을 불러오고, 그래서 실존은 본질에 앞선다. 하지만 더 큰 맥락과 동떨어지거나 진공 상태에서 이런 일이 생기지는 않는다. 이를 두 가지 대조되는 관점에서 생각해 보면 도움이 될 것이다. 우리는 (1) 신이 없는 세상에 존재하는 고립된 개인인가, 아니면 (2) 하나님과 다른 사람과 연결되어 있으며 이 연결이 우리 정체성의 기반인가? 사르트르는 첫 번째 관점을 선택하고 우리가 타인에게 얼마나 의존적인지를 평가절하한다. 이 책에서 점점 더 분명해지겠지만, 나는 이런 순진한 관점은 현실과 모순되고, 하나님이 인간 피조물을 설계하신 방법을 고려한다면 그런 관점을 따르는 것이 오히려 우리에게 해가 된다고 생각한다.

  배꼽과 부모님 이야기로 돌아가 보자. 목욕을 하면서 우리는 확실하면서도 심오한 무언가를 깨닫는다. 곧 **우리는 타인에게 존재를 빚진다.** 사람은 모두 생물학적 부모가 있다. 족보가 있으며 특정 유전자를 물려받았다. 하우어워스와 윌리몬이 주장하듯, 배꼽은 신학적으로도 매우 중요하다. 그것은 우리가 자수성가한 사람도, 고립된 섬도, 강인한 개인도 아님을 우리 몸이 일깨워 주는 방식이다. 우리는 필연적으로 다른 사람들과 한데 묶이는데, 이는 태초부터 그랬고 앞으로도 항상 그럴 것이다. 각 사람은 부모의 이름을 알든 모르든 누군가의 자녀다. 모든 사람은 하나님과 다른 인간 피조물에게 그 존재를 빚진다.

  이 점을 곰곰이 생각하면, 음식에서 주거, 건강에서 수입에 이르기까지 모든 삶이 인간의 상호 의존성을 바탕으로 한다는 사실을 깨닫는다. 왜 그런가? 우리가 유한한 피조물이기 때문이다. 그리고 하나님, 다른 사람, 세상과의 관계라는 선물은 우리의 사회경제적 지위와 상관없이 우리 삶에 의미와 목적을 줌으로써 자기 이해의 기반을 공급한다. 역설

> 그러나 하나님은 인간을 고독한 존재로 창조하시지 않았다….
> 인간은 가장 내밀한 본질상 사회적 존재이기에 다른 사람과 관계를 맺지 않으면
> 자신의 은사를 개발하지도, 삶을 영위하지도 못한다.
>
> _ 요한 바오로 4세, 『기쁨과 희망』 *Gaudium et Spes*

적이게도, 우리는 자신을 고립된 의식의 중심으로 생각하지 않고 다른 사람과의 관계라는 측면에서 정체성을 고려하기 시작할 때만이 내가 누구인지 분명히 알 수 있다.

사회적 맥락에서의 자아

역사적으로(비서구 세계 대부분에서는 오늘날에도 여전히) 사람들이 자신('자아')을 보는 기본적인 관점은 사회적 관계를 통해서였다. 나는 누구인가? 나는 이 일을 하며 이 땅에 사는 이 가문의 딸이나 아들이다.[4] 본질적으로, 자기 성찰보다는 사회적·물리적 위치와 관계망을 통해 정체성을 찾았다.

정체성 질문은 독립적인 인물보다는 공동체와 관련된 질문이 더 많았다. 당신이 누구인지는 당신의 소속(부모, 친족, 땅 등)에 달려 있었다. 거기에는 좋은 결과도 있었고(예. 관계는 사람을 연결해 주었다.) 나쁜 결과도 있었다(예. 최악된 권력 구조는 그런 관계를 왜곡하고 남용하기 쉬웠다.).[5] 부정적으로, 이는 개인이 독특한 재능을 개발하지 못하고 항상 획일화된 틀을 강요받아, 군중 속에서 개인이 사라진다는 뜻일 수도 있다. 사회적 개인이 제

대로 기능하여 긍정적일 때는, 개인이 절대 혼자이거나 자아실현의 부담을 지지 않고 소속감을 느끼며 만족하고 공동선에 기여할 수 있다는 의미였다. 새뮤얼 와제 쿠니요프(Samuel Waje Kunhiyop)는 그런 문화적 본능에 대해 이렇게 말한다. "공동체라는 강력한 개념은 공동선이 개인의 이익에 우선한다는 의미다."⁶ 대조적으로, 내면세계에만 집중하려는 서구의 강력한 성향은 주변 사회망이 우리를 얼마나 크게 형성하는지를 깨닫지 못하도록 방해할 수 있다.

사회학자인 내 친구 매튜 보스(Matthew Vos)는 대학 신입생들이 자신과 타인의 연결에 대해 생각하도록 도와주는 기본 활동을 개발했다. 수업 첫날에 학생들이 자리를 찾아 앉고 나면, 그는 자원하는 학생 두어 명(여학생 한 명, 남학생 한 명)에게 자기소개를 부탁한다. 간단해 보인다. 하지만 숨은 조건이 하나 있는데, 자신을 소개하면서 자신이 소속된 집단을 언급해서는 안 된다는 것이다.

흔히 첫 번째 학생은 이름부터 소개한다. 그러면 보스는 바로 학생을 저지하는데, 이름은 학생의 집안과 관련이 있기 때문이다. 그 학생이 속한 가장 중요한 집단이라고 할 수 있다. 그러면서 보스는 학생이 영어로 이야기하는 것 역시 한 집단과의 밀접한 연관성을 나타낸다고 지적한다. 학생의 투박한 이야기는 서양 사상의 개념적 범주를 사용하는데, 이 역시 한 집단의 산물이다. 그래서 이 자기소개는 말처럼 쉽지 않다. 학생은 과제를 완수하려고 애써 보지만, "좋아하는 음식은 피자입니다." 그 이상을 넘어가기 힘들다. 물론, 여기서도 담당 교수는 피자는 전 세계에서 사랑받는 음식이 아니라 미국 대학생의 경험이며, 특정 집단에 속한 데 따른 부산물이라고 지적한다.

두 번째 학생은 첫 번째 학생보다는 더 잘할 수 있다고 생각하겠지만, 결말은 비슷하다. 그가 할 수 있는 말은 몇 안 되는 특이한 취향이 고작이지만, 그마저도 교수는 학생의 삶을 구성하고 거기에 의미를 부여하며 그의 정체성을 유지해 주는 다양한 집단과 사람들과 연관 짓는다.

그런데 이게 다가 아니다. 두 학생이 자기소개를 하다가 '지쳐 나가떨어지면' 보스는 학생들에게 다시 한번 해 보라고 요구한다. 이번에는 어떤 집단을 언급해도 좋다면서 말이다. 상황이 완전히 달라진다. 이제 학생들은 가족은 물론, 고등학교 때 뛰던 축구부, 사랑하는 사람, 선교 여행으로 바뀐 삶, 새로운 룸메이트와 함께하는 대학 생활에 대한 기대감 등을 마음껏 이야기할 수 있다.

이 활동의 요점은 무엇인가? 우리는 우리 내면에 있는 것보다 외부에 있는 것들의 산물이라는 점이다. 그래서 다른 사람들을 언급하지 않고는 우리가 좋아하는 것에 대해 말할 수 없다. 실제로, 우리 '내면'의 경험 (유쾌할 수도 있고 괴로울 수도 있는, 매우 개인적이고 사적인 것) 대부분은 다른 사람들과 맺는 관계와 떼려야 뗄 수 없다. 분노나 슬픔, 기쁨 같은 '개인적인' 감정조차도 우리가 다른 사람들과 연결된 결과이며, 주변 사람들의 영향을 받지 않는 사적이고 내적인 공간은 존재하지 않는다.

예를 들어, 우리의 염려는 우리에게 중요한 타인의 기대감에 미치지 못한다는 두려움에서 비롯되는 경우가 많다. 마치 성적과 학업 성취도에 대한 염려는 대부분 우리의 노력과 성과에 따라 사람들이 우리를 인정한다고 믿게 만든 어린 시절의 경험과 연결되는 것처럼 말이다. 그렇다면 과연 염려와 같은 것들이 '사회적으로' 발생한 압박과 정말 동떨어져서 존재하는가? 전혀 그렇지 않다.

인류는 불가피하게, 역사를 지닌 사회적 피조물이다.[7] 이를 부인하려 한다면 인간성의 구성 요소를 거부하는 것이다. '문화'는 '저 멀리 어딘가에' 있는 것이 아니다. 우리는 공기처럼 그것을 들이마신다. 문화는 (삽이든 핸드폰이든) 우리가 사용하는 물건, 부르는 노래, 쓰는 언어, 아는 사람들을 포함한다. 우리가 아무리 벗어나려고 애써도 거기서 벗어날 수 없다. 사람들이나 문화를 악하게 왜곡하는 것을 거부해야 하는가? 물론이다. 하지만 **차이**와 죄를 혼동하지 않도록 주의해야 한다. 우리의 독특함은 맥락이 없는 것이 아니라 거기에 내재되어 있다.

때로 그리스도인들은 좋은 의도로 이렇게 말하곤 한다. "당신의 정체성은 아시아계 미국인[혹은 다른 집단]이 아니라, 그리스도 안에 있습니다." 이 말은 일부 진실이다. 그리스도와의 연합은 우리가 흔히 사람을 분류할 때 사용하는 다른 모든 범주(가문이나 국적, 사회 계층 등)를 뒤엎는다. 그래서 사도 바울은 "너희는 유대인이나 헬라인이나 종이나 자유인이나 남자나 여자나 다 그리스도 예수 안에서 하나이니라"(갈 3:28)라고 썼다.

그러나 기득권 계층에 속한 사람이 그렇지 못한 사람에게 이야기할 때 "그리스도 안에서 정체성"을 찾으라는 요청은 피상적으로 들릴 수 있다. 우리 중 누구라도 의도치 않게, 검토되지 않은 문화적 전제를 정체성 이해에 끌어들이기 쉽다. 내게는 "복음의 정치화"처럼 보이는 것이 사실은 이런 종류의 끌어들임에 대한 저항에 지나지 않을 수 있다. 역사 내내 그리스도인들은 종종 복음을 가정, 마을, 사회의 변화 추구와 연결했다. 우리가 자기 정체성의 사회적 역할을 이해하지 못한다면, 이런 실수를 저지르고 서로 상처를 줄 것이다. 이런 일은 문화를 상대화하지 않고 내 문화로 **상정할** 때 벌어진다. 내가 속한 하위문화의 예절과 구속력 있는 성경의 명령을 혼동할 때, 또 실제로 기독교 신앙에 필요하지는 않지만 내가 편하게 느끼는 관습을 남들에게 따르라고 요구할 때처럼 말이다. 일본에 간 19세기 선교사들은 바닥이 아니라 의자에 앉는 것이 문화의 차이가 아니라 성장한 그리스도인의 표시라고 믿었던 사례가 있다. 이처럼 특정 관행에 세례를 베푸는 것은 늘 위험하다. 혹은 자신이 (개인적으로 공평한 대접을 받았기 때문에) 경찰이나 정부를 응당 긍정적으로 평가하거나, (경찰의 폭력이나 정부의 편견을 목격했기에) 우려를 제기하는 사람들을 부정적으로 판단할 때도 이런 문제가 발생한다. 사람은 누구나 자신의 사회적 위치와 역사에 따라 말하고 행동한다. 이런 문제를 피해 갈 수 있는 사람은 아무도 없지만, 기득권에 속한 대다수는 이 사회적 힘을 인식하기가 훨씬 더 어렵다.

그리스도 안에 정체성이 있다는 것은 사실이지만, 그렇다고 해서 가족, 문화 등 우리의 구체적 경험의 다른 측면이 필요 없다는 뜻은 아니다. 그리스도 안에 있는 정체성은 우리 사회와 배경과 동떨어져 있지 않고, 그리스도가 우리를 그분께 인도하시면서 그것들을 변화시키신다. 죄악된 행동과 충동은 당연히 거부해야 하지만, 우리 정체성과 자신에 대한 이해를 형성하는 데 있어 다른 사람들이 하는 역할을 잊지 말아야 한다. 때로 우리 사회의 전제는 죄악된 행동 방식과 경건한 행동 방식의 차이를 구분하기 어렵게 만든다. 예를 들어, 자기 의존이 언제 긍정적 미덕에서 교만한 고립으로 바뀌는지처럼 말이다? 그래서 건강한 신앙을 위해 건강한 교회와 가족과 우정이 꼭 필요하다. 가장 신실한 버전의 '내'가 되기 위해서는 다른 사람들이 필요하다. 우리는 다른 사람들의 사각지대를 드러내고 서로가 더 아름답고 번영하는 삶을 상상하도록 도와준다. '나'는 스스로 높이는 것이 아니다. 다른 사람을 사랑하고 희생하는 법을 배우고 다른 사람에게서 그런 사랑과 희생을 받아들이는 법을 배움으로써 우리가 번영한다는 것이 기독교의 통찰이다.

디트리히 본회퍼: 자아와 타인 연결하기

1928년 10월 21일, 스물한 살 독일인 목사 디트리히 본회퍼(Dietrich Bonhoeffer)는 성도가 80명인 스페인 마드리드의 작은 교회에서 짧은 설교를 전했다. 그의 마음속은 그 자리에 참석한 젊은이들의 고민이 채우고 있었다. 그는 정체성 질문과 씨름하는 이들을 도와 현대에 특별한 힘을 지닌 질문, 곧 "나는 누구인가?"에 대해 생각하도록 기회를 제공했다. 설교 본문은 누가복음 17장 33절이었다. "무릇 자기 목숨을 보전하고자 하는 자는 잃을 것이요 잃는 자는 살리라."[8]

자기 이해에 대한 도전

회중 가운데는 설교자와 몇 살 차이 나지 않는 십대가 많았다. 그래서 그는 "단 하나의 질문"이 그들의 삶을 움직인다고 믿고 그들과 실존적 연대를 공유한 듯하다.[9] 그 한 가지는 무엇인가? 섹스나 젠더? 스포츠나 패션? 아니다. 그는 "그들의 모든 사고와 행동의 중심"인 더 심오한 질문을 찾고 있었다. 아동기에서 청소년기로 넘어가면서 낯설고 불안한 변화가 생긴다. "이들의 영혼이 나누인다."라는 그의 말은 무슨 뜻일까?

본회퍼는 당대의 심리학이라는 학문과 복잡한 관계였지만, 사람들의 복잡한 자기 이해에 관심이 있어서[10] 사회적 관점에서 그런 질문들에 접근했다.[11] 그의 초기 신학 작품 『성도의 교제』(Sanctorum Communio)에 잘 나타나 있듯이, 그는 공동체적 관점에서 개인을 보는 성향이 있었다.[12]

본회퍼는 사람들이 "스스로 관찰의 대상이 되기" 시작할 때 맞닥뜨리는 심리적 신비를 다루었다.[13] 사람들은 '나'('에고')에 대해 질문할 때 "별개의 자아"를 인식하기 시작한다.[14] 이는 위안을 주기보다는 고통스럽고 혼란스러우며, 내면에서 "끓어오르고 솟구치는 분노"를 드러내기도 한다. 다른 사람들이 이 젊은이를 바라보는 것과 그가 스스로 어떻게 느끼는지 사이에 큰 간극이 생길 수 있다. 따라서 에고(자아)에 대한 질문은 사람을 동요하게 만드는 힘을 지닐 수 있다. 교사나 부모들은 자신이 자신감 있고 유능하다고 생각하겠지만, 속으로는 사기꾼처럼 느끼고 결점만 눈에 들어온다. 그런 간극을 점점 더 크게 인식하면서, 젊은이는 이 내면세계가 외부 세계와는 다르며 나누어져 있다고 보기 시작한다.

소셜 미디어 시대를 사는 우리는 사람들이 자신을 '브랜드'화해서 공적 이미지를 만드는 것을 당연히 여긴다. 유명 배우만이 아니라, 고등학교 친구, 동료, 인기 있는 목회자들까지도 그렇다. 그래서 잘 알려진 대로, 소셜 미디어는 외부의 인식과 내면의 현실 사이에 건강하지 못한 간극을 만들 수 있다.

'별개의 자아'에 대한 본회퍼의 성찰은 내면의 생각과 외부의 인식 사이에서 점점 더 큰 분열을 느끼는 사람들에게 공감을 얻었다. 자기 발견이라는 낭만화된 이상에도 불구하고, 내적 '자아'는 대체로 차분하고, 매력적이기보다는 불안해하고 비난하며 거칠다. 본회퍼가 증명한 대로, 사람들은 자신이 누구인지 결정하지 못한 채 머릿속에서 이것저것 궁리

한다. "저게 나인가? 아니야. 저건 내가 아니야…이게 나야. 내 안에도 그렇게 끓어오르고 솟구치는 게 있으니."[15] 그 사나운 바다에서 개인은 공기 한 모금 들이마시기 위해 가끔 위로 올라가는데, 그 순간에 산소가 들어오는 것만큼이나 빨리 질문이 쏟아져 나온다. "나는 누구인가? 나는 왜 여기에 있는가? 나는 어디에서 왔는가? 나는 무엇을 해야 하는가?" 중년의 위기나 생의 말기에 자기를 돌아볼 때처럼 아이에서 어른이 되는 과정에는 이런 혼란이 있다. 사람은 개인의 정체성에 대한 질문들을 절대 피해 갈 수 없다.

본회퍼가 이 설교를 전한 때는 히틀러가 권력을 잡기 5년 전이기 때문에 나치주의는 아직 그의 상상 속에 존재하지 않았다. 여기서 그가 두려워한 것은 (나중에 일어날) 외부의 악한 세력이 아니라 "처음으로 우리 마음을 사로잡는 인간 존재의 비참함, 그리고 구속받지 못한 상태에서 우리 자신이 고통에 사로잡히는 것"에 대한 자각이었다. 그 상태에서 우리 마음의 주요한 외침은 이것이다. "악한 나로부터 해방해 주십시오. 그것을 통제하기 위해서, 구속하기 위해서 말입니다. 내 자아를 어떻게 구할 수 있습니까? 어떻게 하면 자유로워질 수 있습니까?"[16]

이 시기의 설교들은 아우구스티누스가 4세기에 쓴 『고백록』(*Confessions*)과 유사한 불안한 영혼을 드러낸다.[17] 나이를 불문한 모든 사람, 하지만 그중에서도 특히 15-30세 청년들이 이런 종류의 질문과 씨름할 때 우리는 흔히 몇 가지 전형적인 답을 제시한다. 본회퍼는 그것들을 잘 알고, 각각의 단점을 인식하면서 그중에 두 가지를 언급한다.

첫째, 사람들에게 "너 자신을 알라."라는 고대 그리스의 경고에 귀를 기울이라고 말한다. 델피 아폴로 신전에 새겨진 이 역사적 비문은 시대를 거치면서 여러 철학자와 교사들이 반복해서 언급했지만, 피하기 힘든 문제가 있다. **도대체 누가 자신을 알 수 있단 말인가?** 이는 우리를 인간의 유한성이라는 근본적인 도전으로 이끈다. 우리의 제한된 능력에는 자기 이해의 가능성에 대한 겸손도 포함된다. 우리가 자신을 아는 것보다 다른 사람이 우리를 더 잘 아는 방법이 있을까? 배우자나 부모, 친구는 이런 주장을 쉽게 남용할 수 있지만, 우리와 함께 생활하고 일하며 세상에 거주하는 이들은 때로 우리가 인식하지 못하거나 의도적으로 무시하는 우리의 일부를 볼 수 있다.

우리는 시간이 지나면서 변한다. 자신의 사고나 행동에 스스로 놀라기도 하고, 가끔은 자신을 속이기도 한다. 속도를 늦추고 잠시만 생각해보자. 우리는 어떻게, 왜 자신에게 거짓말을 하는가? 이는 큰 신비를 가리킨다. 본회퍼의 냉정한 결론에 따르면, "우리도 우리 자신을 알지 못하고, 하나님만 온전히 아신다." 그의 결론은 음울하고 절망적인 시간을 설명하는 데 도움이 된다. 에니어그램에 대한 선호도와 상관없이, 우리가 피조물의 유한성을 진지하게 받아들이려면 자기 이해의 진정한 한계를 인정하는 것이 필요하다.

둘째, 자기 이해가 부족하다고 판단될 때 사람들은 '자제력'이나 '자아 형성'을 입에 올리곤 한다. 더 열심히 노력해야 한다는 것이다. 우리가 되고자 하는 모습에 우리를 끼워 맞출 수 있도록 더 큰 의지가 필요할 뿐이다. 이는 사르트르의 실존주의적 명령을 떠올리게 한다. 본회퍼가 언급하듯이, 이것이 기독교계에서는 '영혼'에 집중하라는 요청, 곧 내면세계에 오롯이 주의를 집중하라는 요청으로 들리는 경우가 많다. 본회퍼가 이 설교를 하고 나서 거의 100년이 지난 후에, 나는 모든 사람에게 자신이 원하는 모습은 무엇이든 될 수 있으며 되어야 한다고 말하는 문화와, 거의 전적으로 내면의 범주에서만 복음을 이해하는(예. 그 어떤 사회적·관계적 측면은 배제한 채 평안과 은혜를 느낌으로만 이해하는) 그리스도인들 사이에 희한한 유사성을 발견했다. 곧 교회와 세상 모두 (각기 나름의 방식으로) 자아를 심리적 마음 상태로 축소한다. 우리 주변의 이런 사회적 추세를 무비판적으로 받아들인다면, 자아 형성의 주요한 틀로 심리 치료를 사용하는 개인주의적 자아관을 쉽게 수용하게 된다.[18] 이 중에 가장 신앙적으로 들리는 모델조차도 "가장 순수한 상태의 이기주의"를 낳는 경향이 있기에 "훨씬 더 위험하다."[19] 이런 모델들은 죄를 감정과 동기로 축소하고, 외부 세계에 대한 관심과 연결을 경시하며, 관계의 가치와 기능을 약화한다.

자신을 잃어버리고 목숨을 얻다

성경은 자신의 영혼을 "도덕적으로 연마"하라고 요구하지 않는다. 오히려 전혀 다른 것을 요구한다. 본회퍼는 걱정 많은 회중에게 한 가지 약속으로 도전한다. '타인'을 위해 당신의 열정을 사용하라. 사랑하는 사람들을 위한 봉사와 희생에 열중하라. 그러면 "우리가 또 다른, 새로운, 더 나은 자아를 위해 새로이 창조되었다는 사실을 전혀 이해할 수 없는 방식으로 [알게]" 될 것이다.[20]

목숨을 얻으려면 잃어야 한다. 홀로 고립되는 패턴으로는 이 새로운 자아를 발견하지 못한다. 오히려 희생과 섬김과 사랑으로 길러지는, 타인과의 새로운 연결 가운데 발견할 수 있다.

우리의 경험과 성경 이야기 모두에서, 자신이 고립된 존재이거나 세상의 중심인 양 행동하는 사람들은 왜곡된 자아상을 보인다.[21] 이와 대조적으로, 본회퍼는 우리가 자기 복종을 통해, 곧 자신을 다른 사람들에게 종속시킴으로써 자신을 발견할 수 있다고 주장한다. "자신을 내려놓을 수 있다는 것, 자신을 잊고 잃을 수 있다는 것, 열정적인 희생정신으로 이웃의 요구에 고개를 숙일 수 있다는 것, 가장 극단적인 항복의 제단에서 다시 자신을 찾을 수 있다는 것, 그것이 바로 우리의 축복이며 하나님의 은혜이다."[22] 그러나 다른 사람을 위해 나를 포기하면, '나'는 더 이상 존재하지 않는 것이 아닐까? 나는 '덜 성숙하고' 중요하지 않은 존재로 남게 되는 것이 아닐까? 내 영혼이 구원받지 못하고 잃어버린 바 되는 것이 아닐까?

누가복음 17장 33절은 이상하게도, 자기 영혼을 보전하려 하면 오히려 잃게 된다고 주장한다. 왜일까? 성경과 본회퍼가 말하는 "자아의 구속"에는 희한한 면이 있다. 자기 영혼, 곧 '자아'에 집중하면 자신을 잃는다. 이 말씀은 다음과 같은 쾌락주의의 역설을 떠올리게 한다. **행복을 얻는 데 집중하면 행복은 끊임없이 우리를 피해 갈 것이다.** 자신의 행복에 집중하지 않아야만 행복의 진정한 깊이를 경험할 수 있다. 마찬가지로, 자신의 독특함을 부정하는 것이 아니라 살아 계신 하나님 앞에 자신을 내려놓음으로써 우리는 영혼을 잃어버리고 구원받는다. 하나님의 뜻이 내 뜻보다 더 중요하기에 그분의 목적과 계획에 나를 복종시킨다. 놀랍게도 그럴 때 우리는 진정한 생명을 발견한다.

본회퍼가 표현했듯이, 자아의 구속은 자기를 개선하거나 이해하려는 노력을 통해서가 아니라, "하나님의 유일하신 선하심을 바라봄으로써" 이루어진다.[23] 그렇지만 이 '구속'은 어떤 정신적인 영역이 아니라 늘 '세상에서' 이루어진다. 왜 그런가? 우리 이웃이 이 세상에 있고, **우리가 하나님과의 관계에서 우리 자신을 알려면 이웃이 필요하기 때문이다.** "이웃에게 자신을 완전히 준 사람은 자신을 하나님께 드리고 있는 것이다. 이웃을 통해 당신은 하나님의 구속을 받을 것이다."[24] 이 말이 많은 사람에게 어렵게 들리겠지만, 본회퍼는 우리가 하나님을 사랑하고 이웃을 사랑하라는 성경 계명의 본질적인 연결을 보도록 촉구한다. 잊지 마라. 우리는 필연적으로 사회적 피조물이다. 하나님이 우리를 그렇게 창조하셨다.

이 설교의 원고가 온전히 남아 있지는 않지만, 마지막으로 기록된 말은 다음과 같다. "당신은 스스로를 해방시켰습니다. 아니, 하나님이 당신을 묶으셨습니다. 결박하셨습니다…." 우리가 상상할 수 있듯이, 훌륭한 루터교 목사였던 본회퍼는 이를 완수했을 것이다. 죄의 종에서 해방된 사람은 자신이 하나님과 그분의 의에 묶인 것을 발견한다.[25] 사도 바울이 반복해서 주장하듯이, 우리는 죄의 종에서 해방되어 의의 종이 된다(롬 6:16, 18-19, 20). 하지만 이것은 종노릇하는 것이 아니라 진정한 자유다. 루터의 격언은 이 진리를 잘 포착한다.

> 그리스도인은 모든 것을 지배하는 자유로운 주인이요, 아무에게도 종속되지 않는다.
> 그리스도인은 모두에 봉사하는 충성스러운 종이요, 모든 사람에게 종속된다.[26]

예수님은 이 역설을 친히 보여 주신다. 우리가 하나님과 관계 맺는 방식은 타인과 관계 맺는 방식을 바꾸어 놓는다. 이것이 우리가 누구이며 누가 우리를 해방시키고, 살며 사랑하게 하시는지 말해 주는 창조주와 구속주 안에 있는 자유다. 해방된 자아는 늘 '관계 맺는 자아'다.

이 모든 내용은 무슨 의미가 있을까? 본회퍼는 우리가 자신에게 집중할 때, 자신의 고립된 자아를 중심으로 살아가려 할 때, 그 결과는 평온함이 아니라 혼돈이요, 명료하지 않고 혼란스러우며, 관대하지 않고 이기적이라는 것을 안다. 왜 그럴까? 관계를 배제하고 자신을 설명하려 한 매슈 보스의 학생들처럼, 나를 중심으로 살아가려는 어떤 시도도 자신을 이해하려면 타인이 필요하고, 건강하고 번영하는 인간 피조물이 되려면 그들이 더더욱 필요하기 때문이다. 하나님이 우리를 그렇게 만드셨다.

우리는 관계를 떠나서가 아니라 '관계 가운데' 존재하기에 우리가 알려지고, 관계 속에 있으며, 사랑받는다는 맥락에서만 자신을 올바르게 알 수 있다. 고립된 자아는 표현 자체가 모순이다. 그런 모순을 쫓다가는 생명을 주는 지식이 아니라, 숨 막히는 외로움과 끝없는 자기 의심에 이르게 된다. 그런 잘못된 추구는 우리 외부의 깨진 세상과 우리 내면의 무질서한 세상이 만들어 낸 결과다.

아우구스티누스: 순서가 뒤바뀐 사랑

우리가 죄를 짓는 것은 인간 피조물의 한계 때문이 아니라 사랑이 없거나 왜곡되었기 때문이다. 아우구스티누스가 "무엇이 죄인가?"라는 근본적인 질문에 "그리스도의 명령에 반하여 행동하는 것"이라고 대답한 데서 이런 생각에 이른다.²⁷ 그리스도의 계명이 무엇인가? 사도 요한은 "서로 사랑하는" 것이라고 기록한다(요 13:34; 15:12, 17) 하나님과 이웃을 사랑하라는 계명은 하나님이 우리를 만드신 대로 인간 피조물의 관계적 본질을 표현한다(예. 레 19:18; 신 6:5; 10:12-13; 30:6; 마 19:19; 22:37-40; 막 12:29-31; 눅 10:27을 보라; 롬 12:10; 13:9; 갈 5:13; 살전 4:9; 요일 3:11, 23; 4:7, 11; 요이 1:5 참조). 아우구스티누스는 "죄는 영혼의 삶에 근본인 사랑을 의도적으로 그릇된 방향으로 이끄는 것을 가리킨다."라고 말한다.²⁸ 우리는 사랑하도록(즉 다른 사람과 긍정적인 관계를 맺도록) 창조되었는데, 죄는 선하신 창조주의 이 선한 계획을 거부하기 때문에 반역의 한 형태다.²⁹

인간성이 아니라 '죄'가 문제다! 인간 피조물의 한계를 피하거나 극복하는 것이 아니라, '사랑'이 인생의 목적이다. 죄는 우리 사랑의 순서를 엉망진창으로 만들어 모든 관계를 왜곡하기 때문에 진정한 인간성, 진정한 자아를 약화한다. 우리는 하나님의 설계에 따라 본질적으로 선하게 창조되었다. 선하신 하나님이 선한 목적과 즐거움을 위해 우리를 만드셨다. 죄는 우리의 사랑과 삶을 변형하여 하나님과 이웃에게서 우리를 멀어지게 만든다.

하나님의 율법은 우리를 죄인으로 만드는 것이 아니라, 현재 상황을 선언할 뿐이다.³⁰ 율법을 일종의 지도나 GPS로 보면 우리가 얼마나 본질에서 벗어나 있는지 알 수 있다. 죄는 창조주의 충성스러운 자녀를 도둑과 죄수, 거지와 사생아로 만들어 버렸다. 우리는 다른 사람들을 즐거워하기보다는 이기적인 충동의 도구로 취급한다. 하나님의 축복에 귀를 막아서, 우리가 지녔던 안정감은 끝없는 갈망과 불안으로 바뀌어 버렸다. 우리는 자신의 고유한 의미를 만들고 우리 삶에 중요성을 부여하려

> 자아를 거스르는 것이 구원의 출발점이다.
>
> _ 에바그리우스 폰티쿠스

애쓰지만, 오히려 끊임없는 자책과 자기 정당화의 세계에 살게 된다.

아우구스티누스는 사랑이 중심이라는 것을 잊지 않기 때문에 도움이 된다. 하지만 우리는 더는 아우구스티누스처럼 사랑을 이해하지 않는다. 21세기 사람들은 '자신'이 사랑을 만들어 낸다고 상상하는 현대의 이단을 물려받았다. 이에 따르면 개인이 전부다. 우리는 의지를 지닌 독립된 존재이기 때문에 사랑은 우리 내부에서 나온다. 사랑은 우리가 만들고 유지하고 없앨 수 있는 것이다. 사랑과 그 적절한 운명은 우리에게 달려 있다(고 믿는 경향이 있다).

우리가 누군가를 사랑하게 만들 수 있는 사람은 아무도 없다. 그러니 사랑하라는 '명령'은 우리에게 순전한 모욕으로 다가온다. 왜 그런가? 우리는 스스로 사랑의 창시자라고 믿기 때문이다. 그래서 그 어떤 외부의 권위나 사람도 우리에게 사랑을 요구할 수 없고 그래서도 안 된다. 예를 들어, 결혼이 언약과 공동체가 아니라 자기가 만든 감정으로만 성립되고 유지된다는 현대의 낭만적 관점은 수많은 문제를 낳는데, 인간의 사랑은 불안정할 때가 너무 많기 때문이다.

반대로, 아우구스티누스와 고대 정통 신학 전통에 따르면, 사랑은 피조물이 만들어 내는 것이 아니라 하나님이 주신 실재에 우리가 참여하는 것이다. 먼저부터 계신 삼위일체 하나님의 사랑에서 창조 세계가 흘러나온다. 우리는 하나님의 사랑의 흐름 가운데 살기 때문에 사랑할 수 있다. 죄가 인간 경험을 심각하게 왜곡했기 때문에 이제 우리는 하나님이 아니라 우리가 중심이 되어야 한다고 여긴다. 하나님이 우리 중심이요 고정점이기를 거부했기에 이제는 우리 자신을 세상의 중심으로 볼 수밖에 없다. 개인의 지각에 의존하게 되면 우리는 우리 주변과 자신을 중심으로밖에 볼 수 없다. 관심사는 인식을 따르기 마련이어서 우리는 모든 관계를 자기중심적 방식으로 다루게 된다. 하나님을 고려할 때만이 우리는 자신과 타인을 공동체의 일부요 모든 인류의 일부로 아는 신비한 복잡성을 헤쳐 나갈 수 있다.

하나님의 사랑만이 한 사람과 많은 사람, 전체와 부분을 보장할 수 있다. 우리가 미처 인식하지 못할 때도 하나님의 사랑은 우리 모두를 하나로 묶어 준다.[31] 중력이라는 개념 혹은 그 이름을 모른다고 해서 중력의 영향이 사라지지는 않는다. 마찬가지로, 하나님의 사랑이 실재하고 능력이 있음을 무시하거나 부인한다고 해서 그 사랑이 사라지지는 않는다. 그러나 우리는 이 거룩하신 연인을 배신해서 세상을 왜곡했고, 무엇보다도 우리 자신을 망가뜨렸다. 그러나 올바른 자아관은 항상 우리를 하나님, 이웃, 나머지 창조 세계와의 관계망으로 이끌게 되어 있다. 죄는 우리를 혼란과 불안과 자책에 빠뜨렸다. 하나님만이 우리를 우리 자신에게로, 올바른 관계로 회복하실 수 있다. 하나님의 축복 가운데 안정감을 얻을 때만이 우리는 **"내가 누구인가?"**라는 질문을 담대히 묻고 답할 수 있다.

나에 대한 가장 큰 진실은 무엇인가?

우리가 유한한 인간 피조물일 뿐 아니라 죄인이기도 하다는 점을 고려할 때 자기 이해의 어려움은 기하급수적으로 증가한다. 나는 이 상황에서 비롯되는 두 가지 중요한 도전으로 이 장을 마무리하려 한다. 자신의 유한함을 받아들이고, 우리와 함께하시고 침묵하시지 않는 하나님의 약속을 의지할 때만이 그 도전에 응할 수 있을 것이다.

첫째, 다른 사람들이 우리를 바라보는 관점이 우리가 자신을 보는 관점과 충돌할 때는 어떻게 해야 할까? **나는 누구인가? 다른 사람들이 말하는 나인가, 아니면 내가 말하는 나인가?** 둘째, 내면의 갈등, 특히 죄악된 행동과 경건한 욕구 사이에서 갈등하는 분열된 자아를 경험할 때는 어떻게 해야 할까? **나는 누구인가? 내 실패나 성공 중에 어떤 것이 내 정체성을 더 잘 드러내는가?** 이 두 질문은 매우 어렵다. 하나님의 임재와 선언 가운데서만 그 각각의 답을 찾을 수 있을 것이다.

대중의 인식과 내면의 불안감

1943년 11월 30일, 군 복무 중이던 에버하르트 베트게(Eberhard Bethge)는 감옥에 있는 친구 디트리히 본회퍼에게 편지를 썼다. 두 사람은 전혀 다른 환경에 있었지만, "자기 결정권의 상실을 공유했다."[32] 둘 다 자신이 원하는 곳에 있지도, 원하는 일을 하고 있지도 않았다. 그럼에도 본회퍼를 방문할 기회를 얻은 베트게는 그곳에서 심란한 사람이 아니라 쾌활한 사람을 보고 놀랐다.[33] 고귀한 순교자라는 본회퍼의 이미지는 이제 막 생기기 시작했지만, 과연 감옥에 갇힌 그는 실제로 그런 사람이었을까?[34]

본회퍼는 얼마 전에 베트게에게 보낸 편지에서 이 대화를 언급하면서 자신이 더 좋은 시대를 갈망하며, 직접 만났을 때나 편지에서 종종 주는 인상과 달리 "이곳이 끔찍"하고 자신이 힘들어하고 있다는 사실을 인정했다.[35]

물리적 박탈감과 불편함은 감옥에서 익숙해질 수 있는 문제였지만, 그를 가장 힘들게 한 것은 심리적 압박감이었다. 울부짖는 소리를 듣고 불의를 보면 자신이 너무 빨리 늙는 것 같아서 '구역질 나는 부담'을 느꼈다. 고달픈 환경보다 불안한 내면세계가 그에게는 더 심각한 문제였다. "내가 정말 누구인지 궁금할 때가 많다. 이곳의 끔찍한 경험에 만신창이가 되어 역겨움에 움츠르드는 사람인가, 혹은 자기 주도권을 쥔 사람, 겉으로는(심지어 자기 자신에게도) 차분하고 쾌활하며 평온하고 우월해 보여서 이런 가식에 박수를 받는 사람인가? 아니면, 가식이 아니라 진짜 모습인가?"

본회퍼는 스페인에서 설교하고 나서 약 15년 후에 "너 자신을 알라."라는 심리적 명령에 대해 사그라지지 않는 의문을 드러냈는데, 이는 언제든 자신이 달라질 수 있기 때문이다. 그것은 악한 욕구와 의로운 욕구 사이에서 벌어지는 내면의 갈등이라기보다는 자아의 연속성에 대한 의문이다. 그는 과연 이 사람인가, 아니면 저 사람인가? 본회퍼의 경우, 다른 사람들이 그를 생각하는 관점은 긍정적이었지만, 그의 내면의 싸움은 더 부정적인 감정을 향했다.

반대로, 정반대 방향으로 움직이는 비슷한 역학을 생각해 볼 수도 있다. 부모가 당신에 대해 부정적으로만 말하지만, 당신은 스스로 그 정도로 나쁘다고 믿지 않는 이유가 있을 때처럼 말이다. 안타깝게도, 이런 상황은 부모가 아이들에게 끊임없이 "너는 아무 쓸모가 없어."라거나 "아무 가치도 없어."라고 말하는 역기능 가정에서 벌어진다.

외부에서 칭찬을 받든 비난을 받든, 공통적인 요소는 남들이 나에 대해 말하는 것과 내가 자신에 대해 믿는 것 사이에서 괴리감을 느낄 수 있다는 것이다. 그러면 우리는 무엇을 믿어야 하는가? 우리는 다른 사람이 필요하지만, 자아상을 남들에게만 의존한다면 자신만 의존하는 것과 똑같이 여러 문제를 낳는다.

그로부터 수개월 후이자 처형이 1년도 남지 않은 1944년 여름, 테겔 교도소 감방에서 깊이 생각에 빠진 본회퍼는 이 주제를 다시 떠올렸다. 그는 거기서 "나는 누구인가?"라는 제목의 시를 썼다.[36] 시의 구조는 이 질문을 반복하면서 그에 대해 다양한 답을 제시한다. 첫 번째 대답은 다른 사람들이 말하는 그의 모습이다.

나는 누구인가? 남들은 종종 내게 말하기를
감방에서 나오는 나의 모습이
어찌나 침착하고 명랑하고 확고한지
마치 성에서 나오는 영주 같다는데
나는 누구인가? 남들은 종종 내게 말하기를
간수들과 대화하는 내 모습이
어찌나 자유롭고 사근사근하고 밝은지
마치 내가 명령하는 것 같다는데
나는 누구인가? 남들은 종종 내게 말하기를
불행한 나날을 견디는 내 모습이

어찌나 한결같고 벙글거리고 당당한지
늘 승리하는 사람 같다는데

하지만 다른 사람들의 인식과 자기 내면의 의심과 걱정 사이에서 괴리를 느낀 본회퍼는 계속해서 이렇게 쓴다.

남들이 말하는 내가 참 나인가?
나 스스로 아는 내가 참 나인가?
새장에 갇힌 새처럼 불안하고 그립고 병약한 나
목 졸린 사람처럼 숨을 쉬려고 버둥거리는 나
빛깔과 꽃, 새소리에 주리고
따스한 말과 인정에 목말라하는 나
방자함과 사소한 모욕에도 치를 떠는 나
좋은 일을 학수고대하며 서성거리는 나
멀리 있는 벗의 신변을 무력하게 걱정하는 나
기도에도, 생각에도, 일에도 지쳐 멍한 나
풀이 죽어 작별을 준비하는 나인데

무엇이 진실인가? 누가 본회퍼인가? 그는 다른 사람들 눈에 비친 차분하고 현명하며 능력 있는 지도자인가, 아니면 지치고 겁에 질려서 자기에게만 몰두하는 사람인가? 의심과 두려움과 사소한 일에 빠져 있지 않은가? 어느 '자아'가 진짜 자아인가? 그는 답이 없는 이 질문의 무게감을 느꼈다.

나는 누구인가? 이것이 나인가? 저것이 나인가?

오늘은 이 사람이고 내일은 저 사람인가?

둘 다인가? 사람들 앞에서 허세를 부리고,

자신 앞에선 천박하게 우는소리 잘하는 겁쟁이인가?

내 속에 남아 있는 것은

이미 거둔 승리 앞에서 꽁무니를 빼는 패잔병 같은가?

시는 이렇게 끝난다.

나는 누구인가? 으스스한 물음이 나를 조롱합니다.
내가 누구인지 당신은 아시오니 나는 **당신의 것**입니다. 오, 하나님!

본회퍼는 "자기 이해보다 더 중요한 문제가 있다."라고 믿게 되었다.[37] 곧 '하나님'이 우리를 어떻게 생각하시느냐가 가장 중요하다. 본회퍼는 하나님을 신뢰했기에 남들이 인식하는 자신의 모습과 자기 인식 사이의 갈등을 해결하지 않아도 되었다. 그가 "당신은 아시오니."라고 말할 때는 하나님의 전지하심에 단순히 그를 끼워 넣은 것이 아니다. 그것은 우리가 그분께 '속했기' 때문에 알 수 있는, 기술적인 지식이 아니라 인격적인 지식이다.

하나님은 우리를 소유하신다. 하늘과 땅의 하나님과의 이런 관계는 어떤 일은 우리가 아니라 하나님이 하실 일이요, 우리 자신에 대한 지식을 포함하여 무언가에 대한 완벽한 지식은 우리가 아니라 그분의 일이라는 뜻이다. 이런 교제 가운데 우리는 당면한 과제에 필요한 지식이 무엇이든 하나님께 의지할 수 있다. 이 확신의 결과, 우리는 끊임없는 자기 성찰보다도 더 진정으로 우리 자신을 알 수 있다.

죄인인가 성도인가: 날마다 겪는 내적 갈등

우리 앞에 있는 사람과 대화할 때 우리는 누구와 대면하고 있는 것인가? 상대는 말끔하게 면도를 했을 수도 있고 수염이 텁수룩할 수도 있다. 부자일 수도 있고 가난한 사람일 수도 있다. 몸이 다부진 사람일 수도, 약한 사람일 수도 있다. 하지만 **그들은 정말 누구인가?** 어떤 사람이어야 하는가?

외모는 사람을 속일 수 있다. 우리는 재정적으로 성공한 은행가나 크리스마스카드에 실린 가족사진을 보고는 그들의 삶이 평탄하다고 생각한다. 한 꺼풀을 벗겨 보기 전까지는, 그 밑에 숨은 불안과 분노와 좌절과 두려움을 발견하기 전까지는 말이다. 우리는 지저분한 외모만 오판하는 것이 아니라, 즐겁고 만족스러워 보이는 사람들도 오판한다. 상담가와 목회자, 교사와 경찰관은 수많은 얼굴을 보면서 보통 사람들은 보지 못하는 모습을 찾아낸다. 순진한 사람들은 종종 누군가를 겉모습만 보고 행복한 표정과 평온한 사람들로 해석하지만, 날마다 그 이면을 들여다보아야 하는 사람들은 속내를 더 잘 안다.

어렵지만 마음속을 꿰뚫는 듯한 기독교의 통찰은 우리가 더 단순한 답을 선호하는 곳에 긴장이 존재한다는 것이다. 기독교 인류학(인간 됨에 대한 우리의 개념)은 우리를 그런 긴장의 한가운데 위치시킨다. 예를 들어, "한편으로 우리는 죄인이다!"[38] 이는 단순히 우리가 가끔 하나님의 율법을 어긴다는 뜻이 아니라, 처음부터 하나님에 대한 편견, 사랑에 대한 편견, 심지어 자신의 최선의 유익에 대한 편견에 감염되어 있다는 뜻이다. 그렇지만…그럼에도, 우리는 인간이 보이지 않는 하나님의 '형상'대로 독특하게 창조된 영광스러운 피조물이라고 주장한다.

인간은 하나님을 닮았다! 우리가 그 근본적인 진실에 승복한다는 의미가 무엇인지 상세하게 논의할 필요도 없다. 우리는 하나님의 모양과 형상대로 창조되었다. 우리는 하나님이 만드신 영광스러운 인간이다.[39] 그렇지만…그럼에도, 우리는 성공회 기도서가 일깨워 주듯 "해야 할 일을 하지 않고 그대로 [둔]" 사람들이다. "우리는 하지 말아야 할 일을 행했습니다."[40]

우리는 누구인가? 영광스러운 피조물이다! 우리는 누구인가? 자기밖에 모르는 죄인이다! 우리는 누구인가? 쇠렌 키르케고르가 보여 주었듯이, '죽음에 이르는 병'을 지니고 살아가는 피조물이다.[41] 둘 다 인정해야 한다. 어떤 사람들은 '생명'과 우리의 선택권을 긍정하지만 개인의 죄와 죄책은 무시하고 싶어 한다. 어떤 사람들은 인간의 죄성만 강조하느라 존엄성과 진정한 영광은 잊어버린다. 예수님이 친히 새 창조의 사역을 하시면서 인간의 죄가 얼마나 위험한지 일깨워 주신다.

창조주는 구속주로 우리 가운데 오셨다. 하나님이 우리를 '새롭게', '거듭나게' 하셨다. 우리는 새로운 피조물이다!(고후 5:14-21) 그리스도가 우리를 하나님과 다른 사람들과 화해하게 하셨다. 이는 내 심리뿐 아니라 내 존재, 내 관계에도 적용된다. 성육신하셔서 십자가에 죽으시고 다시 사신 주님은 용서하시며, 새로운 존재, 새로운 피조물이 되게 하신다. 내가 그리스도 안에 있기에, 이 새로운 관계 안에서 존재한다는 것은 다른 사람들과의 화해 사역에 부름받았다는 의미다(고후 5:17-18).

하나님이 내게 허락하신 어떤 관계들 덕분에 나는 가끔 교도소를 방문한다. 장기 복역 중인 수감자들과 시간을 보내기 전에는, 이 내면의 갈등이 얼마나 큰 악몽일지 미처 깨닫지 못했다. 어떤 수감자들은 밤에 침대에 누워 자책감으로 괴로워한다. (남에게는 인정하지 않더라도) 자신이 무슨 일을 저질렀는지 잘 알기에 저주의 화살이 날마다 해마다 그들의 심장에 날아와 꽂힌다. 마귀는 바보가 아니라서, 새로운 무언가를 발명할 필요가 없다. 사실을 과장하고 왜곡하며, 우리를 무너뜨리기 위해 우리 삶에 대한 우리 생각을 반복할 뿐이다.

미구엘[42]이라는 재소자가 자신의 괴로움과 그에 따른 문제들을 떠올리며 내게 이렇게 말한 적이 있다. "우리에게 아무 해도 입히지 않은 사람들에 대해 이야기하면서 하나님께 탄식하는 것은 쉽게 이해할 수 있습니다. 그들이 고통과 아픔 가운데 하나님 앞에서 느끼는 슬픔과 불평과 혼란을 이해할 수 있습니다. 하지만 해를 입힌 사람들, 끔찍한 일을 저지른 사람들은 어떻습니까? 그들도 탄식할 수 있습니까? 그리고 우리는 우리를 어떻게 바라보아야 합니까? 제가 저지른 일 때문에 교회 사람들은 우리 엄마와 아이들을 멀리합니다. 그러니 저는 제 자신을 이제 어떻게 생각해야 할까요?"

그는 이미 15년간 복역 중이었는데, 처음 10년은 아주 위험한 지옥 같은 교도소에 있었다. 지금 있는 곳은 조금 더 안전하다고는 해도 교도소는 여전히 끔찍한 곳이었다. 그 역시 누군가의 아들이고 아버지다. 제대군인이고 과거에는 지역 사회의 일원이었다. 친절하고 목소리가 부드러운 남자다. 그러면서 살인자다. 그에 대한 진실은 무엇인가? 그는 누구인가? 사악한 살인자인가? 그렇다. 하나님의 사랑과 용서에 모든 희망을 거는 하나님의 자녀인가? 그렇다. 하지만 그에 대한 가장 큰 진실은 무엇인가? 그가 교도소에 수감된 것이 옳으냐 그르냐를 논하자는 것이 아니다. 그의 정체성을 묻는 것이다. 이제 그는 성경을 읽고 기도하며 열악한 환경에서도 이웃을 사랑하려 애쓴다. 그는 어떤 사람인가?

사도 바울은 로마 그리스도인들에게 보내는 편지의 일곱째 장에서 자신의 내적 갈등과 혼란에 대해 썼다. "내가[ego] 행하는 것을 내가 알지 못하노니 곧 내가 원하는 것은 행하지 아니하고 도리어 미워하는 것을 행함이라"(롬 7:15). 바울의 편지에서 이 부분을 어떻게 해석하는 것이 좋은지를 두고 논란이 있지만, 그가 이 내적 갈등을 언급할 때 일반적인 사람들뿐 아니라 그리스도인들을 염두에 두고 있다고 생각할 만한 근거는 충분하다.[43]

모든 사람이 비슷한 심리적 갈등을 겪지만, 그리스도인들은 성경적 통찰력과 성령님의 거룩하게 하시는 임재라는 혜택을 누릴 수 있다. 뿐만 아니라, 우리는 '지금'과 '아직' 사이를 살아가는 독특한 종말론적 긴장 내에서 갈등을 경험한다. 고상하고 올바른 욕구를 지니고 있지만 행동으로 옮기지 못하거나, 때로 더 깊은 욕구에 반하는 방식으로 행동할 수 있다. 사람들이 진정한 선을 모르기 때문에 악한 일을 한다고 언급한 소크라테스와는 반대로, 바울은 우리가 무엇이 더 좋은지 알더라도 상처를 주고 조화를 이루지 못하고 파괴적인 방식으로 행동하는 경우가 많다고 말했다. 그런 행위는 하나님, 이웃, 세상과의 관계에 영향을 미치고, 우리의 내적 갈등을 드러낸다.

신약 학자 수전 이스트먼이 바울의 이 역학에 대해 쓴 것처럼, "이 자아는 '나지만 내가 아닌' 행위자를 전제하고, 자신의 행동을 경악하며 바라보고 죄의 탓으로 돌린다."[44] 이 갈등을 이해하려면 고립된 개인주의보다는 "관계 속의 자아, 공동체로 구성되었지만 여전히 구별된 자아"의 관점으로 생각해야 한다.[45] 그리스도 안에서 우리는 하나님과 이웃과 새로운 관계를 맺은 존재이기에 우리가 지은 죄는 믿음 밖에 있는 사람들보다 더 큰 혼란을 야기한다.

신자들은 우리에게 하나님의 약속을 보장하시는 성령님이라는 선물을 받았지만(엡 1:13-14), 청교도들이 '내재하는 죄'라고 부른 것과 여전히 씨름한다.[46] 바울은 로마서 7장 15절에서처럼 그런 내적 갈등을 자주 언급한다.[47]

약간은 복잡할 수도 있지만, 바울의 이 논리를 따라가는 것이 중요하다. 여기서 그는 "진정한 자아인 '나'와 죄의 지배를 받는 육신의 구별"을 지적한다.[48] 바울이 '나쁜' 나와 '선한' 나를 대립하고 있다고 생각하는 경향이 있지만, 실제로는 그렇지 않다. 그는 "어디에서도 타락한 욕망을 '나'에게 돌리지 않기" 때문이다.[49]

사도 바울이 볼 때 죄악된 행동은 진짜 '나'에게서 나오지 않고, '죄', 곧 선한 창조 세계를 왜곡하는 부패한 '육신'에서 비롯된다. 이 죄는 우리 열정과 마음과 행동을 무질서하게 만들기 때문에 우리 존재 자체의 무질서라고 할 수 있다. 그리고 악은 그 자체로 존재하지 않고 선의 부정이나 타락이라고 한 아우구스티누스의 시각처럼 죄는 기생충과 같다. 신자는 죄와 죽음과 마귀의 지배에서 해방된 새로운 피조물이다. 우리의 새로운 존재는 하나님, 다른 사람들, 창조 세계, 자신과의 교제 가운데 있다. 죄는 이러한 우리 존재와 실존을 부정한다. 그러니 그리스도인들이 죄를 자아의 파괴, 교제의 파괴로 경험하는 것은 당연하다.

> 성령님은 신자들에게 "예수님 안에 있는 그대로의 진리"를 실현해 주신다⋯.
> 이 말의 의미는 우리 자아가 다른 사람에 의해, 그리고 그 안에서 정의된다는 것이다.
>
> _ 그랜트 매카스킬,
> 『신약 성경에 나오는 그리스도와의 연합』 Union with Christ in the New Testament

우리는 죄에 빠졌다가 회개하는 주기로 삶의 분열을 경험하기 때문에, 때로 더 안정적인 집을 갈망하는 장막 거주자의 순례자 인생에 비유되기도 한다(고후 5:1-10). 우리는 새로워졌지만, (다시) 새로워진 삶을 아직 온전히 경험하지는 못한다. 왜 그런가? 우리가 유한한 피조물이어서가 아니라, 영광의 이쪽 편에서는 우리의 모든 관계가 죄와 순서가 헝클어진 사랑으로 왜곡되어 있기 때문이다. 그래서 아직도 우리는 앞으로 올 것을 고대한다.

그리스도 안에 우리의 정체성이 있기에, 규칙을 위반한 것보다는 자신의 정체성에 따라 행동하지 못하는 것이 우리 죄의 더 큰 문제다. 죄에 대한 적절한 반응은 자신을 미워하는 것이 아니라, 그리스도께 향하여 그분을 신뢰하는 것이다. 그리스도의 영을 의지하여 죄를 거부하고, 사랑과 희락과 화평과 오래 참음과 자비와 온유와 양선과 진리의 열매를 맺는 것이다.[50]

이스트먼은 정체성과 일상 행동의 관계를 이해하기 위한 비유, 지금과 아직의 종말론적 긴장에 적용할 수 있는 비유를 든다. 이스트먼은 치료사들이 거식증과 폭식증을 치료하기 위해 배운 방식을 차용해서 바울에게서 발견한 내용과의 강력한 유사성을 찾아냈다.

초창기 치료법은 사람들에게 '거식증 환자' 같은 표를 붙여, 해로운 행동과 개인의 근본적 정체성 사이의 구분을 모호하게 만들곤 했다. 그럴 때 우리는 그 사람이 문제라고 쉽게 생각할 수 있다. 이런 표현법은 환자가 자신을 벗어날 수 없기 때문에 그들에게 수치심과 판단을 주입한다! 그들은 행동을 바꾸거나 충동을 억제하려고 노력할 수는 있지만, 자신의 '본성'을 멈출 수는 없다. 내가 폭식증 환자라면, 내 행위 주체를 잃어버리고 이 정체성에 따라 행동해야 한다. 내가 바랄 수 있는 최선이라고는 더 나은 폭식증 환자가 되는 것뿐이다. 최근에 와서 치료사들은 이런 행위와 행위자를 구별하기 위해 서사적 표현을 적용했다. 즉 그런 행동은 "그 사람의 적대적이고 이질적인 적으로, 그 안에 머물면서 피해자를 속이고 말 그대로 죽이기 위해서 옳은 일을 하려는 피해자 자신의 욕망을 사용한다."[51]

중독 행동과 사람을 구분하는 것은 환자가 자신에게 해가 되는 행동을 확인하고 그에 맞서 싸우고 저항하는 데 도움이 된다. 이와 비슷하게, 하나님이 창조하신 진실하고 선한 자아가 아니라, 유혹하는 목소리가 죄다. 하나님의 은혜로 죄를 거부하고 그분이 사랑하시는 것을 사랑할 때 나는 가장 자유롭다. 치료든 설교든 이렇게 정체성과 행위를 구분하는 목적은 인간 행위의 주체성을 약화하지 않고, 자유와 행동을 권장한다. 우리는 그리스도인들에게 파괴적인 악한 욕구(죄인)가 아니라 자신의 정체성(성도)에 따라 행동하라고 요구한다. 당신은 성도이기에 수치심에서 자유롭다. 그 자유를 누리며 살아가라.

더 나아가서, 바울은 내면의 전쟁뿐 아니라 살아 있는 공동체, 곧 그리스도의 몸의 일부로 죄에 맞서 싸우라고 요구한다. 죄에서 해방된 '나'

는 그리스도 안에 있는 다른 개인과 연결된 수많은 '나' 가운데 하나다. 거식증과 싸우는 사람이 지지하는 관계를 통해서 가장 큰 도움을 받듯이, 각 그리스도인도 하나님 백성에게 둘러싸여 힘을 얻는 그런 교제 가운데 살아갈 때, 죄에 맞서 싸울 수 있는 가장 자유롭고 진실되고 큰 힘을 얻는다.

결론

수전 이스트먼은 바울이 그리스도인의 경험을 '이중 참여'로 기록한다고 설득력 있게 주장한다. 이 세상을 살아가는 신자들에게는 다음 두 가지 사실이 적용된다. (1) 그리스도가 승리하셔서 우리는 그분의 완성된 사역 가운데 안전하다. (2) 우리는 종말의 이편에서 여전히 연약한 "육체 가운데" 살고 있기에 육체의 내부와 외부에서 계속해서 쏟아지는 도전을 피할 수 없다.[52]

죄가 모든 관계를 망쳐 놓았지만, 시공간에 틈입하신 하나님은 우리 스스로 할 수 없는 일을 성취하셨다. 은혜와 용서와 화해를 주셨다. 우리 주변과 내면에서 충돌하는 서사를 고려해 보건대, 하나님만이 우리에 대한 가장 중요한 진실을 알려 주실 수 있다. 미구엘은 살인을 저질렀지만, 그것이 그에 대한 가장 중요한 진실은 아니다. 그는 성도다. 하나님이 그를 사랑하시고 용서하시고 이제 해방하셔서 (감옥에 있는) 이웃들을 사랑하게 하시며 화해의 대사로 부르셨다. 그래서 바울은 "우리는 **우리를** 전파하는 것이 **아니라** 오직 그리스도 예수의 주 되신 것과 또 예수를 위하여 **우리가 너희의 종 된** 것을 전파함이라"라고 선언한다(고후

4:5, 강조는 저자의 것).

죄는 하나님께 신실하지 못한 것이고, 그분과 그분의 사람들, 우리 자신과의 관계를 망가뜨리기 때문에 우리는 죄에서 돌이킨다.[53] 그리스도인인 나는 거룩한 사람, 성도다. 하나님이 친히 소유를 주장하셔서 그분의 은혜 가운데 안식하고 그분의 화해 사역의 대사가 된다. 이것이 하나님이 그 백성에게 주신 의미와 목적이다.

각 지체가 (몸의 생명을 유지한다는) 공통의 목적을 다양한 방식으로 표현하듯이, 각 그리스도인의 소명은 하나님이 주신 이 목적이 어떻게 표현되는지에 따라 다를 것이다. 내 배꼽은 그저 엄마 아빠만을 떠올리게 하는 것이 아니라, 내게 생명과 의미와 목적을 주신 창조주와 구속주를 떠올리게 한다.

그렇다면 나는 누구인가? 나는 그리스도인이다. 성도다. 선하고 의미 있는 일로 나를 부르시는 하나님의 자녀다. 유한한 피조물인 나는 특정한 장소와 사람들에게 소속되어 있다. 내 민족성이나 모국어, 사회 경제적 배경, 주변 관계를 무시할 수 없다. 하나님의 자녀인 나는 내 상황이나 과거를 부정하지 않고, 이 모든 관계가 하나님의 거룩하신 사랑 가운데, 그 사랑을 통해 변화되는 것을 볼 수 있도록 부름받았다.

그리스도 안에서 안전하며 내가 다른 사람들에게 의존하는 존재임을 인식하기에, 나는 하나님이 우리를 위해 창조하신 관계를 해치는 죄의 왜곡된 영향에 맞서 성령님이 내 안에서 일하시는 것을 안다. 감사하는 마음으로 이제 나는 서로 생명을 주는 교제를 키우는 사랑과 화해의 사역에 자유로이 참여할 수 있게 되었다. 이렇게 해서 그리스도 안에서, 공동체 안에서, 하나님의 온 창조 세계와 맺는 관계 가운데서 내 정체성을 제대로 발견할 수 있다. 이제부터 살펴보겠지만, 이것이 바로 겸손의 길이며 진정한 인간 피조물이 되는 길이다.

2부

의존,
하나님이 뜻하신 삶의 모습

기독교 세계관에서 겸손은, 우리 한계가 우리를 위협하지 않고
오히려 해방해서 하나님을 예배하고 다른 사람을 격려하도록 하는 것이다.
겸손은 자신의 유한성을 존중하면서도 다른 사람의 필요를 자신의 필요보다 높이고,
공동체의 삶에 감사하며 참여하는 것이다.

06

우리가 겸손해야 하는 이유
의존하는 태도

부족해서가 아닌 사랑하기 때문에

다른 사람을 의식하기

하루는 그리스도인 사업가를 만나서, 유한성 교리에 어떤 함의가 있는지 대화를 나누었다. 나는 그가 이 교리가 자기 삶에 얼마나 실효성이 있다고 생각하는지 궁금했다. 그리고 오래지 않아 궁금증이 풀렸다.

그 그리스도인 사업가는 남부 출신 은퇴자로, 나이는 70대이고 하버드대학교를 졸업했다. 그는 이렇게 말했다. "아, 비즈니스 리더들은 오래전부터 자신과 다른 사람을 주변에 두는 일이 얼마나 중요한지에 대한 이야기를 반복해 왔습니다. 그들은 당신에게서 다른 기술과 다른 관점, 다른 장단점이 필요합니다. 장기적으로 사업에 성공하려면 이것은 굉장히 중요합니다."

대화의 많은 부분이 마음에 들었지만, 그중에서도 그의 열정이 가장 인상적이었다. 그는 다른 사람들의 기여를 정말 즐기는 듯했다. 그는 자신의 한계를 잘 파악하면서도, 다른 사람에 대해 이야기할 때는 그들의 약점이 아니라 장점에 집중했다.

그가 예전에 고용한 직원 중에 조금 괴팍한 사람이 있었다고 한다. 이 직원은 그가 회사를 경영하기 훨씬 전부터 그 회사에 몸담아 왔다. 그의 설명에 따르면, 그녀는 인생이 바람대로 되지 않아서 좀 예민해져 있던 것 같다. 그러나 그는 그 직원이 '낮은' 지위에도 불구하고 조직에 독특하게 기여한 바를 알아챘다.

눈에 보이지 않는 그녀의 수고가 없었다면, 회사가 그렇게 잘되지는 못했을 것이다. 그래서 그는 이따금 직원을 찾아가 이렇게 격려했다. "그거 아세요? 선생님이 안 계셨으면 우리는 훨씬 가난했을 겁니다. 저는 선생님 생각을 자주 해요. 선생님이 우리 공동체에 함께 계셔서 얼마나 감사한지 모릅니다." 그녀를 괴팍하게 생각하는 사람들도 있었지만, 그는 그렇게 생각하지 않았다. 그는 정말로 그녀를 '보았다'. 직원이 아니라 인간으로서 그녀의 **진가**를 알아보고 소중히 여겼다. 그리고 그의 긍정적인 반응은 그녀의 삶을 바꾸어 놓았다. 나는 나중에 그것을 직접 확인할 수 있었다.

그 직원이 다른 사람들에게 조금 더 친절하고 생산적이었다면 어땠을까? 물론, 그랬다면 더 도움이 되었을 것이다. 하지만 이 사장이 그 직원의 문제 너머를 볼 수 있었던 것은 그녀에게서 돈으로 환산할 수 없는 가치를 보았기 때문이다. 그녀는 회사의 역사와 장기적인 헌신을 구체적으로 보여 주었고, 그는 그녀의 어려운 상황을 고려했다. 그리고 그는 여러 문제와 단점에도, 결점을 지적하기보다 가치를 강조함으로써 그녀를 수용하고 지지했다. 그는 겸손한 사람이었다.

자신의 유한함을 선물로 여기지 않고 다른 사람의 재능에 감사하지 않는다면, 남의 문제와 부족함밖에 눈에 들어오지 않을 것이다. 물론, (모든 직원을 포함한) 모든 사람에게는 '개선'의 여지가 있다. 기술을 연마하거나 더 강력한 대인 관계 능력을 개발하거나 조직력과 실행력을 기를 수 있다. 이런 노력은 잘못된 것이 아니며, 그런 신실함과 선한 청지기 정신은 권장해야 한다. 하지만 다른 사람을 고립된 개인으로 보고 왜 그들이 그렇게 부족한지 궁금해한다면, 그는 어리석은 사람이다.

세세한 부분에만 지나치게 집중하느라 관계를 잘 맺지 못하는 사람이 있는가 하면, 지나치게 관계에만 집중하느라 목표를 달성하기가 힘든 사람도 있다. 비전을 좋아하지만 실행에 문제가 있는 사람이 있는가 하면, 단조로운 일과는 좋아하지만 더 큰 목적과 우선순위를 염두에 두지 못하는 사람이 있다. 마치 끊임없이 대상을 바꾸어 가며 다른 이와 데이트하는 사람과 같다. 그런 사람은 사람마다 각기 다른 매력을 보아서(이 사람은 재미있고, 저 사람은 외모가 수려하고, 이 사람은 경제적으로 성공했고, 저 사람은 아이 돌보는 것을 좋아하는 등) 이 모든 특징을 동시에 갖춘 한 사람을 만날 수 있다는 생각으로 만남과 헤어짐을 반복한다.

이런 식으로 문제를 보면 사업이나 결혼은 터무니없는 일이 된다. 왜냐하면, 이는 한 개인에게 모든 기술과 경험, 능력을 갖추도록 요구하는 것이기 때문이다. 그들이 문제가 아니라, 현실이 아닌 신화를 살려고 애쓰는 우리가 문제다. 우리가 만나는 모든 사람은 재능이 있고 소중하며 하나님이 사랑하시는 자다. 우리는 그들과 함께 공동체에 속해 있다.

진정한 기독교적 겸손은 단순히 삼위일체 하나님 앞에 고개를 숙이고 경배하는 것이 아니다. 타인을 높이고, 자신을 적절히 평가하는 것이다.

누가 겸손을 믿는가?

윤리학자 알래스데어 매킨타이어(Alasdair MacIntyre)가 이렇게 말한 적이 있다. "아리스토텔레스는 분명히 예수 그리스도를 존경하지 않았을 것이고, 바울이라면 몸서리를 쳤을 것이다."[1] 왜? 두 사람의 겸손에 대한 관점 때문이다. 이 그리스 철학자의 개념 세계에서 겸손을 목적이자 삶의 태도로 칭송하는 것은 말이 되지 않는다.[2] 예를 들어, 아리스토텔레스는 독자들에게 자만과 지나친 겸손 두 가지 극단을 모두 피하라고 권했다. 그에게는 적절한 자부심이 균형 잡힌 삶의 중심이었다.[3] 아리스토텔레스의 덕 이론에는 감탄하고 배울 점이 많다. 하지만 겸손에 대한 그의 관점은 우리가 수용하지 않는 일련의 전제에 기반을 둔다. 이는 그의 세계관을 고려한다면 이해할 만하다. 그는 창조주와 구속주를 전혀 몰랐다.

그리스도인들이 겸손을 보는 관점은 궁극적으로 실재(하나님, 우리 자신, 다른 사람들, 지구)에 대한 관점과 일치하기에, 개인의 성취에 대한 정직한 평가에서부터 시작해서 그 실재를 파고들어가 보자.

모든 것이 선물이다

우리는 태어나면서부터 곧장 엄마와 아빠, 의사와 간호사, 교사와 농부, 형제자매 등 거대한 상호 관계의 그물망 속에서 사회에 진입한다. 스스로 뇌나 의지나 애정이나 몸을 가진 것이 아니다. 우리 존재의 모든 것은 선물이다. 물론, 남녀의 성적 결합으로 우리가 존재하게 됐지만, 그 신체 결합조차도 유전자와 인생 이야기, 언어와 전통을 지닌 더 큰

> 생명나무는 높고 겸손은 그 나무에 올라간다.
>
> _ 히페리키우스 Hyperichius

연결망의 일부다. 앞에서 이야기했듯이, 배꼽은 우리가 부모와 인류 전체의 역사와 연결되어 있다는 개인적인 표시다.

그런데도 우리는 이런 말을 자주 듣는다. "그는 자수성가했어."[4] "나를 도와주거나 내게 뭔가를 준 사람은 아무도 없어. 나는 그 누구도 필요 없는 독립적인 사람이야." 자수성가라니? 배꼽이 없다고? 이런 표현을 사용하는 사람들은 그런 의도가 아니라고 분명히 부인할 테지만, 우리는 '자수성가'까지는 아니더라도 최소한 자급자족해야 한다는 문화적 압박을 받는다.

우리 사회는 개인의 성취를 추구하는 주도적인 사람을 공동체에 자리 잡은 관계적인 사람보다 우러러보는 경향이 있다. 양쪽 모두 타인을 의지하지만, 한 사람은 (달걀을 사든, 옷을 입든, 자신을 가르쳐 준 선생님께 감사하든) 그 사실을 무시하는 반면, 다른 한 사람은 자신의 번영에 꼭 필요한 사람들에게 감사를 표현하고 그들의 공로를 인정한다. 하지만 공동체와 상호 관계라는 복잡한 서사보다는 고립된 영웅 이야기를 들려주기가 더 쉬운 법이라서 우리는 슈퍼히어로에 관심을 집중한다.

잘못된 서사는 우리의 상상력을 왜곡한다. 위대한 수학자, 예술가, 철학자들은 정말 혼자서, 자신의 천재성 외에는 아무도, 아무것도 없이 위대한 업적을 이루었을까? 그런 식으로 묘사하는 이야기들은 역사보다 신화에 가깝다.

랜들 콜린스(Randall Collins)는 '철학의 사회학'에 대해 많은 연구를 남겼는데, '개인의' 기여 배후에 있는 덜 도드라지고 잊기 쉬운 네트워크와 관계에 집중했다.[5] 그는 플라톤(Plato), 데카르트(Descartes), 이븐 시나(Ibn Sina), 알 가잘리(Al-Ghazali)를 비롯한 여러 철학자에 대해 논하는데, 이들은 모두 과거 자료뿐 아니라 동시대의 네트워크와 관계에 크게 의존했다. 그가 철학자들에 대해 논한 것은, 기여한 영향과 지원을 추적하는 것보다 훌륭하고 도드라지는 개인 한 명을 골라내기가 더 쉽기 때문이다. "개인은 마치 다른 누구와도 교류하지 않고 현재 모습을 가진 양 사회를 떠나서는 존재하지 않는다…개인의 특수성은 사회적 경로의 특수성이다."[6] 개신교에서는 마르틴 루터가 "오직 믿음으로 의롭게 된다."라는 개념을 들고 나온 고독한 인물인 것처럼 자주 이야기하지만, 증거에 따르면 종교 개혁은 "비텐베르크 신학 교수 전체가 시작한 것이었으며" 루터를 훌륭하고 재능이 남다른 간판으로 내세웠을 뿐이다.[7]

신학에서 대중음악으로 옮겨와서 쉬운 예를 하나 들어보자. 엘비스 프레슬리(Elvis Presley)는 춤과 음악에서 뛰어난 독창성을 인정받았지만, 그의 작품은 다른 많은 사람에게 영향을 받았다. 그중에는 리듬 앤 블루스 가수 재키 윌슨(Jackie Wilson)과 척 베리(Chuck Berry)도 있다.[8] 우리가 인식하지 못하더라도, 재능을 개발할 때든 허기를 채울 때든, 사람은 누구나 끊임없이 다른 사람을 의지한다. 우리의 웃음에서부터 종의 번식, 회계학 공부에서 목공 기술 습득에 이르기까지 모든 것이 상호 의존을 가리킨다.

> 겸손은 스스로 하찮다고 생각하는 것이 아니라,
> 다른 사람들이 위대하다고 생각하는 것이다.
>
> _ 조너선 색스, "겸손의 위대함" *The Greatness of Humility*, Shoftim 5776

상호 관계와 의무는 피조물의 존재에 있어 좋은 점이다. 우리 인간은 존재의 시작부터 이 땅과 독특한 관계를 맺었다. 여기에는 땅을 보호하고 경작해서 모두가 풍요로운 삶을 영위할 수 있도록 돕는 소명도 포함된다. 즉 인류에 대한 최초의 비전은 사랑하며 조화를 이루는 삶, 샬롬이 우리와 하나님, 다른 사람, 이 땅과의 교제를 다스리는 삶이었다. 인간은 생명의 선물을 받고 그 실재에 참여한다. 이 실재가 인간 존재를 규정한다. 하지만 선물과 상호 의존성을 잊어버리면, 우리는 교만하고 불화하며 결국에는 억압을 받게 된다.

우리는 다른 사람의 능력을 축하하고 우리 삶을 선물로 보는 이 미덕을 칭송하는데, 이것이 유대 기독교적 인간관에서 비롯되었기 때문이다. 하지만 모든 사람이 이 개념을 지지하지는 않는다. 그래서 우리는 사회에서 아리스토텔레스나 현대 실존주의자들의 것처럼 이교도 철학에서 비롯된 경쟁하는 관점을 만나게 된다. 이처럼 우리는 자아실현에 집중하는 현대 서양(대체로 이교도)과 고대 기독교의 가치와 관점 사이의 갈등 가운데 살아간다. 이런 긴장은 기독교적 겸손이 무엇이고, 그 토대는 무엇이며, 타인과의 관계에서 어떤 역할을 하는지 세심히 검토하게 만든다.

겸손을 다시 생각하다

성경은 겸손을 이교도 세계와는 다르게 이해하고 평가한다. 안타깝게도, 역사의 많은 그리스도인이 겸손의 이유와 방법을 오해했다. 이는 고대만의 문제가 아니다. 나는 이 오해가 오늘날 교회가 마주한 큰 도전이라고 확신한다. 질문은 이렇다. **우리는 어떤 토대에서 겸손에 대한 기독교적 접근을 구축해야 하는가?** 먼저 내가 생각하는 일반적인 대답을 논의한 후에, 더 유망한 출발점이 무엇인지 살펴보자.

그리스도인들은 겸손해야 할 이유로 **죄**를 언급할 때가 많았다. 클레르보의 베르나르(Bernard of Clairvaux)는 겸손과 관련된 도움이 되는 말을 많이 했지만, 겸손을 이렇게 정의한다. "사람이 자신의 진정한 모습을 보게 해서 그의 **무가치함**을 발견하게 하는 미덕이다."[9] 같은 단어를 '사악함'으로 번역한 사람도 있다. 존 칼빈은 이 발언 이후 수 세기가 지나야 나타나므로 겸손의 근거를 죄로 본 이들로 '칼빈주의자'만 비난할 수는 없다. 하지만 개혁주의 가르침은 흔히 이런 성향의 다양한 버전을 전제한다.

베르나르는 같은 논문에서 그리스도를 겸손의 본보기로 가리키지만, 겸손을 정의하는 그의 첫 단계는 혼란스러운 질문을 불러일으킨다. 예수님이 겸손하신 것은 그분이 사악하거나 무가치하기 때문인가? 인간의 육신을 입으신 것이 반드시 '악한' 행위인가? 신약 성경에 들어맞지 않는 논리 같지만, 베르나르는 이 문제를 제대로 다루지 않는다. 내가 베르나르를 예로 든 이유는 그에게서 배울 것이 전혀 없어서가 아니라, 겸손을 이해하는 토대로 죄를 사용하는 것이 수 세기 동안 있었던 일임을 보여 주기 위해서다.[10]

그보다 더 오래된 예도 있다. 초기 교회 알렉산드리아의 주교 테오필루스(Theophilus, 총대주교)는 니트리아산에 사는 은자를 만나 지혜를 얻고자 했다. 그는 도착하자마자 은자에게 물었다. "지금까지 살면서 무엇을 발견하셨습니까, 압바?" 그 고행자는 "끊임없이 자신을 탓하는 것입니다."이라고 대답했다.[11] 이 말을 관대하게 해석하면 도움이 될 수 있다 (방어적인 태도를 멈춘다, 비판을 수용한다, 남의 잘못이라고 가정하지 않는다 등). 그러나 '끊임없이 자신을 탓하는' 경향이 있는 나로서는 이것이 겸손에 대한 왜곡된 관점에 더 가깝다고 말해야 할 것 같다. 역설적이게도, 이런 표현은 이렇게 말한 당사자를 너무 중요하게 만드는 경향이 있다. 사실 당신은 주변에서 벌어지는 모든 어려운 일에 대해 잘못이 없다.

우리는 사람들에게 죄인이기 때문에 겸손해야 한다고 말하려는 유혹을 받기 쉽다. 이 말의 논리는 간단하다. 겸손을 자기주장의 반대라고 생각한다면, 사람들이 스스로 자신을 주장할 가치가 없다고 생각하게 만드는 것이 분명한 행동 방침이다. 이는 그들의 행동이 부도덕하고 동기가 왜곡되었으며 스스로를 확실히 나쁜 사람이라고 믿게 만든다. 그리고 일단 사람들이 수치와 죄책을 느끼고, '겸손'을 자신에 대해 나쁘게만 생각하고 자신을 주장하지 않는 것으로 정의하면, 그들은 더 겸손하게 살게 될 것이라고 여긴다. 이런 오해는 겸손과 자기혐오를 혼동한 것이다.

그리스도인의 겸손을 다룬 비교적 최근 책들은 도입부에서 (1) 하나님의 진노, (2) 최후의 심판, (3) 죄의 악함에 대해 언급하며 독자들에게 겸손의 중요성을 설득하려고 한다.[12] 물론, 죄와 심판은 정말로 중요하고 심각한 사실이며, 다행히도 그 저자들은 하나님의 은혜와 용서를 근거로 거기에 반응한다. 하지만 단순히 우리의 끔찍한 죄나 하나님의 두려운 심판을 겸손의 근거로 삼는 것은 우리의 인간관을 심각하게 왜곡할 수밖에 없다.

죄나 타락이 없었다면 겸손은 필요 없었을까? 성경에서 이야기하듯, 겸손은 죄를 거부하고 더는 죄를 짓지 않는 것일까? 죄는 심각한 것이지만, 죄를 우리 존재의 가장 중요한 측면으로 다루고 인간 됨의 의미를 이해하는 출발점으로 삼는 것은, 하나님과 창조 세계의 선함을 반대하는 토대 위에 이해를 세우는 행위다. 그런 토대에 세우는 건물은 모두 위태롭다. 결국에는 벽에 금이 가고, 창문을 쉽게 여닫을 수 없으며, 구조물 전체가 무너질 위기에 처한다. 그 결과는 종종 추악하고 파괴적이고 불안정하다.

하나님의 선하신 창조 세계를 알려 주지 못하는 토대에 세워진 추악한 버전의 겸손(예. 자해나 끊임없는 자기 비하)은 여러 시대에 걸쳐 등장했다. 간단히 말해, 겸손 교리에서 죄를 출발점으로 삼는 것은 우리의 지식을 왜곡하고 우리에게 해를 끼친다. 토대는 중요하다.

죄 대신, '창조 세계'의 선함을 겸손 신학의 근거로 삼아야 한다. 겸손은 **선하신 창조주가 계시고, 우리는 그분과 함께 교제하며 살도록 창조주가 만드신 유한한 피조물이라는 지식에서 출발하기 때문에** 독특하게 성경적인 미덕이다. 숨 쉬는 공기에서부터 마시는 물, 눈과 미뢰에 이르기까지 모든 것이 이 복된 존재의 선물에서 비롯된다. 우리는 하나님의 사랑과 창조성이 흘러넘쳐 생겨난 존재다.

겸손은 하나님이 우리에게 주신 선한 한계를 인식(하고 기뻐)하는 것이다. 겸손은 유감스럽지만 불가피한 일도 아니고, 죄의 무질서에 대응하기 위해 나중에 추가된 것도 아니다. 인류가 죄로 타락하지 않았더라도, 겸손은 여전히 하나님을 의지하고 우리의 필요를 신실하게 공급해 주신 것에 대해 감사하는 본질적인 성격을 지닐 것이다. 겸손은 창조주와 피조물의 구분을 토대로 하며, 죄에 대한 겸손의 반응은 하나님이 항상 우리에게 원하시는, 그분이 의도하신 교제로 회복시키실 필요를 더욱 강조한다.

이는 어떤 차이를 만드는가? 죄가 아닌 창조에 기반을 두면, 비기독교적인 자기 증오(예. 나는 너무 끔찍해서 아무 가치도 없어.)나 자기도취(예. 봐, 난 겸손해!)와 같은 왜곡을 피할 수 있다. 물론 죄와의 싸움과 죄가 우리 삶을 왜곡하는 방식은 하나님 앞에 겸손해야 할 필요를 강화할 수 있다. 그러나 (우리 죄가 아니라) 그분의 창조와 구속 행위만이 우리 교리를 세울 수 있는 든든한 토대다.

토마스 아퀴나스: 겸손, 관대함, 타인에 대한 필요

토마스 아퀴나스(Thomas Aquinas)는 겸손에 대해 세심하게 논하기에 주목해 볼 만하다. 그는 겸손을 "가장 낮은 곳으로 자신을 낮추는 칭찬할 만한 일"이라고 옹호한다.[13] 자기를 낮춘다는 것은 자기 비하나 자기혐오 성향까지도 암시할 수 있지만, 아퀴나스의 저술을 더 읽으면 그보다는 자신의 필요보다 타인의 유익에 집중한다는 의미로 해석할 수 있다. '자기를 낮추는 것'이 의존적인 피조물의 존재와 연결된다. 이 '천사 박사'는 겸손이라는 표현이 "땅에 가깝다."라는 뜻의 '휴모 아클리니스'(*humo acclinis*)에서 왔다고 언급한다. 이는 성경의 "티끌과 재"(예. 창

18:27) 모티프에 대한 인식과 연관이 있다. 우리는 흙에서 만들어져서 흙으로 돌아간다. 하지만 그는 우리가 스스로를 동물과 비교해서 우리의 '영광'을 인식하지 못할 수도 있다고 경고한다. 우리가 반영해야 할 하나님의 독특한 형상을 깨닫지 못하고 그저 동물과 비슷해지는 것이다. 그러나 인간은 흙에서 왔지만 흙에 불과하지만은 않다. 동물과 같은 피조물이지만 인간만이 하나님의 형상을 닮았다. 여기서 겸손과 영광, 중요성과 섬김, 개인과 상호 연결이 아름답게 섞인 것을 발견한다. 하지만 이를 좀 더 온전히 보려면 주의 깊은 사고가 필요하다.

아퀴나스는 겸손하기 위해서는 "자신의 능력을 능가하는 것에 대한 불균형"을 깨달아야 한다고 주장한다.[14] 겸손이란 스스로 필요를 채우기에 부족하고, 다른 사람들이 그 필요를 채울 수 있다는 사실을 기쁘게 인정하는 것이다. '결핍'과 의존은 악과 죄의 결과일 수도 있지만, 단순히 유한한 피조물이라는 인간의 조건에서 비롯된 결과일 수도 있다. 죄와 상관없이, 피조물끼리 서로 의존할 수 있다. 의존은 그저 부족함과 피조물의 필요를 인식하는 것이다.

세상에서 특정한 인간 피조물인 자신의 자리를 정확히 평가하면 다음 두 가지 통찰을 얻을 수 있다. (1) 당신의 삶은 창조주요 섭리하시는 하나님의 선물이다. (2) 당신은 자신이 기여하는 바와 다른 사람들에 대한 의존성을 모두 인정하는 동료 피조물이다. 아퀴나스는 『신학대전』(Summa Theologica)의 다른 곳에서 관대함의 미덕("영혼의 위대함")을 설명하면서 비슷한 상관관계를 발견한다. "사람에게는 하나님의 선물을 통해 소유하게 되는 위대한 무언가가 있고, 본성의 약함을 통해 발생하는 결함(defectus)이 있다."[15] 전자는 관대함과 연결되고 후자는 겸손과 연결된다.

> 하나님의 존재와 인간의 존재 사이에는 피조물 됨이라는 간극이 있으며,
> 피조물 됨이란 정확히 각 인간 존재는 그에게 주어진 것이라는 뜻이다.
>
> _ 존 지지울라스, 『친교로서의 존재』 *Being as Communion*

이를 두고 논란이 있을 수 있지만, 우리는 인간의 **결여**가 반드시 죄를 가리킬 필요는 없고, 오히려 피조물의 유한성이라는 실재를 가리킨다고 주장할 수 있다.[16]

아퀴나스는 어렵고 중대한 일을 이루기 위한 노력에 반대하지 않는다. 그에게 관대함이란 '위대한' 정신이나 마음을 가진 미덕일 수 있지만, 그는 중요한 전제 조건을 집어넣는다. 아리스토텔레스와 달리 아퀴나스는 교만과 관대함을 구별한다. 교만은 "하나님의 도우심에 대한 확신(이는 겸손과 반대가 아니다.)을 통해서"가 아니라 "자기 능력을 신뢰함으로써 더 큰 것을" 목표로 하는 것이다.[17]

간단히 말해서, 교만은 우리에게 정신과 기술을 주시는 하나님을 무시하는 반면, 겸손은 이런 선물을 감사함으로 취해 예배의 표현과 남을 돕는 방식으로 사용한다. 체스터턴(G. K. Chesterton)은 아리스토텔레스가 말한 "위대하고 자신의 위대함을 아는" 관대한 사람과 아퀴나스의 "위대하고 자신의 작음을 아는 더 관대한 사람의 기적"에 대한 관점을 비교한다.[18] 메리 키스(Mary Keys)의 설명에 따르면, 겸손과 관대함은 우리가 '위대함'과 한 사람의 재능 활용을 고려할 때 함께 있어야 하는 쌍둥이 미덕(이중 덕목)이다.[19] 아무리 '위대한' 사람이더라도, 그의 모든 행동은 하나

님을 경배하고 이웃을 아낌없이 섬기는 표현이어야 한다. (인간이 타락하지 않았다면 그렇게 될 수 있고 또 그렇게 되었을 것이다.) 아퀴나스에게, 무릎 꿇고 제자들의 더러운 발을 씻기신 예수님은 우리가 따라야 할 겸손의 핵심을 잘 포착한 본보기다.[20]

아퀴나스에게는 교만만이 문제가 아니다. 소심함(곧 비겁함)은 또 다른 극단이다.[21] 소심함은 교만보다는 '영혼의 빈약함'을 가리키는데, 수줍음이나 용기 없음, 혹은 아퀴나스의 표현을 빌리자면 결함이 있는 야망으로도 이해할 수 있다. 아리스토텔레스는 특정 형태의 겸손은 사람들이 어려운 일을 하거나 가치 있게 기여하지 못하도록 방해한다고 언급한다.[22] 아퀴나스에게는 주제넘음과 소심함이 모두 죄다. 전자는 자신이 실제 권력과 능력을 지닌 사람보다 훨씬 더 그런 듯이 교만하게 행동하기 때문이고, 후자는 분명히 자기 수중에 있는 권력과 능력을 인식하지 못하고 그에 따라 행동하지 못하기 때문이다.[23]

아퀴나스는 주인에게서 선물을 받았지만 두려워서 쓰지 못한 종의 비유를 가져다가(마 25장; 눅 19장) '소심한 두려움'이 그와 반대되는 거만함만큼이나 잘못일 수 있다고 말한다. 실제로 아퀴나스는 소심함도 오만함처럼 교만에서 나올 수 있다고 믿는다. "자기 의견에 너무 집착하는 사람은 자신이 유능한 일에 대해서도 무능하다고 생각한다."(잠 26:16 참조).[24] 때로는 다른 사람들이 우리가 어떤 일을 할 수 있고, 또 해야 한다고 말할 때 그들에게 귀를 기울이고 그들을 믿어야 할 필요도 있다. 다른 사람들은 우리가 결점뿐 아니라 재능도 발견하도록 도와준다.

결국, 관대한 사람에 대한 아리스토텔레스의 관점은 근본적으로 자기중심적인 반면, 관대함에 대한 아퀴나스의 접근은 하나님과 이웃, 지구

등 **타인**을 중심으로 한다. 아퀴나스는 16세기 베네딕토(Benedict)의 규칙서를 가져다가 조금 변형하여, 하나님이 주신 것(은사와 재능 등)과 인간의 반역으로 인한 것(죄)의 차이를 조심스럽게 강조한다.[25] 아퀴나스는 하나님이 주신 은사와 왜곡된 죄를 구분하며 우리가 어떻게 타인과 관계를 맺어야 하는지를 보여 준다. 우리는 하나님이 주신 것을 발휘하는 한편, 그 선물을 왜곡하고 남용하도록 유혹하는 죄악된 충동은 거부해야 한다.[26] 아퀴나스는 겸손이 주로 "은혜의 선물"로 주어지며, "인간의 노력으로" 오는 경우는 부차적이라고 결론을 내린다.[27] 그 은혜가 우리를 창조주와 다시 연결하며 나머지 창조 세계와 적절한 관계를 맺게 한다. 이것이 진정한 겸손의 맥락이다.

각 사람은 하나님이 주신 은사가 있다. 우리는 이 선물을 소중하게 여기고 존중해야지, 그런 은사가 없는 사람들에게 무기로 사용해서는 안 된다. 교사는 학생을 무시하지 않고 교육해야 하며, 음악가는 엘리트주의를 피하고 자신의 기술을 사용해서 다른 사람들이 그 아름다움을 누리게 해 주어야 한다. 이런 식으로 겸손은 우리가 자신의 은사를 사용할 뿐 아니라, 우리에게 없는 은사를 받은 이웃에게서 기꺼이 유익을 얻게 해 준다.[28] 미덕을 구하는 아퀴나스의 기도 중 일부분은 이 역학을 이렇게 제시한다.

내게 있는 좋은 것이 무엇이든
없는 사람들에게
아낌없이 나누고,
내게 없는 좋은 것이 무엇이든

있는 사람들에게

겸손하게 구하게 하소서.[29]

나는 노래도 잘 못하고 수학 실력도 형편없다. 그래서 다른 사람들이 이런 은사를 발휘하면 나와 교회와 주변 세상은 유익을 누린다. "다른 사람들 안에 있는 하나님의 선물을 볼 수 있는 한, 겸손 덕분에 우리는 다른 사람들을 존중하고 우리보다 낫게 여길 수 있다."[30] 어느 한 사람이 모든 은사를 다 가졌다고 생각하는 것은 어리석은 일이므로, 하나님이 다른 사람들에게 주신 좋은 은사를 기뻐하는 일을 소홀히 하는 것도 똑같이 오만한 일이다.

아퀴나스는 미덕에 순위를 매길 때 겸손이 아니라 '자선'(사랑!)을 맨 위에 둔다.[31] 이런 인식은 애초에 겸손의 목표와 목적에 대한 방향을 잡는 데 도움이 되는데, 그것이 더 크고 더 근본적이며 더 진실하고 올바르고 아름다운 것을 가리키기 때문이다. 하나님은 성령님 안에서 아들에 대한 아버지의 사랑으로, 선한 피조물로 가득한 선한 세상을 만드셨다. 곧 사랑에서 비롯되어 사랑을 위해 창조된 세상이다. 겸손은 태초부터 세상을 움직이는 다차원적인 능력, 곧 사랑에 우리를 참여하게 해 준다.

지금까지의 논의를 통해 우리는 겸손이 곧 사랑의 표현임을 알 수 있었다. 우리는 은사를 사용해서 하나님을 섬김으로써 그분을 사랑한다. 또한 이웃의 유익을 위해 우리의 은사를 사용하고, 그들의 은사가 우리에게 끼치는 유익을 감사히 받음으로써 이웃을 사랑한다.

겸손과 관대함에 대한 아퀴나스의 통찰을 염두에 두고 또 다른 유익한 사상가를 한 명 더 살펴보자.

존 칼빈: 죄악된 왜곡에 대하여

죄는 개인의 삶뿐 아니라, 우리가 함께 공동체에서 살아갈 능력까지 왜곡하고 망가뜨렸다. 16세기 종교개혁가 존 칼빈은 그리스도인의 삶과 우리가 다른 사람들과 관계 맺는 방식을 언급하며 이 문제를 다룬다. 칼빈은 우리가 "스스로 존재하지" 않고 하나님께 속했다고 거듭 강조하면서, 신자들에게 "자신을 잊어야" 한다고 권면한다.[32] 내게 유익한 상황을 중심으로 삶을 영위하지 않고, 하나님을 섬기는 일을 최우선 순위로 삼으며 이웃에 대한 섬김도 같은 우선순위에 둘 수 있다. "자기를 잊으라."라는 칼빈의 표현은 탐욕과 권력, 자기 과시, 부적절한 야망과 같은 습관을 경고하는 그만의 방식이다. 우리는 스스로를 보호하려고 이런 것들을 취하지만, 실제로 그것들은 우리를 안전하게 지켜 주기보다 우리 삶을 파괴할 것이다.

칼빈의 관점에 따르면, 우리는 궁극적으로 "모든 일을 하나님과 함께해야"(라틴어 *negotium cum Deo*) 한다.[33] 루터의 '코람 데오'(*coram Deo*, 하나님 앞에서)와 마찬가지로, 모든 일을 하나님과 함께해야 한다는 칼빈의 관점은 종교 행위뿐 아니라 모든 일에 하나님을 고려하는 생활 방식을 우리에게 제시한다.[34] 칼빈은 "그리스도인은 자신이 평생 함께해야 하는 대상은 하나님이라고 스스로 느낄 수 있도록 늘 유념하고 관심을 두어야 한다."라고 강조한다.[35] 우리는 하나님에 대한 반응뿐 아니라 이웃을 대하는 방식에도 책임을 지는 도덕적인 피조물이다. 이 사실을 잊으면 우리 삶은 이기적이고 파괴적으로 변한다.

칼빈은 '자기애'의 파괴적인 왜곡을 자주 언급하면서 자기 부인을 그 해독제로 제시한다. 자기 부인을 계발하는 확실한 방법은 죄악된 자기

중심성을, 자신의 필요보다 다른 사람의 필요를 우선시하는 실천으로 대체하는 것이다. 다른 사람들의 필요와 관심사에 헌신할 때 자기중심성은 약해진다(즉 자기를 잊게 된다.). 겸손이 자라면서 교만과 오만과 탐욕을 몰아낸다.[36]

칼빈은 이웃과 하나님을 향해 자기 부인을 실천해야 한다고 논한다. 먼저, 이웃을 바라보고 대하는 방식부터 살펴보자. 눈을 멀게 하고 무질서하게 만드는 죄의 영향에 감염된 우리는 자신의 중요성에 대해 지나치게 부풀려진 관점을 지닌 채 '자기애로 빠져든다'. 또한 죄는 우리가 "다른 사람들을 비교하며 경멸하게" 만든다.[37]

"비교는 기쁨을 훔치는 도둑이다."라는 명언은 흔히 시어도어 루스벨트(Theodore Roosevelt)가 한 말로 알려져 있지만, 칼빈은 그보다 수 세기 전에 똑같은 내용을 암시했다. 칼빈은 이 악한 세상에서 우리는 자신의 악함을 평가 절하하고 숨기는 경향이 있으며, 때로는 그것을 미덕으로 가장하기까지 한다고 주장한다.

그러나 다른 사람들을 생각할 때는 전혀 다른 정서적 반응이 나타난다. "다른 사람들이 우리 스스로 감탄하는 똑같은 '선한'(혹은 그보다 우월한) 자질을 드러낸다면, 우리는 그들에게 자리를 내주고 싶지 않아서 악의적으로 그 재능을 폄하하고 매도한다."[38] 그들의 장점을 경시하고, 단점은 혐오스럽게 과장한다. 자기를 보호하려는 이 근시안적인 전략은 우리 자신과 타인에 대한 관점을 왜곡한다. 안타깝게도, 우리는 다른 사람을 '열등한 존재'로 간주하기 위해 자신을 '평범한 대중'과 구분하는 데 이런 전략을 사용한다. 예를 들어, 전근대 사회에서 배우지 못한 사람은 배운 사람에게, 가난한 사람은 부자에게 굴복했지만, 칼빈은 어떤 집단의 사람이든 남을 비하하고 스스로 높이려는 충동을 피할 수 없다고 생각한다. 각자 "자기 가슴에 나름의 왕국을 품고 있다".[39]

칼빈은 아무것도 우리를 방해하거나 불쾌하게 만들지 않는 한, 대부분 '다정한' 성격을 유지한다고 말한다. 하지만 사람들 사이에 갈등이 생기면 얼마나 많은 '독이 터져 나오는지' 깜짝 놀랄 정도다.[40] 인종 차별은 이런 현상의 한 예다. 우아한 숙녀가 갑자기 충격적인 인종 차별 발언을 쏟아 내는가 하면, 질투나 괴로움은 사람들을 편협한 불한당으로 바꾸어 놓는다. 우리는 어디서 이런 모습이 나왔나 의아해한다.

누구나 겉으로는 공손함을 장착했지만, 자신의 탁월함이 위협받는다고 느낄 때면 정말로 무시무시한 혐오가 그 외피를 뚫고 들어올 수 있다. 우리는 일등이 되고 싶고 최고가 되고 싶고 우월하고 싶지만, 우리의 불안감과 취약함이 예의를 순식간에 아수라장으로 만들 수 있다. 그런데 역설적이게도, 이런 행위의 뿌리는 자기애가 아니라 자기혐오다! 우리는 자신의 약함과 죄를 느낄 때 다른 사람들을 짓밟는 경우가 자주 있다.

다른 사람의 은사 존중하기: 칼빈이 원을 완성하다

당신이 하나님을 정말로 어떻게 생각하고 그분과의 관계를 어떻게 생각하는지를 알려면, 이웃에게 어떻게 반응하는지를 지켜보면 된다. 이웃을 사랑하지 않는 사람은 하나님을 사랑하는 데도 문제가 있을 가능성이 크다(요일 4:21). 하지만 자신이 '남을 싫어하는 사람'이라고 생각하는 사람은 거의 없으니 다음 두 가지 질문을 던져 보자.

1. 당신은 당신의 모든 재능을 하나님이 주신 선물로 여기는가?

그리스도인 대부분이 전혀 망설이지 않고 "물론이죠. 하나님 덕분에 제가 이 일을 할 수 있고 이런 능력도 갖게 되었습니다."라고 대답할 것이다. 그런 생각을 두고 그다지 고민하지 않는다. 아니, 고민하는가? 사람들이 나를 칭찬할 때 이렇게 대꾸하는 경우가 얼마나 많은가. "별거 아니에요." "이 부분은 망쳤답니다." 어떤 그리스도인은 자신의 재능을 기뻐하기보다는 스스로 하찮게 여기도록 훈련을 받기도 했다. 몇 년 전, 대학에서 펼쳐진 저녁 공연에서 학생들이 멋진 춤을 선보였다. 공연이 끝나고 내 동료 교수는 한 학생을 격려해 주려고 기다렸다. "정말 멋진 공연이었어! 너희가 얼마나 잘했는지, 보면서 뿌듯했단다." 그런데 학생은 이렇게 반응했다. "그렇게 잘한 건 아니에요. 동작도 두어 군데 틀렸고요." 사람은 누구나 상충하는 인식과 감정을 지니고 있기에 그 학생이 불편함을 느낀 이유는 많을 것이다. 어떤 사람은 칭찬을 달갑지 않은 검사처럼 느낀다. 혹은 칭찬을 듣고 죄책감을 느끼기도 하는데, 자신에게 있는 재능을 알아서 그보다 더 잘할 수 있었으리라고 느끼기 때문이다. 이처럼 사람들은 칭찬을 받으면 불편해하기도 한다.

하지만 우리의 능력이 정말 하나님이 주신 선물이라면(신 8:17-18),[41] 그것을 사용하고 누려야 마땅하다. 칼빈이 말하듯이, "하나님이 허락하신 이런 재능은 우리 자신의 소유물이 아니라 하나님이 거저 주신 선물이다".[42] 우리의 모든 소유는 하나님이 은혜로 주신 것이며 그분은 우리가 (불완전하더라도) 거기에 동참하도록 기꺼이 허락하시기에 우리는 그저 "감사합니다."라고 대답할 수 있다. "하나님을 찬양하라."라는 반응이 적절한 경우도 있겠으나, 많은 경우에 그 말은 진정성 있기보다는 괴상

하거나 가짜 영성처럼 들릴 것이다. 어느 경우든, 당신은 자수성가한 고독한 인물보다는 하나님의 임재와 은혜의 관점에서 자신을 보기 때문에 기쁘게 칭찬을 받을 수 있다. 하나님의 선물이 없었다면, 다른 사람들이 없었다면, 당신은 춤출 수 없었을 것이다.

바울은 일련의 수사학적 질문을 던지면서 우리의 은사를 창조 세계와 연결한다. "누가 너를 남달리 구별하였느냐 네게 있는 것 중에 받지 아니한 것이 무엇이냐 네가 받았은즉 어찌하여 받지 아니한 것 같이 자랑하느냐"(고전 4:7). 모든 사람이 재능을 선물로 받았다. 우리 모두 말이다. 그렇다면 겸손은 그런 은사를 기쁘게 실천하는 것이며, 이는 우리 주변 사람들과 하나님께 그 은사를 드리는 방법이기도 하다.

2. 다른 사람에게서 재능을 발견할 때 당신은 어떻게 반응하는가?

정답이 무엇인지는 안다. 그 재능도 모두 하나님이 주신 선물이라고 인정하는 것이다. 하지만 우리는 다른 사람들의 재능에 정말로 어떻게 반응하는가?

앞에 나온 1번 질문의 경우, 우리의 능력은 스스로 만들어 낸 것이 아니라 선물로 보는 경향이 있지만, 다른 사람에게서 목격한 능력을 두고 하나님을 찬양하기는 힘들 때가 종종 있다. 칼빈은 여기서 우리를 압박한다. "우리는 다른 '사람'에게서 보이는 하나님의 은사가 무엇이든 존중하고 배려해서 그 은사를 지닌 '사람'을 존중하라는 명령을 받았다."[43] 그가 단순히 그들에게 은사를 주신 하나님을 찬양해야 한다고 말하지 않는다는 점에 주목하자. 그는 우리가 '그들을 존중해야' 한다고 말한다. "나는 저 사람이 교만해지거나 자기밖에 모르게 되기를 원치 않아."라고 하면서 반대하는 것은 생일 선물을 받고도 고마워하지 않는 것만큼이나 무례하고 불손하다. 칼빈은 "'이런 은사를 지닌 사람들'에게 주님이 주신 영광을 박탈하는 것은 우리 편에서 큰 도덕적 타락일 것이다."라고 쓴다.[44] 하나님이 다른 사람에게 허락하신 은사에 이렇게 자비롭게 반응하는 것은 창조 세계에 대한 긍정적인 관점과 겸손에서 비롯된다.

온갖 좋은 은사가 선하신 하나님을 가리킨다면(약 1:17), 우리는 우리가 인식하고 누리는 모든 좋은 것에 대해 마땅히 하나님을 찬양해야 한다. 또 우리는 기쁜 마음으로 사람들을 칭찬할 수 있는데, 그런 칭찬이 하나님이 하신 일을 인정하기 때문이다. 우리는 창조적 사상가가 하나님에 비하면 극히 일부분만 알고 있다는 것을 알면서도 그의 뛰어난 통찰력을 자유로이 칭찬할 수 있다. 제대로 이해하기만 한다면, 그는 하나님의 창조성에 참여하며, 선한 일에 공헌할 때 하나님을 제대로 반영하고, 이는 칭찬받을 만한 행동이다. 우리는 하나님만 찬양할 뿐 아니라, 자신에게 주어진 것을 올바르게 적용한 그를 칭찬한다.

우리는 이런 은사를 언제나 사랑의 목적으로, 곧 이기적인 목적이 아닌 '공동선'을 위해 사용해야 한다. 칼빈의 표현을 따르자면, '나 자신에게서 벗어나서' 이웃을 향해 사랑으로 나아가기 위해 사용해야 한다. "주님이 우리에게 맡기신 것은, 얻는 모든 혜택을 교회의 공동선에 사용하는 것을 조건으로 우리에게 맡겨졌다."[45] 그리고 나서 그는 마지막 연결 고리를 완성한다. "하나님이 우리에게 주신 모든 은사는 이웃의 유익을 위해 나누어 주는 것을 조건으로 우리에게 맡겨졌다"(벧전 4:10 참조).[46] 자신의 은사를 사용하는 사람들을 존중해야 한다는 그의 말은 앞서 언급한 아퀴나스의 주장을 떠올리게 한다. "우리는 하나님을 경외하

> 하나님이 가장 큰 자 못지않게 가장 작은 자에게도 똑같이 신경 쓰신다는 사실에는
> 개인을 매우 겸손하게 하면서도 무한히 고양시키는 무언가가 동시에 존재한다.
>
> _ 쇠렌 키르케고르, 일기

는 것과 같은 정도의 경외심은 아니지만, 하나님을 경외할 뿐만 아니라 각 사람 안에 있는 그분의 것에도 경외를 표현해야 한다."[47]

칼빈은 그보다 앞선 사람들처럼, 성경이 말하는 다양한 지체를 지닌 몸의 이미지를 빌려온다. 각 지체는 독특한 능력을 '받았다'(고전 12:12-31). 여기서 칼빈은 세계 전체보다는 교회에 초점을 맞추지만, 기본 원칙은 똑같이 적용된다. 하나님이 주신 모든 것의 청지기인 우리는 단순히 개인의 유익을 위해 은사를 사용할 뿐 아니라, '이웃을 돕기' 위해 애써야 한다.[48] 따라서 '사랑의 법칙'만이 우리가 이기적이지 않고 전체의 유익을 위해 은사를 사용하도록 도울 수 있다. 자신의 재능과 기술에서 유익을 얻어서는 안 된다는 말이 아니라, 개인의 이익을 다른 사람들의 이익에 종속시켜야 한다는 말이다.[49]

성경 묵상

이 장의 마지막 부분에서는 신약 성경에서 겸손을 어떻게 이야기하는지를 조금 살펴보려 한다. 먼저 그리스도인의 겸손에서 세 가지 측면을 살펴보고 나서, 복음서의 한 장면을 간단히 탐구한 다음에, 마지막으로

야고보서를 살펴볼 것이다. 겸손에 대한 구체적인 설명에서부터 시작해 보자.

그리스도인의 겸손은
1. 하나님을 창조하시고 섭리하시는 분으로 인정한다.
2. 다른 사람의 은사를 기뻐한다.
3. 자신의 필요보다 다른 사람의 필요를 앞세우면서, 감사함으로 공동체의 삶에 참여한다.

이런 특징은 성경의 증언에 반복해서 등장한다. 죄는 앞에서 정의한 겸손의 기초와는 아무런 관련이 없으므로 세 가지 태도는 죄의 문제가 없더라도 유한한 피조물의 삶을 설명할 수 있다는 점에 주목하라. 그런 태도가 죄와 완전히 반대라는 점도 분명한데, 이는 우리에게 두 가지 사실을 보여 준다.

첫째, 죄는 겸손에 대한 우리의 인식을 왜곡하고, 겸손하게 살려는 노력에 반대된다. 하지만 하나님은 세상과 우리 삶에 틈입하셔서 우리의 시각을 교정하시고, 우리가 자신을 위해서뿐 아니라 다른 사람을 위해 살게 하신다. 하나님은 확실히 교만한 자를 물리치시고 겸손한 자에게 은혜를 주신다(약 4:6하; 벧전 5:5; 칠십인역 잠 3:34 참조).

둘째, 죄가 겸손에 반하는 것처럼, 겸손도 죄에 반한다. 겸손은 우리가 죄를 피하고 그에 맞서 싸울 도구, 곧 하나님과 이웃을 사랑하는 삶의 방식이다. 하나님이 우리에게 겸손하라고 말씀하시는 것은 그분을 기분 좋게 하기 위해서가 아니라, 하나님의 선하심이 예배와 이웃 사랑,

땅의 청지기 직분에 다시 드러나도록 하시기 위해서다. 겸손은 선한 창조 세계의 토대인 동시에 그 창조 세계와 새 창조의 약속을 가리킨다.

어린아이와 같이 되려면

예수님이 말씀하신 단순하면서도 심오한 이야기에서부터 시작하자. 그분은 우리가 하나님 나라를 보려면 "어린 아이들과 같이 [되어야]" 한다고 말씀하신다(마 18:3). 왜 그런가? 예수님은 여기서 어린아이의 어떤 면을 강조하시는가? 이상화된 순진함이나 유치한 노력이 아니라, 의존성과 믿음이라는 아이들의 근본적인 상태를 강조하신다.

아이는 도움이 필요하다. 나이를 먹으면서 우리는 (자신과 다른 사람들이 갖는) 타인에 대한 의존성에 가면을 씌운다. 어린아이는 자신이 도움이 필요한 존재임을 알기에 부모와 하나님을 의지해서 음식과 안전을 확보한다. 예를 들어, 최신 심리학 연구에서 저스틴 바렛(Justin Barrett) 같은 학자들은 아이가 어른보다 더 직감적으로 은혜를 이해하고 받을 수 있음을 보여 주었다. 사람은 나이가 들면 싫증을 내고, 개방성과 수용성이 줄어드는 경향이 있다.[50]

예수님이 우리에게 요구하시는 대로 어린아이처럼 자신을 낮추는 것은 죄를 의식하는 것이 아니라, 자신의 필요를 근본적으로 인식하는 것이다. 한스 헬무트 에서(Hans-Helmut Esser)가 설명하듯이, 이 본문은 "사람이 자신의 실제 모습보다 스스로 더 낮춰야 한다는 뜻이 아니다. 오히려 어린아이처럼 자신이 정말로 얼마나 하찮은 존재인지 알아야 한다는 뜻이다."[51] 여기서 우리는 장엄하신 하나님과 광활한 세계 앞에서 우리의 위치를 인식한다.

아이들은 경이로움을 숨기지 않고 표현한다. 거대한 바위든 근엄한 사자든 공중에서 한꺼번에 열 가지 물건을 저글링하는 마술사든 그들은 감탄을 주저하지 않는다. "와, 엄청 멋져요!" 자신은 작은 존재이며 하나님과 그분의 세상은 거대하다는 사실에 열려 있다. 어른들은 타인의 너그러움을 받아들이고 그 안에서 하나님의 사랑을 발견함으로써 다시 깨달음을 얻는다. 취약함은 조롱하거나 남용할 대상이 아니라 존중하고 본받아야 할 대상이다.

겸손한 사람은 자신이 하나님과 다른 사람 앞에서 얼마나 연약한지를 발견한 사람인데, 그는 이 연약함 덕분에 믿음과 소망과 사랑을 받아들인다. 그래서 예수님은 이 아이들을 실족하게 하면 안 된다고 엄중히 경고하신다(마 18:6). 유혹은 늘 있기 마련이지만, 손이나 발이 범죄하게 하면 찍어 버리고 눈이 범죄하게 하면 빼내야 한다(마 18:8-9). 왜 그래야 할까? 우리는 눈으로 보는 것을 탐내서 받지 않은 것을 바라고, 손으로 우리 소유가 아닌 것을 움켜잡으며, 발로 가지 말아야 할 곳에 가기 때문이다. 그렇기에 한계는 좋은 것일 수 있다. 믿음을 경시하고 한계를 무시하는 곳, 그래서 관계가 망가지는 곳에는 죄가 자라기 쉽다.

야고보가 말하는 겸손

야고보서는 이 점에서 흥미로운데, 자신을 향한 하나님의 돌보심을 알면서도 그것을 다른 사람을 돌보는 일상의 습관으로 정착시키지 못한 사람들을 대상으로 쓰인 듯 보이기 때문이다. 야고보는 독자들이 그리스도 안에 그들의 생명이 있다는 좋은 소식을 받았으니 이제 행동을 바꾸라고 요청한다. 저자는 복음과 일관되지 않은 행위를 지적하면서, 사람들에게 아직도 그들의 삶을 왜곡하는 세속의 습관을 바꾸어야 한다고 말한다. 그는 말하기를, 새 생명이 심판을 가져오지만 빛들의 아버지께로부터 받은 은사 덕분에 그 시험을 견딜 수 있다고 한다(약 1:17). 따라서 세상은 그들을 무시해도 하나님은 그들을 높이시기에 가진 게 없는 자들도 기뻐할 수 있다! 반대로, 부와 같은 안전망을 가진 자들도 "자기의 낮아짐을 자랑[하는]" 법을 배워야 하는데, 스스로 안전망을 쌓았다는 환상은 민들레 홀씨처럼 아주 약한 바람에도 날아가기 때문이다(약 1:9-11). 하나님의 경륜에서 산은 낮아지고 계곡은 높아진다.

부자들의 번영을 본 야고보서 독자들은 옛 습관을 떨쳐 내기 힘들어했고, 이는 공동체의 삶을 위협했다. 특히, 그들은 가난한 사람보다 부자를 편애하는 성향으로 자꾸 되돌아갔는데, 이는 그들이 하나님께 받은 은혜와 완전히 반대되는 것이었다(약 2:1-7). 이런 유혹의 뿌리는 무엇이었을까? 바로 부자들은 재산으로 세상을 조종할 수 있기에 하나님과 이웃에 대한 필요를 더 무시할 수 있다는 생각이다. 하지만 '모든' 사람은 하나님의 형상대로 창조되어 다양하고 구체적인 은사를 지니고, 부나 권력이 있든 없든 소중한 존재로 대접받을 자격이 있다(약 2:9). 세상 가치관과 달리, 하나님은 가난한 사람을 존중하신다. 세상의 관점에서는 가진 게 거의 없지만 하나님은 그들을 택하셔서 "믿음에 부요하게" 하시고 하나님 나라를 상속받게 하셨기 때문이다(약 2:5). 재산 때문에 부자를 편애한다면 하나님 나라와 가치관을 거부하는 것이다.

야고보는 독자들에게 서로 사랑하고 돌아보아 믿음을 행하라고 요구한다(약 2:14-26). 또한 말하는 방식을 고치고 혀를 길들여 온유함과 진실을 말하라고 한다. 야고보는 이기적인 야망 대신 공동선을 추구해서 "지혜의 온유함"(3:13)을 나타내라고 요구한다. 그다음에 독자들에게 겸손의 정의와 연관된 일련의 질문을 던진다.

"너희 중에 싸움이 어디로부터 다툼이 어디로부터 나느냐 너희 지체 중에서 싸우는 정욕으로부터 나는 것이 아니냐 너희는 욕심을 내어도 얻지 못하여 살인하며 시기하여도 능히 취하지 못하므로 다투고 싸우는도다 너희가 얻지 못함은 구하지 아니하기 때문이요 구하여도 받지 못함은 정욕으로 쓰려고 잘못 구하기 때문이라 간음한 여인들아 세상과 벗된 것이 하나님과 원수 됨을 알지 못하느냐…"(약 4:1-4).

그들은 잘못 구하기 때문에 원하는 것을 얻지 못하고, 폭력적인 싸움과 충돌이 삶에 가득하다. 그 배후에 있는 문제는 사람이 이것이나 저것을 원해서가 아니라, 그들의 욕구가 공동체에 대한 사랑보다 이기적인 생각에서만 비롯되기 때문이다. 우리도 자신의 쾌락만을 위해 '쓰려고' 하나님께 은사를 구하고 싶은 유혹을 받는다. 그러나 그분의 은사는 교회와 세상에서 서로 함께하는 삶을 위한 것이다. 겸손한 사람들은 공동체 가운데서 그런 삶을 살기 위해 하나님께 은사를 받는다. 이들이 바로 하나님의 친구다(사 41:8; 약 2:23; 4:4 참조). 교만한 사람(하나님의 원수)은 이것을 이해하지 못하기 때문에 하나님은 그를 물리치시지만, 겸손한 자에게는 (은사와 함께) 은혜를 주신다(약 4:6).

어떻게 하면 이렇게 살 수 있을까? 우선, 하나님이 이미 당신을 붙잡고 계셔서 당신이 안전하다는 사실을 깨달아야 한다. 당신의 야망과 욕구는 이기적일 필요가 없다. 야고보서에 나오는 두 방식을 비교해 보자.

예수님 이전의 이기적인 옛 습관에 사로잡힌 방식과 야고보가 추천하는 공동체 지향 방식이다. 이 두 방식을 당신과 주변 사람들의 삶과 비교해 보자. 겸손한 삶은 모든 것을 하나님의 손에 맡기며, 모든 것이 이미 거기에 있음을 깨닫고 그분을 신뢰하는 삶이다.

야고보는 하나님을 가까이하려면 **스스로 약한 사람들과 동일시하고 궁핍한 사람들을 도우라**고 말하는데, 이는 선지서를 떠올리게 한다. 예를 들어, 이사야 1장에서 하나님은 그분의 백성에게 큰 실망감을 표출하시는데, 이는 그들이 하나님의 친구라기보다 원수처럼 행동하기 때문이다(약 4:4 참조). 백성은 안식일을 지키고 기도하고 분향하며(사 1:11-15) 모든 의식을 지키지만, 마음(가치관과 사랑)은 하나님과 멀어져 있다. 그래서 하나님은 이들에게 어떻게 조언하시는가?

"너희는 스스로 **씻으며** 스스로 **깨끗하게 하여** 내 목전에서 너희 악한 행실을 **버리며** 행악을 그치고 선행을 배우며 정의를 구하며 학대 받는 자를 도와 주며 고아를 위하여 신원하며 과부를 위하여 변호하라…"(사 1:16-17, 강조는 저자의 것).

이 선지자의 책망은 야고보가 염두에 둔 내용을 떠올리게 한다. 그는 진정한 경건의 핵심이 고아와 과부를 돌보는 것이라고 이미 선언했다(약 1:27 참조). 따라서 이제 그는 독자들에게 하나님을 가까이하며 그분께 복종하라고 말한다. 야고보의 답이 이사야서 내용과 비슷하게 들리지 않는가? "하나님을 가까이하라 그리하면 너희를 가까이하시리라 죄인들아 손을 **깨끗이 하라** 두 마음을 품은 자들아 마음을 **성결하게 하라**

슬퍼하며 애통하며 울지어다 너희 웃음을 애통으로, 너희 즐거움을 근심으로 바꿀지어다 주 앞에서 낮추라 그리하면 주께서 너희를 높이시리라"[52] (약 4:8-10, 강조는 저자의 것). 야고보가 우리에게 슬퍼하며 애통하며 울라고 말할 때는 자신에 대한 부정적인 생각으로 스스로 비참하게 만들라는 뜻이 아니다. 그는 세상에 있는 다른 사람들, 곧 가난한 사람, 가족이나 사회적 자원이 없는 사람, 도망하는 사람, 어떤 이유에서든 고통 가운데 있는 사람(심지어 일부 사람들에 따르면 그 고통을 스스로 초래했다 할지라도)의 비극을 알아차리라고 말한다.

성자 하나님은 하나님과 동등됨을 취할 것으로 여기지 않으시고 자기를 비워 종의 형체를 가지셨다(빌 2:6-7). 그래서 우리는 적어도 세 가지 이유에서 불행을 당한 사람들과 공감해야 한다. 첫째, 하나님이 그리스도 안에서 그렇게 하셨고 지금도 그리하시기 때문이다. 둘째, 우리가 지금 소유한 유일한 삶은 그리스도 안에 있는 생명이기 때문이다. 그분의 생명에 참여하려면 그분이 하신 일에 동참해야 하고, 이는 약한 자와 상처 입은 자, 죄인을 돌보아야 한다는 뜻이다. 셋째, 우리는 그렇게 할 때 편안해질 것이기 때문이다.

하나님의 마음이 어디에 있는지 알고 싶은가? 약한 사람, 도움이 필요한 사람, 우는 사람을 따라가라. 어떻게 하면 손을 깨끗이 하고 마음을 성결하게 할 수 있을까? 상처받은 사람과 도움이 필요한 사람의 친구가 되라(롬 12:16 참조). 야고보는 당신에게 모든 문제를 해결하라고 하지 않고 그들과 함께하라(슬퍼하며 애통하며 울라)고 말한다. 그러면 그들의 눈물이 당신의 눈물이 되고, 그들의 두려움과 고통 때문에 당신도 애통하며, 그들의 상처가 당신의 상처가 된다. 밖에서 지켜보는 자가 아니라 그들

> 하나님의 아들의 겸손으로 치유되지 않는다면, 어떤 교만이 치유될 수 있겠는가?
>
> _ 아우구스티누스, 『그리스도인의 전투』 *The Christian Combat*

의 친구가 되는 것이다. 이렇게 우리는 불의에 관심 갖고, 고아와 과부에게 이끌리며, 소외된 사람에게 민감하게 반응하게 될 것이다. 야고보는 세상의 음란한 권세와 지배에 유혹당하기를 멈추고 성자 하나님의 겸손을 닮으라고 흔들림 없이 요청한다. 겸손을 친히 보여 주신 그리스도는 다른 사람을 높여서 그들이 하나님을 볼 수 있게 하신다.

마지막으로, 야고보는 진정한 성경적 겸손의 시험대를 이야기한다. 다른 누구를 정죄하는 것은 물론이고 우리의 실패를 강조하고 얼마나 잘못했는지를 보여 주는 것은 목적이 아니다. 진정한 겸손의 결과는 남을 정죄하거나 경멸하는 일을 멈추는 것이다. 야고보는 우리에게 겸손을 요구한 직후에 서로 악한 말을 하는 것에 대해 경고한다(약 4:11). 그는 우리가 율법 아래 있음을 깨닫지 못하고 마치 입법자인 양 행동하며 서로 판단하지 말라고 경고한다(약 4:12).

유치원 아이들이 비행기 엔진 공장으로 견학을 갔다고 상상해 보자. 아이들은 노동자들이 조립 라인에서 비행기 엔진을 만드는 모습을 지켜보다가 마지막으로 최종 점검하는 곳에 다다랐다. 검사관이 하는 일은 완성된 엔진을 비행기에 장착하기 전에 불량 여부를 확인하는 것이다. 그런데 갑자기 한 아이가 일곱 살 특유의 당당함과 자신감으로 검사관을 밀어내더니 그 자리를 차지하고 이렇게 말한다. "제가 한번 해 보겠습니다." 조립 라인은 계속 돌아가는데, 이제 이 **아이**가 엔진의 안전 여부를 검사한다. 검사관의 자리를 꿰찬 아이를 보며 당신은 몇 가지 생각이 떠오를 것이다. 첫째, 얼마나 우스꽝스럽고 어리석은가. 둘째, 결국에는 일을 다 망치고 말 것이다. 아이는 무엇을 찾아야 하는지 모르기 때문에, 무지한 상태에서는 올바른 판단을 할 수 없다. 자신의 약점을 보지 못하고 다른 사람을 의지하지 않는 이 아이는 수많은 생명을 위험에 빠뜨린다.

야고보가 여기서 말하는 것은, 우리가 남을 판단하는 모습이 하나님께는 이 일곱 살짜리 아이처럼 보인다는 것이다. 우리는 어리석고 제대로 알지 못하는 아이 같다. 우리의 판단이 결국에는 상처를 줄 때가 너무 많은 이유도 그 때문이다. 우리가 누구인지 잊어버리는 것이다. 판단은 하나님이 하신다. 우리는 그럴 자격이 없다.

그럼에도 우리는 자신이 약한 부분은 까맣게 잊은 채 강하다고 생각하는 영역에서 얼마나 쉽게 남을 판단하는지 모른다. 다른 부모를 보고 그들의 양육 방식을 판단하기가 얼마나 쉬운가. 직장이나 학교에서 고군분투하는 사람을 보면서 우리는 말없이 그들을 판단한다. 부자는 가난한 자를, 가난한 자는 부자를 판단한다. 식욕을 억제하느라 힘들어하는 사람이 있는가 하면, 만사를 통제하려고 애쓰는 사람이 있다. 그래서 우리는 서로 판단한다. 우리는 다음 두 가지 중 하나가 발생할 때 판단하기가 쉽다. 어떤 상황의 세부 사항과 복잡성을 알지 못할 때 또는 자신의 결점과 죄에 무지할 때다. 사람은 누구나 은혜와 용서가 필요하다. 하나님은 교만한 자를 물리치시지만 겸손한 자에게는 은혜를 주신다.

진정한 우정에 뚜렷하게 나타나는 특징은 용서라는 선물과 서로 판단을 보류하는 태도다. 어떻게 그럴 수 있을까? 친구는 서로 알고 사랑하기 때문이다. 우리가 상대방의 한계와 죄를 눈감아 준다거나 서로 변명한다는 뜻이 아니다. 서로 이해하기 때문에 잠깐의 짜증보다 우정이 더 중요하다는 것이다. 우리는 용서하고 돕는다. 그리고 이것은 하나님의 태도를 반영한다. 그분은 빨리 용서하시고 더디 진노하시며 긍휼이 많으시다.

십자가에 달려 인간의 조롱과 심판으로 고통당하신 예수님을 생각해 보자. 그분은 어떻게 반응하셨는가? "아버지 저들을 사하여 주옵소서 자기들이 하는 것을 알지 못함이니이다"(눅 23:34). 심판할 권리가 있는 유일한 분이 그분을 심판한 이들에게 은혜를 선포하신다. 이분이야말로 진심으로 겸손한 분이시다.

하나님은 그분의 용서와 은혜와 도우심을 경험한 우리에게 똑같이 긍휼과 인내와 도움을 베풀라고 요구하신다. 우리는 서로 판단하지 말고 힘들어하는 사람들과 함께 슬퍼하고, 싸우는 사람들과 함께 울고, 그들의 싸움에 동참해야 한다. 우리에게도 약함과 죄가 있기에 함께 마음 아파해야 한다. 하나님은 겸손과 이웃 사랑을 귀히 여기신다.

그리스도인의 겸손은 다른 사람들을 높여서 그들이 하나님을 보고 그분의 긍휼 가운데 안식하며 그분과의 우정이 번영하게 하는 것이다. 그런 겸손을 실천할 때 우리는 우리를 창조주요 구속주와 다시 연결해 주는 하나님의 은혜의 움직임을 경험하고 그에 동참한다.

결론

겸손은 "미안합니다."라거나 "용서해 주세요."라고만 말하지 않는다. "잘 모르겠어요." "도와주실 수 있나요?" " 제가 어떻게 하면 되나요?"라고도 말한다. 겸손은 이런 말에서 출발한다. "하나님이 나를 사랑하시니 내게만 몰두할 필요가 없어요." "사람들을 사랑하는 것이야말로 가장 지혜로운 삶의 방식이죠." "내가 모든 일을 다 할 수는 없지만, 하나님이 나와 다른 사람들을 다스리고 돌보시니 괜찮아요."

또 겸손은 죄악된 행위에 대한 반응이 아닌데, 유한한 피조물인 우리의 상황을 염두에 두고 상호 의존과 사랑의 선함을 인정하기 때문이다. 겸손은 죄의 교만과 오만을 거부하지만, 죄의 두려움과 절망도 거부한다. 따라서 겸손한 사람은 하나님과 이웃 앞에서 자신의 한계를 인정할 뿐 아니라, 다른 사람에게 잘못했을 때 용서를 구한다.

우리의 한계는 더는 위협이 아니다. 우리가 저장할 수 있는 모든 재화를 움켜잡을 필요도 없고, 우리가 모든 일을 해결해야 할 필요도 없다. 물론 우리는 일하고 배우고 무엇보다도 사랑해야 하지만, 이 모두는 광적인 자기중심성이 아니라 겸손의 평안 가운데 행해질 것이다. 우리는 스스로 만들 수도, 유지할 수도, 구원할 수도 없다. 안타깝게도 우리는 그저 유한한 피조물일 뿐만 아니라 반역한 죄인이기도 하다. 겸손 덕분에 우리는 삼위 하나님에 대한 반역과, 이웃과 이 땅에 입힌 해악을 회개할 수 있다. 겸손은 창조주이자 구속주를 향한 열린 자세이며, 예배와 기쁨과 사랑을 위한 준비다. 겸손은 우리가 세상에서 우리 위치를 더 잘 이해하게 함으로써 이제부터 살펴보려는 지속적인 도전에 더 인내하고 덜 염려하게 해 준다.

You're Only Human

인간의 유한성을 좋은 것으로 인식하려면 시간과 조화로운 관계를 맺고
하나님의 임재를 의식해야 한다. 과학 기술의 발전이 인간과 시간의 관계에
어떤 영향을 미쳤는지 알기 위해서는 함께하는 것의 중요성을 재발견해야 한다.
삼위일체 하나님의 임재에 민감할 때 우리는 해방되어
다른 사람들과 온전히 함께할 수 있다.

07

시간이 없다는 거짓말
의존하는 매일

그리스도를 의지하며 현재를 사는 법

어찌해야 할 바를 모를 때

잘 지내세요? 정말요? 우리는 이 질문을 셀 수 없이 받는다. 그러면 대개 "그럼요, 잘 지내시죠?" 같은 말로 방향을 돌리곤 한다. "스트레스가 많아요." "너무 바빠요." "지쳤어요." 같은 솔직한 반응은 드물지만, 그조차도 너무 자주 주고받는 말이어서 더는 특별하게 여기지 않는다. 가끔은 우리가 아니라 일이나 상황이 우리를 장악하고 있다고 느끼기에 슬쩍 표현을 바꿔 보기도 한다. "일에 치일 것 같아요." "주체를 못 하겠어요." "짓눌릴 것 같아요."

스트레스와 불안은 습한 여름날 저녁 우리 머리 위를 맴도는 모기와 같다. 모기떼에서 벗어나고 싶지만 아무리 잡아도 또다시 나타난다. 모기는 끝없이 우리를 성가시게 할 뿐 아니라, 마치 우리의 생명을 빨아먹고 자기들의 생명을 얻는 것만 같다. 언제쯤이면 모기떼를 다 해치우고 편히 앉아 쉬면서 음료를 마시며 친구와 좋아하는 음악을 즐길 수 있을까? 우리는 모기와 같은 스트레스와 불안 때문에 음악에 집중하지 못하고 안락한 의자를 느끼지 못하며 시원한 음료 맛을 즐기지 못하고 친구의 이야기를 경청하지 못한다. 이 문젯거리가 그 자리에서 우리의 보고 듣고 느끼는 능력을 방해한다. 스트레스와 불안이 사라지기만을 기다리지만, 짜증 나는 모기떼에서 완전히 벗어나기란 불가능해 보인다.

기대감

나는 지난 20년 넘게, 유한성에 특히 초점을 맞추어 피조물의 존재 교리에 대해 생각해 왔다. 이 주제가 그토록 오랫동안 내 관심을 끈 까닭은 그것을 수용하고 살아 내기가 그만큼 힘들기 때문이 아닐까 싶다.

가족과 저녁 식탁에 둘러앉아 하루를 어떻게 보냈는지 이야기할 때면, 나는 늘 "한 일이 별로 없다."라는 생각이 들곤 한다. 많은 현대인이 그렇듯, 생산성이 내 유일한 척도가 되는 것이다. 하지만 이러한 척도는 두어 가지 불만족이 전체에 대한 지표가 되는 경우가 많기 때문에 속아 넘어가기 쉽다. 또한 생산적이거나 중요하다고 생각되는 활동은 대체로 수량화하기가 쉽다. 강의를 몇 시간 하고, 책을 얼마나 읽고, 논문을 몇 글자 썼는가? 사람마다 측량 가능한 내용은 다를 것이다. (통화를 몇 번이나 했는가? 장치를 몇 개나 만들었는가? 잔디밭을 몇 군데나 관리했는가? 코드를 얼마나 작성했는가? 프로젝트를 몇 개나 완료했는가?)

핵심은 이것이다. 이 중에 나쁜 질문은 하나도 없지만(오히려 훌륭하다.) 이런 사고방식은 일(과 삶)을 그 생산성에 따라 매우 기계적으로 측정해

> 하나님은 변치 않으시니 인내가 모든 것을 알게 하리니
> 하나님을 소유한 이는 아무런 부족함이 없고 하나님만으로 충분하다.
>
> _ 아빌라의 테레사, "시 IX" Poem IX

평가하도록 제한할 위험이 있다. 이렇게 일과 삶을 평가하면 자신과 다른 사람을 기계로 보게 되고, 결국 사람과 관계가 모두 망가진다.

우리 문화의 물질주의 성향은 공공연한 현상이다. 이 문화는 물질적 재화의 축적과 자기만족, 권력을 높이 평가해서 상대적 재화를 궁극적 재화로 취급한다.[1] 생산성이 전부가 되면, 예배가 아닌 우상 숭배, 공동체가 아닌 고립, 사랑이 아닌 이기심이 커진다. 이는 마음속에서 하나님의 존재를 확신하더라도, 하나님이 우리와 함께하시고 우리를 그분과의 교제로 초대하신다는 인식을 몰아낸다. 머리로는 잘 알면서도 생산성을 주요한 가치 측정 도구로 사용한 적이 얼마나 많은가? 이런 습관을 인정하고 거부하기 전까지, 스트레스와 불안을 건강하게 해결할 방법은 없다. 어찌할 바를 모르는 우리 상태가 성령님의 임재를 가리고 하루 종일 우리에게 속삭이는 하나님의 복을 듣지 못하게 만든다.

아내와 두 아이는 내 생각과 하루 일과를 재정립하게 도와주려고 끈질기게 애썼다. 미처 끝내지 못한 일 때문에 나를 몰아붙이려 할 때면 하나님이 내게 주신 것을 보고, 그분이 어떻게 나와 함께하시며 일하시는지 볼 수 있도록 도와주었다. 일부분이 아니라 전체를 보는 법을 알려 주었다. 최근에 이런 말을 들었다. "기대감은 계획된 실망이다." 내게는

그 말이 거북할 정도로 우습게 들렸다. 당신은 날마다 무엇을 기대하는가? 그것이 하나님과의 교제를 풍성하게 하는가, 아니면 방해하는가?

평범한 하루(와 내 삶 전체)에 대한 기대감을 다시 생각하니 경험과 신학, 주관적 실재와 객관적 실재와 씨름해야 할 필요성이 분명해졌다. 일상적인 하루의 스트레스와 탈진, 불안, 실망을 다루려면 약간의 여행이 필요하다. 그 길에서 우리는 시간과 과학 기술뿐 아니라, 하나님의 임재에 대한 새로운 감각을 키우는 일에 대해서도 이야기할 것이다.

시간이라는 폭군?

우리가 너무 분주하고 스트레스를 받고 불안해하는 이유는 무엇일까? 이 질문을 파고들려면 시간과의 관계를 생각해 보아야 한다. 먼저 우리 위치를 찾기 위해서 과학 기술의 발전이 일상에 어떤 영향을 미치는지 고려해 보길 원한다. 대개 우리는 이 경험에 영향을 미치는 가장 중요한 발명이 무엇인지조차 생각하지 않는데, 그것은 바로 시계다. 시계가 우리에게 미친 영향을 살펴보려면 역사 공부가 약간 필요하다.

시간 측정: 해시계에서 시계까지

"시간이란 도대체 무엇인가? 아무도 내게 묻지 않을 때는 마치 아는 것처럼 여겨진다."[2] 시계를 보고 당신에게 '시간'을 알려 줄 수는 있지만, 내가 정말로 한 것은 무엇인가? 손목시계의 바늘을 보고 있다가 나도 모르게 내가 '시간'을 측정하고, 나누고, 관리하고, 지배할 수 있다고 암시한 것이다. 하지만 사람들이 늘 '시간'을 이렇게 보지는 않았다.

성경이 말하는 '태초'는 창조주의 시작이 아니라 피조된 세상, 곧 하나님이 **아닌** 모든 것의 시작을 가리킨다.³ 여호와는 상상할 수 없는 능력과 넘치는 사랑과 기쁨으로 물질만 만드신 것이 아니다. 하나님은 그분의 영으로 물질에 질서를 부여하고 조직하신다. 유한한 피조물이 시간의 흐름에 참여하게 하신다. 많은 그리스도인이 아우구스티누스를 따라 시간을 하나님의 선한 창조 세계의 일부라고 이야기한다.⁴ 그러나 우리의 질문은 어떻게 시간과 관계를 맺느냐, 혹은 맺을 수 있느냐, 혹은 맺어야 하느냐가 아니다. 시간 기록의 역사를 조금만 알면 답을 찾는 데 도움이 될 것이다.

어떤 의미에서 '시간을 아는 것'은 전혀 새로운 일이 아니다. 사람들은 수천 년 동안 해와 별과 달에서 힌트를 얻어 시간을 측정해 왔다. 물론 다양한 지역과 다양한 문화권에서 시간을 측정하는 독특한 양식과 방식을 만들어 냈지만 말이다.⁵ 지리, 종교, 역사 모두 이런 방식의 차이를 만들었다. 예를 들어, 창세기는 해와 달을 중심으로 "낮과 밤을 나뉘게" 한 고대 질서를 나타낸다(창 1:14). 이스라엘은 일출 전의 산들바람, 일출, 아침, 정오, 가장 더운 시각, 일몰, 저녁 바람으로 하루를 나누는 자연의 방식을 따랐다.⁶

물질계의 구체성이 우리와 시간의 관계를 형성했다. 곧 우리가 보고 경험하고 느끼는 것이 하루의 흐름에 대한 감각을 지배했다. 이런 식으로 모든 시간은 소위 '맥락화'되었고, 항상 물질세계와의 관계에서 시간을 이해했다. 그 결과, 어떤 날은 다른 날보다 '더 길고', 어떤 계절은 추수나 절기와 명절에 더 적절하다. 그리고 어떤 시간은 노동보다 낮잠에 더 적합하다. 또 출산과 전쟁은 각기 다른 기대치를 불러오는 시간이다.

시간은 추상 개념이나 세상과 동떨어진 측면이 아니었다. 한 사람의 물리적 환경과 공동체의 역학과 반드시 관계되었다. 따라서 모든 계절이나 날, 시간이 다르다. 피조 세계의 이런 리듬이 인간이 시간을 이해하고 반응하는 방식을 형성했다. 앞으로 살펴보겠지만, 시계라는 기계와 전기의 발명으로, 맥락화된 시간에서 탈맥락화된 시간으로 이동했고, 이는 시간에 대한 우리의 기대와 경험을 매우 크게 재형성했다. 이 과정은 수천 년이 걸렸다.

해시계에서 초기 물시계에 이르기까지 사람들은 역사 내내 시간 측정 기술을 개발했다. 각각은 나름의 난관이 있었다. 예를 들어 해시계는 빛이 있는 시간에만 작동했고, 물시계는 날씨가 추우면 얼었다. 하지만 적절한 조건에서는 꽤 믿을 만하고 시간을 예측할 수 있는 측정값을 제공했다. 아리스토텔레스는 이렇게 시간을 움직임과 측정으로 생각하는 전통을 반영하고 강화했다.[7] 나중에 아우구스티누스는 하나님과 시간의 관계에 대해 질문하면서, 하나님이 시간 밖이나 위에 계시면서 어떻게 시간 안에 살아가는 특정 피조물을 위해 과거와 현재와 미래를 구분하실 수 있는지를 해결하려고 노력했다.[8] 그러나 여전히 시간에 대한 인간의 일상적인 경험은 주로 그 사람의 환경에서 일어나는 사건들에 의해 형성되었다.

13세기 무렵 서양에서 기계식 공공 시계가 나왔지만, 일부 대도시에 국한되었을 뿐 사람들에게 "시간과 분은 의미가 없었다".[9] 그들은 시간을 보지 않고 소리를 들어 확인했다. 수도원이나 교구 교회에서 성무일도나 미사 시간을 알리기 위해 종을 울렸다. 그래서 이 시기에는 왕이 토지와 정치의 주인이었던 반면, 교회는 시간의 주권자로 여겨졌다.

> 우리에게 우리 날 계수함을 가르치사 지혜로운 마음을 얻게 하소서.
> _ 시편 90편 12절

다른 사람들은 대개 '시간에 무관심'했지만, 교회는 하나님의 관심사와 섭리하시는 돌봄에 대한 인식을 고양하는 방법으로 "시간을 지켰다".[10] 교회는 다양한 축일마다 성인을 배치하고 감사와 애도 시기를 따로 떼어 놓아서, 강림절, 성탄절, 주현절, 사순절, 부활절, 연중 시기 같은 기독교 이야기를 1년 내내 경축했다.[11]

그럼에도 여전히 이 중세의 맥락에서 지배적인 시간 측정 양식은 첫닭이 올 때부터 황혼에 이르는 자연이었다. 계절마다 일조량이나 온도 등에 따라 하루의 흐름이 달라졌다. 평범한 사람들은 초나 분, 시간 단위로 시간을 측정할 필요가 없었지만, 가끔은 '1킬로미터를 걷는 데 걸리는 시간'이나 '주기도문을 열 번 암송하는 데 걸리는 시간'처럼 어떤 행동에 걸리는 시간을 언급하곤 했다.[12] 더 나아가서, 대부분에게는 현지 시각만이 중요했는데, 각 지역의 '시각'은 거기 사는 사람들에게만 유효했고 다른 지역의 '시각'은 무의미했기 때문이다.

서양에서 시간과 관련된 중요한 발전이 이루어진 것은 기독교 수도원 내에서였다. 막스 베버(Max Weber)와 루이스 멈포드(Lewis Mumford)는 중세 수도원을 엄격한 공장식 규율에 따라 시계와 '철의 규율'에 의해 움직이는 원시 자본주의 기관으로 묘사하곤 했다.

그러나 더 최근의 설득력 있는 논의는, 이것이 수도원들이 어떻게 시간과 관계 맺었는지를 제대로 이해하지 못한 데 따른 오해임을 보여 주었다.[13] 베네딕토의 규칙서에 따라서, (효율성이나 생산성이 아니라) 예배가 이 수도원들을 관장했다. 시계는 예배를 방해하는 것이 아니라 오히려 촉진하는 역할을 했다. 성무일도 시간을 알리기 위해 종을 울렸지만, 시간제한에 대한 추상적 개념보다는 전례 자체가 그 양식을 주도했다.

전례는 어떤 절대적인 시간 개념이나 신호가 통제하는 것이 아니라, 그 전례가 끝나면 끝나는 것이었다.[14] 공동체를 돕기 위해 (시곗바늘이 없는) 초기 기계식 시계가 발명되어 하루 종일 기도와 노동을 일관되게 오가는 규칙적인 일정을 유지하도록 도왔다.[15] 하지만 시계는 수도원 내부나 마을 광장에만 머물러 있지 않았다. 시계는 곳곳으로 퍼져 나가며 더 흔해지면서 인간의 시간 경험을 바꾸기 시작했다.

조지 우드코크(George Woodcock)는 1944년에 쓴 에세이 "시간이라는 폭군"에서 "서구의 기성 사회는 시간 개념에서 유럽이든 동양이든 이전 사회와 뚜렷하게 구별되는 특징이 없다."라고 주장했다.[16] 천문학자를 비롯한 사람들이 이전에도 시간과 분 단위까지 관측했지만, 여러 지역에서 시간을 표준화할 수 있는 신뢰할 만한 메커니즘이 없었고 일반 사람들은 정확한 시간 측정에 대한 욕구나 필요성을 느끼지 못했다. 수 세기 전부터 분과 초 단위까지 수학적으로 계산해 냈지만, 1657년 진자시계가 등장해서 신뢰할 만한 분침을 추가한 뒤에야 비로소 충분한 정확도를 얻었으며 18세기에 초침이 나타났다.[17]

그리고 19세기에야 광범위한 시간의 표준화가 이루어졌다. 말이나 느린 수상 교통을 이용하다가 기차 여행이 보편화되면서 일관된 시간 측정이 긴급한 문제로 대두됐다.[18] 철도 회사는 시간표를 작성하고 모든 역의 시계를 표준화해서 그리니치 표준시로 통일했다. 1883년 미국과 캐나다 철도는 5개 권역 '표준시'를 정했고 1918년에 미국 정부는 표준시에 관한 법을 통과시켰는데 이는 시간의 추상 개념을 더 강화했다.

오늘날 어떤 사람이 '7시'라고 말하면 사실은 '시계의 시간이 7:00'를 줄여서 말하는 것이다. **시계** 시간이 이제 우리가 시간을 경험하는 주요한 방식이 되었다. 이렇듯 시계 시간이 지배하게 된 전환은 중요한 방식으로 우리에게 영향을 미쳤다.

시계와 효율성

이제 사람들은 이전과 다른 방식으로 시간과 관계를 맺는다. 로버트 하산(Robert Hassan)은 『산만함의 시대』(*The Age of Distraction*)라는 책에서 오늘날 사람들은 시계 시간을 '습관과 제도로서' 경험한다고 말한다. "인류 역사상 처음으로, 세상을 계획하고 일정을 잡고 조직할 수 있게 되었다는 뜻이다."[19] 이는 상업과 여행, 가족 활동 계획에 도움이 되는 등 많은 면에서 놀라운 복이다. 우리는 시간의 표준화의 혜택을 받고 있다.

그러나 내 목적은 과거를 낭만화하고 현재를 악마화하는 러다이트 (Luddite, 19세기 초반 산업 혁명으로 인한 기계화에 반해서 일어난 기계 파괴 운동-편집자 주) 운동 같은 이야기를 하는 게 아니다. 하지만 우리는 현재를 살고 있기에 우리가 얼마나 시계에 쫓기고 있는지를 알아차리기가 쉽지 않다. 그리고 시간의 표준화에는 긍정적인 영향만 있는 것이 아니다.

시간과의 다른 관계를 생각해 보기 위해서 참고할 수 있는 것은 과거만이 아니다. 예를 들어, 은와카 크리스 에그불렘(Nwaka Chris Egbulem)은 아프리카에서 살려는 사람들이 이해하고 인정해야 할 여덟 가지 핵심 '아프리카 전통 가치'를 설명하는데, 아프리카 대륙 전반이 공유하는 가치 중 하나가 '시계 시간'과는 다른 '의식 시간'의 중요성이다.[20]

의식 시간은 뉴욕보다 고대 이스라엘을 연상시키는 방식으로, 아프리카인의 시간은 **시계**보다 **사건**이 규정하는 경우가 많다. 에그불렘에 따르면, 마을 사람들은 모임을 할 때, 토론이 충분히 이루어질 때까지 계속 남아 있는다. 춤 공연은 사람들이 즐기는 한 계속되는데, 공연이 훌륭하면 계속 이어지지만 그렇지 않으면 금세 끝난다. 또 행사와 의식(곧 '맥락')을 시간보다 우선시한다. 이들에게 "시간이란 본질적으로 삶을 기념하는 것이다."[21]

이런 경향은 서양인들을 미치게 만들 수도 있으며, 시간과 관계 맺는 다른 방식을 도덕적으로 판단하도록 유혹한다. 우리는 시계 시간보다 의식이나 사건 시간에 따라 움직이는 것을 자동적으로 비난하는 경향이 있다. 그러나 모든 문화는 다른 문화에서 배울 수 있지 않을까? 예를 들어, 서양 사람들은 이들에게 신체적으로뿐 아니라 정신적·정서적으로 현재에 존재하는 것의 중요성을 다시 배울 수 있다. 이는 점점 더 힘든 일이 되어 버렸는데, 시계가 우리에게 앞으로 나아가라고 끊임없이 압박할 때 순간에 머무는 일은 훨씬 더 어려워졌기 때문이다.

현대 서구 사회가 점점 더 시계 시간의 영향을 많이 받으면서 시간과 돈을 연결하는 성향도 강해졌다는 주장이 있다. 미국 역사 초기에 벤자민 프랭클린(Benjamin Franklin)은 "시간이 돈"이라는 재치 있는 말로 효율의 중요성을 주장했다. 이 말은 성경의 가치는 아니지만, 확실히 미국인들의 가치이기는 하다. "시간을 낭비하지" 말고, "시간을 활용하고" "시간을 잘 쓰라." 속도와 생산성은 보상을 받지만, 느리고 비효율적인 행동은 벌을 받았다. 이런 사고가 장애인들에게 얼마나 큰 문제를 초래하는지 알기 위해서는 그다지 많은 상상력이 필요하지 않다.[22] 효율성과 생산성이 언제나 지배적인 도덕 가치가 된다면 '느린' 사람들은 뒤처지게 될 것이다.

좋든 싫든 이제 우리는 시간과 효율에 대한 이 새로운 시계 중심 의식의 결과와 함께 살아간다. 영국의 저명한 시간 사회학자 바버라 애덤(Barbara Adam)은 시간, 돈, 속도의 상관관계를 추적하면서 이것이 생산양식에 얼마나 큰 영향을 미쳤는지에 주목했다.[23] 우리는 가격은 낮추고 경쟁력은 높이면서, 가능하면 더 짧은 시간 내에 일을 처리하려고 애쓴다. 뉴스 기사를 올리거나 새로운 약을 시장에 내놓거나 패스트푸드를 만들거나 다른 어떤 발명을 하든, 가장 먼저 혹은 가장 빨리 하는 것이 경제적 가치에서 중요하다. 지연은 비용이 발생하고 불만을 야기하므로 적극적으로 피해야 한다. 그러나 "속도와 효율성을 동일시하면 시간 및 과정의 압축과 강화는 불가피해 보인다."[24]

서양인들은 이 강화로 물질적 혜택을 누리지만, 그에 따른 부담을 항상 인식하지는 않는다. 나는 "공짜는 없다."라는 말을 들으면서 자랐는데, 이 말은 '무료' 세차에만 적용되지는 않았다. (물론 나도 거기서 큰 혜택을 받는다.) 우리 사회의 수익성과 소비 모델은 '더 소수'의 사람이 '더 적은' 시간에 '더 많은' 가치를 창출하길 원한다. 그래서 불평하지 않고 피로도 느끼지 않으며 집중력도 떨어지지 않는 기계가 노동자를 대체한다. 기계가 훨씬 효율적이고 비용도 적게 든다. 그러면 기계가 인간보다 더 나을까? 효율성과 생산성이 최고인 상품일 때는 그렇다.

시계 시간이 삶의 개념을 재편하고 돈과 생산성에 대한 기대와 연결되면서, 인류는 약간의 역설에 빠졌다. **사람 같은 기계를 만들려고 애썼지만, 이제는 기계 같은 사람을 기대하게 된 것이다.** 한쪽은 전원과 이따금 정비가 필요할 뿐이지만, 다른 한쪽은 영양분뿐 아니라 수면과 웃음, 사랑도 필요하다. 둘의 차이는 매우 크고 우린 이를 부인할 수 없다. 이렇듯 똑딱거리는 시계의 초침과 인간과 기계의 경계가 모호해지는 가운데, 정신없는 삶은 이전 세기보다 훨씬 더 흔한 일이 되어 버렸다.

시간과 기술

주디 와이즈먼(Judy Wajcman)은 자신의 책 『시간에 쫓기는 삶』(*Pressed for Time*)에서 "속도와 효율성 같은 특징은 기술만이 만들어 내는 것이 아니라, 장치가 일상과 통합되면서 발달하는 사회적 규범과 관계가 있다."라고 일깨워 준다.[25]

예를 들어, 스마트폰과 노트북은 직원들의 유연성을 높이고 원거리 의사소통을 개선하는 등 삶에 긍정적으로 기여한다.[26] 하지만 동시에 이런 장치들은 일과 휴식, 학교와 집, 낮과 밤의 경계를 무너뜨린다. '근무 중'이라는 말이 24시간 근무로 바뀌어 버렸다! 주방 조명을 켜고 컴퓨터를 깨우면, 밖이 어둡건 몸이 피곤하건 이웃이 아프건 혈당이 낮건 중요하지 않다. 할 일이 있고 그 일을 할 '시간'이라는 것만 중요하다. 아침 11시에 시작하든 밤 11시에 시작하든 한 시간은 한 시간일 뿐이다. (전기에서 가정 와이파이까지 모든 것을 포함한) 현대 과학 기술은 이제 완전히 시간과 **탈맥락화되어**, 우리 몸과 환경으로부터 시간을 분리했다. 당신도 공감하는가?

메일이나 문자 하나로 사람을 소환할 수 있는 세상이다. 부드럽게 빛나는 화면이 아침마다 우리에게 인사하고 밤에는 잠자리에 들게 하며, 그사이에는 업무의 지배력을 확장하고 강화한다. 잠자기 직전에 받은 불안한 이메일 한 통이 편안한 휴식 시간을 앗아 가고, 새로 쏟아진 이메일이나 일과 관련된 문자는 하루를 시작하며 조용히 마음을 가라앉히는 시간을 망쳐 버린다. 24시간 요구 사항을 전달하는 장치들은 우리 내면에 '시간이 없다.'는 느낌을 조장한다. 소셜 미디어에 올라온 웃는 얼굴과 흥미진진한 게시물은 우리가 절대 실현할 수 없는 대안, 우리가 경험하지 못할 모험, 우리 삶이 부족하다고 암시하는 수많은 방법을 보여 줌으로써 부담감을 더욱 가중한다. 24시간 '연결된' 당신에게 온전한 쉼은 불가능하다. 책이 됐든 아이가 됐든 당신 앞에 있는 대상에 온전히 집중할 수 없다. '시간'은 변하지 않았다. 우리가 변했을 뿐이다.

시간이 없다는 불평을 흔히 듣지만 그건 사실이 아니다. 시계 때문에 하루가 몇 시간인지, 곧 일몰과 일몰 사이에 있는 시간의 양이 변하지는 않았다. 옛날이나 지금이나 일주일은 변함없이 168시간이다. 그럼에도 우리는 대체로 과거 사람들보다 훨씬 더 바쁘고 지쳐 있다고 생각한다. 나도 마찬가지다. 하지만 이런 인식에 기본적인 의문을 제기할 만한 타당한 이유가 있다.[27] 예를 들어, 우리 직감과는 반대로 "미국과 유럽 모두에서 지난 50년간 근로 시간이 직접적으로 증가하지는 않았다."[28] 물론, 일부 인구층은 사회적 변화에 불균형적으로 영향을 받아 '시간 빈곤'이라는 현상이 발생했고(예. 여성과 한 부모),[29] 나도 대부분의 사람이 과도하게 헌신하고 매우 바쁘다고 생각한다. 그러나 일반적으로 말해서, 우리의 기대감과 시간과의 관계가 변했고, 그 결과로 이전보다 더 많이 하려고 애쓰는 것이 문제다. '더 많이'라는 표현에는 일은 물론이고 다른 모든 삶의 영역이 포함된다. 우리는 끊임없이 서두르고 실망하며 늘 부족한 상태에 놓인다. 앞으로 살펴보겠지만, 그래서 한 순간에 온전히 머무는 것이 거의 불가능하다.

자동차에서 비행기, 진공청소기에서 식기세척기, 연필에서 키보드에 이르기까지, 인간은 시간을 절약하는 수많은 기기를 만들었다. 각 장치는 "시간을 절약해 주겠다."라고 앞다투어 약속한다. 그러나 수많은 역사학과 사회학 연구에 따르면, 이런 기기들은 사용자에게 새로운 '자유 시간'을 주기보다 그들의 기대치를 변화시킬 뿐이라는 사실이 입증되었다.[30] 새로운 차원의 청결함과 생산성이 이전에는 용납되었던 수준을 대체했다. 역설적이게도, 시간을 절약해 준다는 이 새로운 기기들 덕분에 우리는 자유보다 부담을 더 크게 느낀다.

나는 세탁기와 건조기가 좋다. 빨랫감 한두 바구니 세탁하려고 하루 종일 매여 있지 않아도 되니 고맙다. 하지만 이제 사람들은 옷은 한 번만 입고 세탁하고, 일주일에 같은 옷을 두 번 입지 않도록 옷장에 여러 벌을 갖추어야 한다고 기대한다. 이렇게 되면 옷을 더 자주 세탁해야 하고, 옷장도 더 필요하고, 수입도 늘어나야 하고…. 이런 식이다. 타인에게 투자하고 쉬고 몽상하거나 기도할 자유 시간 대신, 얼마나 많은 일을 해낼 수 있을지에 대한 기대치만 높아졌다. 당신도 공감하는가?

미국인을 대상으로 설문 조사를 하면, 일이 '너무 많다.'라고 생각하느냐는 질문에 확실히 그렇다는 답이 돌아온다. 그러나 타임 로그(사람들의 일반적인 인식과 달리, 그들의 실제 시간 사용 내용을 보여 주는 가장 정확한 방법)를 사용한 여러 연구에 따르면, 요즘 사람들의 평균 노동 시간은 50년 전보다 더 길진 않다. 하지만 일과 가정과 휴식이 복잡하게 얽혀 있을수록 우리는 삶에 속도가 더 빠른 것처럼 느낀다.[31] 이렇게 요구 사항이 늘어난다고 느낄 때, 집중과 안정, 웃음과 경청 시간이 부족하다고 느낄 때 우리, 곧 우리 몸은 공포에 빠진다.

시계를 벗어날 수 없다고 느끼는 현대인은 휴식 시간을 끼워 넣어 보상을 받으려 한다. 스트레스와 불안을 가라앉히는 데 도움이 되는 약간의 오락을 집어넣는 것이다. 인터넷은 이 문제를 강화하는 방법과 동시에 해결책으로 제시되기도 한다. 사무실에서나 아이들 축구 경기장에서 핸드폰 게임을 하거나 페이스북을 훑어보는 것은 끊임없는 요구 사항에 느끼는 불안감을 잠재우는 방법이 되었다. 우리는 침묵의 순간이나 '아무것도 하지 않는' 순간에도 핸드폰을 들여다보며 어색함을 피한다. 그래서 과거보다 더 많이 '일하지' 않는데도 쉰다고 느끼지 못한다. 업무는 시작과 끝이 없고, 디지털 기술로 순식간에 모든 빈 시간을 빠르게 채울 수 있기 때문이다. 시계 시간과 현대 과학 기술은 깨어 있는 모든 순간에 무언가를 할 수 있고 해야 한다는 신념을 우리 안에 키워 준다. 생산성과 오락이 우리를 지배하는 바람에 몸과 마음을 위한 고요한 공간이 사라져 버린다. 당신도 공감하는가?

우리는 '일상에서 만성적인 산만함'을 안고 살아가는데, 이는 '디지털화'될수록 더 심해졌다.[32] 니콜라스 카(Nicholas Carr)를 비롯한 많은 사람이 길게 논의했듯이, 구글이 "우리를 멍청하게 만들고 있다."라는 사실을 믿든 믿지 않든 인터넷과 검색 엔진에 대한 높은 의존도는 말 그대로 우리 뇌를 바꾸고 있다.[33] 순식간에 호기심을 채우고 지루함을 즉시 없애 주는 인터넷은 소위 '깊은 일'이나 '깊은 사고'를 점점 더 어렵게 만든다.³⁴ 나는 그것이 '깊은 관계'를 유지하는 일도 점점 더 어렵게 만든다고 생각한다. 이제 사람들은 한 번에 3분 이상 업무나 책, 사람에게 집중하는 법을 배우려고 세미나를 수강하고 팟캐스트를 듣는다.

솔직히 말해 보자. 일반적인 대화 중에 핸드폰을 얼마나 자주 확인하는가? 한 사람의 주의를 집중시키기가 얼마나 힘든가? 과거에는 한 사람이 보유한 과학 기술이 성공이나 권력의 표시라고 생각했지만, 이제는 그 반대의 경우가 빠르게 나타난다. 이메일의 노예가 아닌 사람, 노트북과 핸드폰에 속박되지 않은 사람이 진정한 권력가라는 것이다. 최고위층만이 남에게 인내를 강요하면서 자기 속도에 맞춰 일하라고 요구하는 사치를 누리는 반면, 대다수의 피고용인은 이메일과 문자 메시지, 전화에 끊임없이 응해야 한다는 압박을 느낀다. 우리는 시간 사용에서 주체적이기보다는 점점 더 수동적인 행위자가 되어 간다.

주변에서 쏟아지는 기대감 속에서 우리는 종종 '멀티태스킹'을 미덕으로 높이게 되었지만, 멀티태스킹은 신화에 불과하다. 우리는 한 번에 한 가지만 할 수 있고, 멀티태스킹은 그저 소소한 업무 여럿을 재빨리 바꾸어 가며 처리하는 것에 불과하다. 많은 연구에 따르면 이러한 행동이 주의 산만, 학습 손실, 품질 저하를 조장하는 것으로 나타났다.³⁵ 그런데도 우리는 다 그렇게 살며, 이는 스트레스와 불안감을 가중한다.

러다이트 운동을 수용하고 싶은 유혹이 들겠지만, 그 역시 생산적인 길은 아니다. 과학 기술이 항상 "본질적으로 해방을 가져다주거나 사람을 노예 삼는다."라고 생각하는 것은 잘못된 이분법이다.³⁶ 구텐베르크(Gutenberg)의 인쇄술은 성경, 뉴스, 중요 문서를 더 널리 보급함으로써 세상에 큰 복이 되었지만, 똑같은 기술 발전이 혐오스럽고 상처를 주고 파괴적인 문서를 제작하는 데도 사용되었다. 마찬가지로, 시계 시간의 활용과 과학 기술의 발전은 긍정적인 영향과 부정적인 영향을 모두 미쳤는데, 과거보다 더 많은 것을 할 수 있는 능력을 준 반면에 능력보다 더 많이 해야 한다는 부담도 안겨 주었다. 이런 문제를 어떻게 해결할 수 있을까?

스트레스와 불안: 연관성이 있지만 똑같지는 않은

우리는 시간에 쫓기지 않고 시간과 조화를 이루며 살기 원한다. 아일랜드 시인이자 목회자 존 오도나휴(John O'Donohue)는 "스트레스는 시간과의 관계가 왜곡된 것이다."라고 쓴 적이 있다.[37] 그는 우리가 스트레스를 받으면 더는 시간에 참여하는 것이 아니라 시간에 쫓기고 밀리다가 결국에는 소진된다고 설명한다. 오도나휴가 말한 스트레스의 정의와 이 주제를 다룬 그의 시가 내가 이 장을 쓰게 한 동기가 되었지만, 나는 여기에 약간의 수정을 제안하고 싶다. 나는 **스트레스** 대신에 **불안**이라는 단어를 넣으면 그의 말이 맞지 않나 생각한다. 그 이유를 한번 설명해 보겠다.

얼마 전에 학교에서 집으로 돌아오는 길에 딸아이 마고트에게 스트레스와 불안이 어떻게 다른지 물어보았다. 아이가 둘의 차이를 아는 듯한 눈치였기 때문이다. 마고트가 있는데 왜 굳이 사전을 찾아보겠는가? 딸아이는 처음 말을 시작할 때 대답이 명확하게 떠오르지 않더라도 질문을 하면 항상 대답해 주기 때문에 재미있다. 어디서 그런 재주를 얻었는지 모르겠다. 아이의 관점이 내게는 도움이 되었다.

십 대인 딸은 과제나 학교의 요구 사항, 친구들과의 우정, 행사 등 할 일이 너무 많을 때 스트레스를 느낀다고 설명해 주었다. 이런 일을 생각하면 스트레스가 생길 수 있다. 하지만 (나와 달리) 딸아이는 스트레스와 불안을 똑같이 생각하지 않았다. 불안은 아이가 한창 스트레스를 받아서 점점 더 거기에 압도되었을 때 발생하는데, 대체로 통제력을 잃거나 무력한 느낌을 낳았다. 불안은 공포나 절망, 때로는 둘 다 불러오기도 한다. 도전이나 문젯거리가 힘든 정도를 넘어서 불가능하다고 느끼는 것이다. 그럴 때 아이는 무너져 내린다. 이때가 바로 '불안'의 유혹을 받을 때다.

여기서 세심한 심리적 구분이 필요할 수 있지만, 우울감이 있는 사람들은 다들 비슷하게도, 암흑기 동안에는 평소와 다르게 시간을 경험한다는 보고가 있다. 이는 주목할 만하다. 이들은 단순히 시간이 느리게 흘러갈 뿐 아니라 끝나 가고 있다고 느끼는데, 동시에 의미와 동기와 희망이 사라지는 느낌을 받을 때가 자주 있다고 한다.[38] 하지만 이는 단순한 스트레스가 아니라, 더 심오한 무언가를 가리킨다. 바로 이것이 우리가 역사적으로 불안이라고 불러 온 것이다.

요즘 '스트레스'라는 말은 매우 부정적인 유행어지만, 사실 스트레스가 나쁜 것은 아니다. 교량의 대들보는 장력, 압력, 비틀림(뒤틀림) 등의 형태로 스트레스를 받는다. 스트레스는 인간의 성장과 발전에도 긍정적 요인이다. 몸이 제대로 성장하려면 적절한 수준의 물리적 스트레스가 필요하고, 정신도 배우기 위해서는 새로운 문제를 정복해야 한다. 이렇게 본다면, 우리도 스트레스를 객관적 상황으로 보고 불안을 그에 대한 주관적 반응으로 볼 수 있다. 스트레스가 크면 대들보나 몸이나 마음을 부러뜨릴 수도 있지만, 스트레스로 불안해하는 것은 마음뿐이다. 간단히 말해, 스트레스라는 단어는 아주 많은 조건을 묘사할 때 폭넓게 사용되는데, 그중 일부는 도움이 되고 일부는 파괴적이다. 불안이라는 단어는 특히 고통스럽거나 심신을 약화하는 마음 상태로 더 좁게 적용하는 것이 유용하며, 불안은 확실히 신체 증상으로 나타날 수 있다.

스트레스는 신체나 정신의 성장을 자극한다. 그뿐 아니라, 상황에 대한 심리적 반응으로 경험하는 스트레스는 우리가 해야 할 일과 그 시기를 알려 준다(더는 그 일을 미루지 말라.). 이렇게 스트레스는 정말 좋은 것이 될 수 있다. 성경이 우리에게 "스트레스를 받지 말라."라고 명령한 적이 없다는 사실은 주목할 만하다.

스트레스에 반응할 수 있는 능력은 하나님이 주신 선물이다. 문제를 감지한 몸은 때로 싸우거나 달아나기로, 곧 위협을 대면하거나 회피하기로 결정한다. 이 능력은 전쟁에서나 밤에 불안해하며 어두운 거리를 혼자 걸을 때뿐 아니라, 할 일이 쌓인 학생이나 부모에게도 도움이 된다. 그들은 스트레스 덕분에 빨리 달리거나 더 열심히 일할 수 있다. 하나님은 우리를 정신과 신체를 지닌 피조물로 창조하셨기에, 스트레스에 적절히 반응해 생명을 구하고 위대한 일을 하며 중요한 필요에 적절히 반응할 수 있다.

오늘날 우리의 문제는 좋은 선물을 받고도 그것을 끔찍한 주인으로 만들어 버린 것이다. 우리는 감당하기 힘들 정도로 스트레스를 쌓아서 스스로를 끊임없는 불안에 빠뜨린다. 스트레스를 통해 가끔씩 도움을 얻는 것이 아니라, 스트레스를 삶의 방식으로 만들어 버렸다. 우리는 그렇게 설계된 존재가 아니다. 항상 극도의 경계심을 늦추지 않고 살도록 만들어지지 않았다. 그 극단적인 예가 '외상 후 스트레스 장애'(PTSD)다. 이것은 아동기에 학대를 경험하거나 전쟁, 자연재해의 결과로 심각한 신체 상해를 동반한 끔찍한 사건을 목격하거나 경험한 사람들에게 종종 발생한다.[39] 좀 더 낮은 수준에서, 지금 우리는 끝없는 요구와 기대, 산만함이 뒤섞여 낮은 수준의 스트레스를 지속적으로 경험한다. (정치인들의 SNS 게시물에 혈압이 오른다. 밤 10시에 도착한 업무 이메일이 위산 분비를 촉진한다. 주말 내내 아이들 여행 팀을 위해 애쓰다 보면 월요일 출근에 대한 불안감이 커진다.) 사람마다 느끼는 압박의 종류는 다르다. 하지만 시간, 기술과 건강하지 못한 관계를 맺고 있다는 점은 모두 같다.

스트레스는 현실적이고 간헐적이며 해결 가능한 한에서는 도움이 될 수 있다. 그러나 스트레스가 우리 한도를 초과하면 불안을 낳는다. 불안은 스트레스를 다룰 능력을 축소시켜 그것을 점점 더 큰 문제로 만들기 때문에 우리를 정신적·신체적·정서적으로 바꾸어 놓는다. 또한 불안은 전형적으로, 우리와 함께하시는 하나님의 임재를 알아차리고 거기에 반응할 가능성을 몰아낸다.

불안의 치명적인 영향

우리 내면이 스트레스에 부정적으로 반응하는 현상인 불안은 해야 할 일을 해결해 주기보다는 그 일을 하지 못하는 부족함을 더 잘 드러낸다. 특정 기술(예. 소셜 미디어)과 시계 시간은 온갖 요구와 가능성, 문제의 치명적인 부담을 더 키운다. 불안은 우리가 '부족하다'고 말하는 정서적 반응이다. 불안은 우리 머릿속에 하나님이 떠오를 때, 하나님이 부족하시거나 하나님은 우리를 신경 쓰지 않으신다고 말한다.

불안은 당신이 자신의 유한성을 솔직하게 인정하게 해 주는 것이 아니라, 당신이 해야 한다고 생각하는 모든 일을 할 수 있어야 할 뿐만 아니라 완벽하게 해내야 한다고 말한다. 불안은 당신이 하나님이 창조하신 선한 피조물이 아니라, 보잘것없고 실망스럽고 실패한 존재라고 당신 귀에 속삭인다. 불안은 우리로 하여금 한계를 죄와 혼동하게 해서 우리가 하나님을 실망시키고 있다고 생각하도록 만든다. 그렇게 자책과 비현실적인 자아상(예. 지나친 자신감과 불안감이 뒤섞인 희한한 조합), 괴로움과 분노로 우리를 밀어 넣는다.

이런 혼란은 주변 문화에서 은연중에 우리 생각 속을 파고든 우리 자신과 하나님에 대한 거짓 믿음과 태도를 드러낸다. 문화는 우리가 마음 먹은 것은 다 할 수 있어야 한다고 말하기에 우리도 그렇게 믿는다. 직장에서 이런 과장된 기대감은 우리가 모든 요구 사항을 채울 수 있고 또 마땅히 그래야 한다고 암시한다. 우리는 그런 태도를 흡수해서 거기에 나쁜 신학을 더한다. 즉 우리는 하나님을 의지하기 때문에 하나님의 복에 우리 스스로가 요구하는 사항이나 다른 사람이 우리에게 요구하도록 허용한 사항이 포함되지 않으면 실망한다.

우리는 우리가 원하는 것을 모두 할 수 있고, 모두 해야 한다는 교리를 부인하고, 번영 복음을 거부한다고 말하면서도, 부지불식간에 여전히 번영 복음의 태도를 지니고 있다. 기도를 소원 목록쯤으로 축소해 버리고, 우리 능력을 키워서 끊임없는 요구 사항을 다 채울 수 있게 해 달라고, 자신을 발전시켜 한계를 극복할 수 있게 해 달라고 하나님께 간구한다.

그러나 우리가 늘 우리의 한계를 정복하려고만 애쓰지 않고 그 한계로 인해 하나님께 감사할 방법을 찾기 시작한다면, 하나님, 타인, 시간과 맺는 관계가 어떻게 달라지겠는가? 조금 덜 불안해하지 않겠는가? 시간과 기술과의 관계를 재구성할 수 있지 않겠는가?

살다 보면 직장에서든 가정에서든 힘든 일을 감당해야 한다. 그 일은 때로 오랜 시간이 필요하거나 극도의 부담을 주기도 한다. 우리 목적은, 우리 삶에 특별한 것을 요구하는 정당한 스트레스가 없는 듯 사는 것이 아니다. 앞에서도 언급했지만, 특정 시기에는 결과를 얻거나 갓난아이를 돌보기 위해 긴 노력의 시간이 필요하기도 하다. 하지만 지속적으로 높은 긴장 상태를 유지할 수는 없다. 고도의 긴장을 요구하는 때와 가만히 있기 두려운 시기 사이에서, 우리는 불안에 저항하는 법을 배워야 한다. 내 생각에 그것은 존재하는 것의 중요성을 배움으로써만 가능할 것 같다.

존재의 도전

끊임없이 바쁘고, 항상 주의가 산만하며, 지구와 몸과 관계의 리듬을 거의 존중하지 않는 경향이 점점 커지는 가운데, 나는 그 근원적인 문제를 '존재'(presence)라는 한 단어로 말하고 싶다. 급박한 상황에서도 하나님과 다른 사람들과 온전히 관계를 맺는다는 의미에서, 존재한다는 것은 더 많이, 더 잘, 끊임없이 무언가를 해야 한다는 분주한 세상과 그 요구에 맞지 않는다. 우리는 함께 존재하려고 애써 보지만, 그럴수록 더 불안에 빠지기 쉬운 듯하다. 공장에서 일하든, 가족과 저녁 식사를 하든, 교회에서 기도하든, 이웃과 대화하든, 지금 이 순간을 살면서 온전히 존재하려면 현재 습관을 탈피하는 엄청난 전환이 필요하다.

사람들은 끊임없이 다음 일을 생각한다. 끝내지 못한 프로젝트를 걱정하고, 뉴스나 소셜 미디어나 남의 집에서 무슨 일이 벌어지고 있는지 궁금해한다. 온 마음과 정신으로 지금 여기, 당신이 머무는 시간과 장소에 집중하는 일은 우리 대부분이 받은 훈련과는 정반대다. 연습하면 조금 쉬워질 수 있을지는 모르나, 처음에는 아주 힘들다.

뛰어난 작가요 친구인 로버트 얼 바햄(Robert Erle Barham)이 최근에 "시로 세상 바라보기"라는 제목으로 강연을 했다. 그는 시간과 존재를 연결하는 한 가지 예화로 강연을 시작했다.

언젠가 유난히 정신이 산만한 친구가 아이라도 가져야겠다고 농담을 했습니다. 아이가 생기면 '특별한 집중력'이 생길 거라면서 말입니다. 놀라운 말이었어요. '정말로? 아이만 있으면 된다고?' 하지만 저는 친구의 말뜻을 금세 알아차렸습니다. 우리 아이들이 태어났을 때도 시간이 다르게 흐르는 것 같았으니까요. 내가 기대하는 일과 그렇지 않은 일로 구분된 일상적이고 분산된 업무 중심의 시간이 아니라, 매 순간이 아주 깊이 자리 잡았습니다. 저는 필요와 기쁨을 바탕으로 현재에 뿌리를 내리고 아이들의 활동에 집중해서 그들의 필요를 기대하고 채워 주었습니다. 잠이 부족해서 괴로웠지만 정말 특별한 경험이었습니다. 그렇게 저는 특별한 집중력을 갖게 되었습니다. 저는 집중했습니다. 그것도 아주 열심히 집중했죠. 그래서 평소와는 다른 방식으로 세상에 대응하게 되었습니다. 사물에 세심한 주의를 기울이다 보니 마치 시인이 된 것 같았습니다.[40]

당신도 '특별한 집중력'이 간절히 필요한 적이 있는가? 몇 해 전, 아내와 함께 미국을 운전해서 횡단하면서 낯선 즐거움을 느꼈다. 물론 힘들기야 했지만, 다른 할 일이 전혀 없는 보기 드문 기회가 생긴 것이다. 몇 시간이고 그냥 앉아서 이야기하고 먹고 운전하는 게 다였다. 계획된 특별한 집중력이라고나 할까. 우리는 온전히 그 순간에 존재할 수 있었다. 그리고 끝없는 운전이 도피처가 될 수 있다는 사실은 우리 삶이 얼마나 정신없이 돌아가고 있는지를 일깨워 주었다.

정말로 존재하는 것은 언제든 쉬운 일이 아니었지만, 우리 시대에는 그 어려움이 더 심각해진 것 같다. 다른 어디에선가 '저것'을 하지 않고 여기서 '이것'에 집중하기란 얼마나 어려운가. 한 학생에게 완전히 집중하는 것, 가족 식사 시간에 온전히 참여하는 것, 소파에 파묻혀 반려견의 털을 손으로 쓰다듬는 것, 이것이 진짜 시간과 장소에, 그 순간에 진정으로 존재하는 것이다.

시계 시간과 과학 기술이 발달한 상황에서, 온전히 존재하는 법을 배우려면 연습이 필요하다. 그것을 삶의 방식 곧 습관으로 만들어야 한다. 척 디그로트(Chuck DeGroat)의 유용한 책에 나오는 표현을 빌리자면, 이는 '전심으로' 사는 법을 배운다는 뜻이다.[41] 그렇게 할 때 우리는 자신의 인간 됨과 다시 연결되고, 구체적 장소에 있는 유한한 존재가 좋은 이유를 깨달으며, 미래를 염두에 두고 과거의 영향을 받았더라도 현재에 주의를 기울일 기회를 얻는다.

'존재하는 것'의 가치를 권하는 사람은 나뿐만이 아니다. 시중에는 사람들에게 존재하는 것을 권장하는 수많은 자기 계발서와 '마음' 가이드가 나와 있다. 마음 챙김 기술은 수련자들이 매 순간 온전히 집중하게

> 우리는 그리스도의 임재로 나아가 우리 시간을 드리고, 팔을 뻗어 그분을 받는다.
> 그러면 그분은 이 시간을 그분으로 채우시고 치유하시며,
> 계속해서 구원의 시간으로 거듭나게 하신다.
>
> _ 알렉산더 슈메만, 『세상에 생명을 주는 예배』 For the Life of the World

해 준다. 다시 말해, 이 현상을 관찰한 사람들이 그리스도인들만은 아니다. 현대 인류는 그 순간에 온전히 집중하지 못해 고통받는다. 덕분에 우리는 단순히 몇 차례 스트레스를 겪는 것이 아니라 만성 불안에 시달린다.

여러 심리학자와 인생 코치가 이 문제를 인식하고 집중력을 향상하는 기술을 제공한다. 그중 많은 부분이 유익하다. 하지만, 나는 무엇보다 존재함이 하나님과의 관계와 어떤 연관성이 있는지 보여 줄 신학적 토대가 필요하다고 생각한다.

하나님의 임재

그리스도인으로서 시간, 스트레스, 불안이라는 도전에 건강하게 반응하려면 단순히 시간 관리를 잘하는 것만으로는 부족하다. 우리는 여호와에 대한 경외를 재발견해야 한다. 이는 곧 하나님의 임재에 더 주의를 기울여야 한다는 뜻이다. 이 장의 나머지 부분에서 이 개념에 대해 살펴보고, 마지막 장에서는 우리가 그분의 유한한 피조물로서 사랑의 주님과 더 강력한 관계를 맺을 수 있게 도와주는 실천 혹은 습관을 살펴보려

한다.

하지만 우선, 한 가지 중요한 조건부터 언급해야겠다. 우리 시대에 불안은 복잡하고 다양한 의미가 있는 말이다. 그 미묘하고 다양한 뜻의 차이를 평가 절하하려는 의도는 없다. 또 내가 여기서 다루는 내용이 불안이라는 표현에 속한 모든 것을 포괄하는 척하고 싶지도 않다. 어떤 형태의 불안은 의료적으로 처지가 가능하며 그렇게 다루어야 마땅하고, 기독교 상담가를 만나서 필요한 도움을 얻는 경우도 종종 있다.

나는 심각한 트라우마나 고통을 겪는 사람들에게 성경을 한 구절 건네고 이제 모든 문제가 해결되기라도 한 듯 집으로 돌려보내는 것이 늘 매우 불쾌했다. 때로는 특별한 집중과 보살핌이 필요한 생리학적이고 심리적인 문제가 있다. 우리는 구체화된 몸을 지닌 영혼이요, 전인적으로 다루어야 할 심신을 지닌 피조물이기에 이 모두는 좋고 옳다.

따라서 지금부터 내가 말하려는 내용을 상담과 적절한 약물 치료, 호흡 요법 등에 대한 거부로 여기지 말기를 바란다. 이 모두는 하나님이 주신 진정한 선물이 될 수 있고, 지금 우리가 다룰 주제에도 도움이 될 수 있다. 그렇지만 신학적 질문을 던지지 않고서 이 문제들을 오로지 의학적으로만 다루려 해서는 아무 도움이 되지 않는다. 또한 신학적 접근이 내가 신학자로서 다룰 자격이 있는 유일한 주제이기에 여기서 다루려고 한다.

세속주의와 예배

'여호와를 경외하는 법'을 배울 때, 그것이 끝없이 지치고 불안한 감정과 싸우는 데 크게 도움이 된다면 어떻겠는가? 이상하게 들리는가? 하지만 의학적 치료를 무시하면 안 되듯이, 하나님이 주신 교훈과 실천을 평가 절하해도 안 된다. "여호와를 경외하라."라는 이 오래된 표현은 정신없이 돌아가는 삶을 강요하는 시계 중심의 과학 기술 시대에도 우리 삶의 방식을 변화시킬 수 있는 고대의 지혜를 반영한다. 나는 여호와를 경외하는 것이 우리에게 도움이 된다고 확신하는데, 그 이유를 한번 설명해 보겠다.

1960년대에 글을 쓴 정교회 사제 알렉산더 슈메만(Alexander Schmemann)은 현대 세속주의에 대한 논의가 무엇을 놓치고 있는지를 이해했다. 철학과 과학 기술, 예술, 지정학을 비롯한 변화하는 복잡한 사회망이 처음에는 서양에서, 이후로는 전 세계에서 세속주의의 발흥에 기여했다. 하지만 이 모든 학문을 자세히 살피지 않아도 세속주의가 "예배의 정반대"라고 이야기한 슈메만의 언급에서 우리는 유익을 얻을 수 있다.

슈메만은 모든 사람이 하나님의 존재를 부인하거나 종교의 효용을 거부한다고 주장하지 않는다. 희한하게도, 사람은 종교적인 동시에 세속적일 수 있다. 세속주의는 인간 됨의 의미에 대한 관점의 변화를 암시한다. "그것은 예배하는 존재 즉 '호모 아도란스'(homo adorans)로서의 인간을 부정하는 것이다. 예배는 그의 인간성을 '규정'하고 완성시키는 본질적인 행위다."[42] 달리 표현하자면, 인류는 삼위 하나님과 교제하며 살도록 만들어졌다는 것이 요점이다. 세속 시대는 하나님의 존재가 아니라 그분의 임재를 부정하고 예배의 가능성이 아니라 그 중심성을 부정함으로써 그 반대를 가정한다.

이런 세속주의의 정의는 우리가 기독교의 실천까지도 어떻게 세속화할 수 있는지 보여 준다. 그리스도인들은 자기도 모르는 사이 세속주의에 빠질 때가 많은데, 전기를 사용하거나 아이폰을 사기 때문이 아니라 '예배'(Worship)를 단일 경험에 국한하기 때문이다. 그들에게 예배는 일주일에 한두 시간을 가리키는데, 그마저도 너무 관대할 수 있다. 복음주의자에게 교회에 대해 질문하면, 흔히 이렇게 대답한다. "예배는 좋은데 설교가 엉망인 데다가, 헌금 시간은 또 얼마나 불편한지 모르겠어요." 이제 예배는 공식적인 기독교 의식 전체를 대표하지 않지만, 여기서 예배 중간에 있는 찬양 시간쯤으로 축소되어 버렸다.

찬양만 예배인가? 어쩌면 이는 찬양이 우리를 더 총체적인 방식(마음, 감정, 신체)으로 참여시켜 결국에는 (고작 몇 분밖에 되지 않더라도) 하나님의 실재와 임재에 더 온전히 집중하게 만들어 주기 때문인지도 모른다. 하지만 2-3분의 찬양이 끝나면 아직 교회에 앉아 있는데도 불구하고 나머지 세속의 삶으로 돌아가 버린다.

이런 양식과 습관이 우리 삶에 자리를 잡으면서, 우리가 사는 세상이 무미건조해졌다. 이것이 문제다. 더는 우리 주변에서 하나님을 보고 깨닫지 못한다. 하나님의 임재보다는 부재를 전제하고 대부분의 시간을 살아간다. 하나님이 거기 계시지 않아서가 아니다. 우리가 그분의 임재에 민감하지 못하기 때문이다. 말하자면, 세상에서 하나님을 몰아내어 세상을 밋밋하게 만들고 비인격화함으로써 무미건조해졌다. 그래서 그리스도인들조차 세속적인 삶을 살아갈 때가 많다.

그러면 삶을 숨 막히게 만드는 세속주의에 우리는 어떻게 저항할 수 있을까? 예배가 답이다! "예배라는 개념 자체가 하나님의 '출현'인 세계에 대한 직관과 경험에 기초하므로, 예배에서 세계는 '성례전'으로서 진정한 본질과 소망을 드러낸다."[43] 나는 우리가 슈메만의 온전한 '성례전적' 세계관에 반드시 동의해야 한다고 생각하지는 않지만, 그가 우리에게 옳은 방향을 가리켜 준다고 믿는다.

공동 예배는 (예배의 부름에서 축도까지, 혹은 환영에서 환송까지 전체가) 세상에서 하나님의 임재와 활동을 가장 확실하게 드러내 보여 주지만, 이는 우리의 나머지 삶을 조명하기 위한 것이지 삶과 모순되지 않는다. 그러니 이 책의 목적을 위해 나는 슈메만의 성례성에 초점을 맞추기보다 "여호와를 경외하는 것"이라는 성구에 집중할 것이다. 이는 우리 삶 전체에 스며들어야 할 하나님의 임재와 예배를 다시 연결하도록 도와준다.

하나님의 임재 알아차리기: 여호와를 경외하는 것

이스라엘의 지혜 문학은 "여호와를 경외하는 것"과 "지혜의 근본"을 반복해서 연결한다(예. 시 111:10; 잠 9:10; 욥 28:28 참조). 실제로, 지혜 문학은 지혜로운 자와 어리석은 자의 두 가지 삶의 방식을 종종 대조한다(잠 1:7; 시 1편 참조). 둘은 어떻게 다른가? 수학 시험 점수나 아이큐 점수의 차이는 아니다. 지혜로운 자와 어리석은 자의 근본적 차이는 전자가 하나님의 거룩한 임재와 선한 능력, 현명한 공급을 깨닫고 그분의 사랑과 용서와 신실하심을 인식하며 살아가는 반면, 후자는 하나님을 부인하거나 무시하면서 살아간다는 것이다(시 14:1; 92:5-6). "여호와를 경외하는 것은 생명의 샘이니"(잠 14:27).

여호와를 경외하는 삶은 두려워하는 것이 아니라(때로 두려움이 적절한 반응일 때도 있다! 예. 시 76:7-12), 일어나서 누울 때까지, 음식에서 성관계까지, 웃음에서 지적인 부담에 이르기까지 늘 우리와 함께하시는 하나님의 진정한 임재를 인식하는 것이다. 브루스 월키(Bruce Waltke)가 주장한

대로, 성경적인 "여호와 경외"는 이성적 차원과 비이성적 차원 모두에서 움직이며, 다름과 친밀함, 경외와 사랑, 존경과 신뢰를 결합한다.[44] 이교도 신들은 예측 불가능하고 모호하며 신봉자를 조종하는 데 비해, 여호와는 절대 무관심하거나 인간을 착취하지 않으신다. 오히려 선하고 거룩하시며 사랑이 많고 지혜로우시다. 한마디로, 백성 가운데 **함께 계신다!**[45]

여호와를 경외하려면 온전하면서도 진정한 방식으로 함께해야 하는데, 그래서 하나님은 성경에서 그분의 백성이 그들의 환경에 따라 그분께 나아갈 수 있는 다양한 방식을 허락하신다. 기쁨과 즐거움에서 솟아나는 찬양에서부터 고통스러운 시간에 토해 내는 탄식에 이르기까지, 이런 모든 방식은 하나님이 듣고 아신다고 확신하면서 그분 앞에 삶을 토로하도록 하나님이 그분의 백성에게 가르치신 것이다.

하나님은 감사와 같은 긍정적인 표현뿐 아니라, 논란과 의문, 좌절과 곤경을 표현할 공간도 만드신다(예. 출 32:1-14; 수 7:7; 룻 1:21). 이 모두가 예배의 표현이 될 수 있다. 하나님이 임재하셔서 항상 우리와 함께 계시기에, 모든 사정을 보고 아신다. 그래서 우리는 상투적인 표현이나 준비한 답을 들고 그분께 나아가지 않고, 씨름하다 쉬기도 하고, 울다가 웃기도 하고, 심지어 소망을 발견하다가도 염려를 아뢸 수 있다. 하루에 한순간만이 아니라, 온종일 이렇게 살아간다. 여호와를 경외하는 사람은 쉬지 않고 기도하려면 수도원에 들어갈 것이 아니라, 하나님의 임재를 의식해야 한다는 것을 안다. 하나님을 향한 경외감은 그렇게 커진다.

12세기에 글을 쓴 페트루스 롬바르두스(Peter Lombard)는 이 특정한 '두려움'을 하나님의 가족으로서 받는 사랑과 연결하는 전통을 반영했다.

> 여호와와 그의 능력을 구할지어다 그의 얼굴을 항상 구할지어다.
>
> _ 시편 105편 4절

"이제 자녀로서의 두려움은 우리가 사랑하는 사람에게 상처를 주고 그와 멀어지지 않을까 두려워하게 만든다."[46] 이는 형벌에 대한 두려움이 아니라, 우리가 사랑하고 우리를 사랑하는 존재를 무시하거나 모욕하지 않을까 하는 두려움이다.

'여호와를 경외하는 자'는 하나님을 가장 무서워하는 사람이 아니라, 오히려 그분을 신뢰하는 사람이다. 이들에게는 하나님의 임재와 그들을 위한 일하심을 보는 눈과 듣는 귀가 있다. 그 임재와 역사는 누구나 보고 들을 수 있도록 거기 있지만, 여호와를 경외하는 자만이 그분의 임재를 알아차릴 수 있다. 이것은 때로 존경과 경이로 압도된다는 뜻이기도 하지만(시 33:8; 욘 1:16), 때로는 아버지 같은 여호와의 긍휼을 누리며(시 103:13) 그분과 우정을 나눈다는(시 25:14) 뜻이기도 하다.

모세는 백성에게 간청하면서 그 긴장을 잘 포착한다. "두려워하지 말라" 그리하여 "하나님이 임하심은 너희를 시험하고 너희로 경외하여 범죄하지 않게 하려 하심이니라"(출 20:20; 잠 16:6 참조). 하나님을 두려워하는 우리는 아무것도 두려워할 필요가 없다! 하나님이 함께하신다. 그분은 능력이 많으시고 지혜로우시며 거룩하시고 믿을 만한 분이시다. 하지만 우리는 이런 믿음을 추상적인 신의 세력 같은 모호한 이미지가 아니라, 예수님의 인격과 사역에 단단히 뿌리 박아야 한다!

이사야는 여호와에 대한 경외라는 관점에서 메시아에 대한 기대를 묘사했다. 이새의 줄기에서 나온 메시아는 성령님이 특별히 임하시는 분이 되실 것이다(사 11:1).

> 그의 위에 여호와의 영
> 곧 지혜와 총명의 영이요
> 모략과 재능의 영이요
> 지식과 여호와를 경외하는 영이 강림하시리니
> 그가 여호와를 경외함으로
> 즐거움을 삼을 것이며(사 11:2-3상; 삼하 23:1-3 참조).

두 번 반복되는 "여호와를 경외함"은 메시아가 그와 함께하시는 하나님의 임재와 능력을 완전히 인식하고 있음을 암시했다. 복음서에서 그리스도는 이 여호와를 경외함을 구체화하신다. 성육신하신 성자는 우리와 함께 계시는 하나님, 임마누엘이시다. 그분만이 성령님의 능력을 통한 아버지의 사랑과 공급하심을 온전히 신뢰하셨다. 성령님을 통해 예수님은 아버지의 임재와 활동의 관점에서 모든 것을 보셨기에 여호와를 경외하며 완벽한 삶을 사셨다.

여기서 한 가지 역설이 나타난다. 예수님은 하나님의 임재를 어둠 속으로, 무덤 속으로, 지옥 속으로 가져가시려는 목적을 위해 하나님께 버림받고 그분의 부재를 느끼셨다. 다윗의 자손 예수님은 그저 이스라엘을 동정하는 데 그치지 않고 이스라엘의 대의를 그분의 대의로 삼고 죄와 죽음과 마귀의 어둠에 맞설 만큼 하나님의 임재를 신뢰하셨다. 그분이 무덤에 가신 것은 삼위일체의 순간적인 실패가 아니라, 우리 죄와 두려움과 반역을 그분께 전가하신 하나님의 초월적 방식이다. 예수님은 하나님께 버림받은 존재가 아니라(그분은 단 한순간도 하나님의 영원하신 아들이 아니신 적이 없다!), 아버지께 사랑을 받고 성령님께 능력을 받은 존재로서 십자가에 달리시고 무덤에 장사 되신다. 우리와 함께하시는 하나님의 임재이신 신인 예수님은 우리가 맞설 수 없었던 어둠과 죽음을 대면하신다. 무덤조차 하나님을 가둘 수 없어서 예수님은 다시 사셨다!

복음서가 기록한 예수님의 삶은 여호와를 경외하면 고통이나 어려움을 피할 수 있다는 것이 아니라, 하나님의 임재와 공급을 확실히 약속해 준다는 사실을 일깨워 준다. 예수님의 삶과 죽음과 부활을 통해 우리는 하나님 나라에 들어가기 때문에, 이제 여호와를 경외함의 중심은 왕이신 예수님이다. 이제 그 백성은 복음을 널리 전하면서 "주를 경외함과 성령의 위로로 진행[한다]"(행 9:31). 경외함과 위로, 경이와 사랑, 임재와 돌보심이 모두 하나다. 그리스도인들에게는 이것만이 이 세상의 "재주술화", 곧 이 세상을 하나님이 거하시는 곳으로 바라보도록 북돋을 방법이다.

우리는 여호와를 경외함으로 상황과 환경을 두려워하지 않을 수 있다. 그분의 임재가 우리 이야기와 그에 대한 우리의 이해를 바꾸고 알려 준다. 희한하게도, 여호와를 경외하지 못할 때는 그분의 위로와 사랑과 긍휼도 인식하지 못한다. 이는 그럴 때 우리가 하나님의 타자성과 가까이 계심을 경시하면서 하나님(곧 그분의 임재)을 그분에 관한 개념이나 하나님이 아닌 것으로 대체해 버리기 때문이다.

우리는 지루함을 피하거나 무의미함을 누그러뜨리거나 우리를 뒤쫓는 침묵을 채워 보려고 오락거리를 찾는다. 창조주만이 주실 수 있는 자기 이해와 가치, 방향성을 피조물에서 끌어내려 안간힘을 쓴다.

이런 상황에는 적어도 두 가지 위험이 따르는데, 각각 물질주의자와 정신주의자가 주의해야 할 위험이다. 전자는 물건과 쾌락으로 주의를 흐트러뜨려서 정신없이 돌아가는 속도와 삶의 불안을 누그러뜨리려 하지만, 소용이 없다. 후자는 하나님을 경험하려면 물질에서 벗어나야 한다고 생각하면서 땅과 관계들로부터 자신을 분리해서 고통과 문제를 완화하려 하지만, 이 역시 통하지 않는다.

이런 두 실수와는 대조적으로, 여호와를 경외하면 '모든 것'을 하나님으로 만들려 애쓰지 않고도 모든 것에서, 모든 것을 통해 하나님을 보게 된다. 하나님이 없다거나 무지하시다고 생각하는 어리석은 자와 달리(시 14:1; 53:1; 잠 14:7-9 참조), 지혜로운 사람은 하나님을 경외하는 마음으로 그분의 임재와 돌보심을 인식한다. 이 두려움은 뜻밖의 장소에서 신자에게 하나님의 자비를 보여 주고, 어려운 일을 감당할 용기를 주며, 주님이 우리 주변에 허락하신 아름다움을 드러내고, 정의와 사랑을 위해 악에 맞서 싸울 힘을 준다. 여호와를 경외하는 것은 이 세상에서 도망치는 것이 아니라, 세상에서 '코람 데오' 곧 하나님의 얼굴 앞에서 온전히 살아가는 유일한 방법이다.

만족: 여호와를 경외하는 삶

전도서는 인간 존재의 망상에 대한 유혹을 탐구하고 드러내는 가차 없이 솔직한 책이다. 이 책은 맥락에 따라 시간을 다루고(전 3:1-8), 창조주를 외면한 채 창조 세계에서 만족을 찾으려는 인간 내면의 유혹을 인정한다. 인생이 허무한 까닭은 창조 세계가 나쁘거나 우리에게 주어진 고역이 잘못이거나 쾌락이 항상 악해서가 아니라, 여호와를 경외하지 않는 삶이 우리를 혼란에 빠뜨리고 삶의 만족을 앗아 가기 때문이다(전 1:1-11; 2:24-26).

하나님을 찾지 않으면, 일을 열심히 해도 부자가 되어도 만족하지 못한다(전 2:18-23; 5:8-6:12). 최신 연구가 이를 확인해 준다.[47] 지적으로 더 많이 성취하거나 정치적 영향력이 더 있다면 만족하지 않을까 하고 생각해 보지만, 그렇지 않다(전 1:12-18; 2:12-17; 4:1-16). 내가 학자로서 정직하게 말할 수 있는데, 내가 아는 가장 비참한 사람 중에는 내가 만난 가장 똑똑한 천재도 있다.

그런데 전도서는 아주 오래전에 그렇게 주장했다(예. 전 1:18). 여러 정치인이나 소셜 인플루언서도 마찬가지라는 점은 신문만 읽어 봐도 알 수 있다. 우리는 쾌락에 대한 제약을 풀면 모든 욕구를 만족시킬 수 있고 드디어 온전히 삶을 누릴 수 있으리라고 생각한다. 하지만 실상은 그렇지 않다(전 2:1-18).

돈, 권력, 섹스, 지성이나 영향력은 진정한 삶의 의미와 목적을 주지 못한다. 그 사실을 정직하게 믿을 때만이, 자신의 진짜 중심으로 돌아갈 때만이 시계 시간이라는 폭군과 끝없는 산만함, 인생에 의미를 부여하려는 헛된 시도에 저항할 자원을 찾을 수 있다.

그러면 최종 결정권자는 무엇인가? 지혜의 길, 우리의 진짜 중심으로 가는 길은 무엇인가? 전도서는 언뜻 보기에 굉장히 냉철해 보이는 말로 끝난다. "일의 결국을 다 들었으니 하나님을 경외하고 그의 명령들을 지킬지어다 이것이 모든 사람의 본분이니라 하나님은 모든 행위와 모든 은밀한 일을 선악 간에 심판하시리라"(전 12:13-14; 8:10-13 참조).

이 심판에 대한 말씀은 포기한 사람의 비관론에 불과하다고 생각하는가? 흠, 그건 상황에 따라 다른데, 사람마다 이 말씀을 전혀 다르게 해석할 수 있다. 코헬레트(전도서의 화자 '설교자')는 이를 실제로 매우 긍정적인 평가와 소망으로 생각한 듯하다. 하나님을 경외하는 삶은 현실 세계의 삶이기 때문이다. 그 삶은 인간의 유한성과 필요, 유혹을 현실적으로 파악하고, 우리를 향한 하나님의 사랑과 공급의 맥락에서 바라본다. 그래서 우리가 실제로 살고 있는 세상을 인식해서 꿈에서 깨어나게 해 준다. 우리를 해방시켜 여호와를 경외하는 마음으로 행복하게 '코람 데오'를 살게 해 준다. 그러면 우리는 창조 세계에 대해 불안해하지 않으면서도 그 창조 세계를 사랑할 수 있게 된다.

이것이 생명과 지혜의 길이다. 여호와를 경외하는 삶은 하나님의 임재와 거룩하심, 지혜와 사랑을 인식하는 삶이다. 여호와를 경외하는 삶은 생명의 길이다. 그 삶은 언제나 임재하시며 언제나 지혜로우시며 늘 우리에게 신경 쓰시는 주권적인 왕을 의식하면서 살아가는 것이다. 여호와를 경외하면 삶의 스트레스와 불확실성을 당당하게 대면할 수 있다. 만사가 우리 바람대로 이루어지기 때문이 아니라, 만사를 제대로 된 관점에서 볼 수 있기 때문이다. 여호와를 경외함으로써 이제 우리는 모든 것 가운데 하나님을 위한 공간을 만들려고 애쓰기보다 모든 일을 하나님의 관점으로 본다.

그러나 이런 시각, 곧 여호와에 대한 경외를 유지하려면 (1) 하나님이 시간을 두고 우리 삶에서 어떻게 일하시는지를 볼 수 있고, (2) 교회로서 우리의 상호의존성을 더 온전히 인정하며, (3) 우리가 하나님의 임재와 활동의 관점에서 살 수 있게 도와줄 실천이나 습관이 필요하다. 이 주제들이 이 책의 마지막 세 장에서 살펴볼 내용이다.

시간과 과정은 하나님이 만드시고 "심히 좋았다."라고 말씀하신 창조 세계의 측면이다. 우리가 '성장'이라고 부르는 과정에서 좌절감을 느낄 때는 그 좌절감, 선한 과정의 본질, 우리가 추구하는 목표, 곧 하나님과의 더 깊은 교제를 살펴봄으로써 그분과의 관계에 대해 배울 수 있다.

08

즉시 바꾸지 않으시는 성령님의 사역

의존하는 삶

자기 계발이 아닌 사랑과 교제의 과정

과정이 중요하다

테네시주 시그널산(Signal Mountain), 내 친구 제프리는 허리까지 오는 칡덩굴 사이에 서서 공책과 연필을 꺼낸다. 이전에 몇 차례 이곳을 찾아 사진을 촬영했다. 어떤 곤충이나 동물이 다리에 들러붙었는지는 생각하지 않으려 애쓰면서, 그는 자신이 '낯선 장소의 묘한 표식과 질감'이라고 부르는 것에 몇 시간 동안 몰두한다. 그리고 나중에 작업실로 돌아와서는 이 스케치를 기반으로 몇 주나 몇 달에 걸쳐 서서히 캔버스에 물감을 입힌다. 한 겹 한 겹 물감을 바르면서 색깔과 대비, 두터운 질감을 더한다. 그는 겹겹이 다른 층으로 덧칠하는 세부 색칠 작업에 많은 시간을 들인다. 그 아래 있는 패턴, 복잡한 세부 사항, 세심한 배려가 모두 미묘하면서도 실로 최종 작품을 형성하고 영향을 미친다. 그림을 보는 사람들이 대부분의 작업 공정을 '보지' 못해도 그것을 느낄 수 있다. 관람객은 가정과 미술관, 병원, 공항 등에 전시된 그의 최종 작품을 경험하고 감상한다.

제프리에게 작품에서 가장 중요한 게 뭐냐고 물으면, 그는 곧장 '과정'이라고 답한다. 교수이기도 한 제프리는 과정이 적어도 완성된 작품만큼 중요하다는 것과, 또 예술 작품을 서서히 만들어 가는 과정에서 발견하는 경이로움과 기쁨을 학생들이 배우길 바란다. 학생들은 당장 완성된 제품을 원하지만, 그는 발전의 약속과 즐거움을 가르친다. 느리고 의도적인 작업을 통해 창조주의 세심한 장인 정신을 보여 준다.

많은 사람이 과정을 소홀히 여긴다. 빠른 다운로드 속도와 즉각적인 만족이 만연한 문화에서 지루한 연습, 느린 성장의 의미, 발전의 아름다움은 쉽게 거부당한다.

비슷한 조급증으로, 우리는 왜 하나님이 우리를 즉시 변화시켜 주시지 않는지 궁금해한다. 나는 아이들에게 소리치지 말아야 할 때 소리친다. 끝없는 자기도취에 갇혀 있다. 잘못된 욕구가 내 탐욕과 정욕을 키운다. 이처럼 죄는 신자들에게 과거의 문제가 아니라, 현재의 싸움이다. 그 싸움을 포기하지 않으려면 엄청난 노력과 인내가 필요하다.

그래서 묻는다. 하나님이 망가지고 도움이 필요한 우리 삶에 은혜를 내려 주신다는데, 왜 우리를 우리 자신의 결점에서 곧장 해방해 주시지 않을까? 왜 나쁜 습관이 바로 사라지지 않고, 긍정적인 덕은 곧바로 생기지 않을까? 하나님이 특정한 악한 태도와 행위를 싫어하신다면, 왜 때로는 우리를 용서하시는 데서 그치시는 것처럼 보일까? 전능하신 하나님이라면 곧장 우리를 변화시켜서 다시는 죄를 짓지 않게 하실 수 있지 않을까?

그리스도인은 불순종과 죄와 끊임없이 싸우기에 살아가면서 많은 죄책과 수치를 대면한다. 성경 말씀을 기억하지 못하거나 기도하다가 잠드는 등 모든 일에서 나타날 수 있는 피조물의 한계에 대한 죄책과 수치로 힘들어한다. 더 많이 알고, 더 많이 하고, 더 많은 존재가 되어야 한다고 느낀다. 우리가 완성작과는 얼마나 거리가 먼지 잘 알고, 그 부담을 느낀다. 이때 우리는 하나님이 정말로 끊임없이 우리에게 실망하시거나 분노하시는지 물어야 한다. 하나님은 자녀들에게 끝없이 짜증을 내시는가, 아니면 뭔가 다른 상황이 일어나고 있는가? 하나님이 물론 우리 죄를 반기지는 않으시지만, 최종 작품뿐 아니라 우리의 성장 과정과 그에 따른 일을 귀히 여기신다는 것이 정말 사실일까?

아이가 걸음마를 배울 때 나는 아이를 세워 놓고 한 손으로 소파 가장자리를 잡게 했다. 그리고 나서 2-3미터 정도 떨어져서 아이를 불렀다. 만면에 미소를 지으면서 내 쪽으로 오라고 손짓했다. 아이는 결국에는 용기를 그러모아, 몸을 지지하려고 잡은 소파 가장자리를 놓고 첫걸음을 뗀다. 물론 몇 걸음 걷지 못하고 몇십 센티미터 만에 주저앉고 만다. 울음을 터뜨리기도 했고, 엉덩방아를 찧고 앉아 고개를 들고는 아빠의 반응을 살피기도 했다. 그럼 나는 아이가 넘어지면 곧장 야단을 쳤을까? "멍청한 것, 지금 뭐 하는 거야? 내가 분명히 걸으라고 말했을 텐데." 당연히 그렇게 말하지 않았다. 어떤 사랑 많은 부모가 그러겠는가?

그나저나 당신은 자극적인 저 표현을 읽으면서 어떤 신체 반응을 느꼈는가? 얼마나 잔인하고 비이성적인 말인가. 아이가 넘어지면 나는 곧바로 달려가서 일으키고, 사랑과 긍정의 말을 해 주고 나서 다시 도전해 보게 했다. 아이에게 다정하고 친절했다. 아이에게 걸음마를 가르치는

데 관심이 없어서가 아니라, 아이의 형편을 충분히 이해하기 때문이다. 아이가 지금 어떤 수준이고 어떤 단계로 가야 하는지 알지만, 아이의 문제와 도전도 잘 알고 있었다.

왜 우리는 긍휼과 성공을, 은혜와 성장을, 부드러움과 노력을 적으로 간주하는가? 나는 당연히 아이가 걷기를 바라지만, 시간과 노력이 필요하다는 것도 알았다. 아이에게는 용기와 격려라는 선물을 줄 아빠가 필요했다. 그렇게 해서 자기가 계속 노력하고 지나치게 걱정하지 않도록 말이다. 나는 아이가 성장하면서, 바닥에 넘어지는 한이 있더라도 새로운 기술과 능력을 개발하는 모습을 보며 기뻤다. 걷는 법을 배우려면 균형 감각과 근육, 자신감을 키워야 한다. 그러려면 반복된 노력을 수반한 과정이 꼭 필요하다.

그러나 하늘에 계신 우리 아버지의 경우에, 우리는 (절대 인정하고 싶지 않겠지만) 그분을 매우 형편없는 분으로 생각할 때가 많다. 우리는 하나님이 우리에게 흠 없는 사람, 절대 실수하지 않는 사람, 뒤로 물러나거나 바닥에 넘어지지 않는 사람이 되기를 기대하신다고 믿는 것 같다. 우리가 넘어지면 하나님이 놀라시거나 실망하신다고 생각한다. 마치 거룩하고 전지하신 하나님이 죄가 우리에게 심오한 영향을 미친 사실이나 우리가 좋은 한계를 지니고 창조되었다는 사실을 모르기라도 하시는 듯 생각한다. 우리는 잠재의식 속에서, 그리스도인이라면 다시는 죄와 실패에 빠지지 않는 생각과 말과 행동을 지녀야 한다고 생각한다.

이렇게 하나님을 신경질적인 아버지로 상상할 때 그리스도인의 삶은 희망 차고 유망하기보다 무겁고 부담스러워진다. 그리스도인의 삶은 누리는 것이 아니라 견디는 것이 되어 버린다. 하지만 긍휼과 은혜가 풍성한 하나님을 더 잘 이해한다면, 우리는 우리의 약점과 한계에 짓눌리지 않고 그리스도인의 삶에서 더 자유로이 성장할 수 있다. 그렇게 되려면 우리의 노력에서 눈을 돌려 창조주요 구속주요 섭리하시는 하나님께 관심의 초점을 옮겨야 한다.

하나님은 우리를 유한한 존재로 설계하고 창조하셨다. 그리스도인의 삶, 특히 죄와 고통과의 씨름을 이해하기 위해서는 창조와 재창조를 연결해야 한다. 우리는 너무 자주 인간을 향한 하나님의 원래 청사진에는 우리의 한계도 들어 있고, 그분에 대한 깊은 필요만이 우리를 향한 그분의 자비하심을 증가시키며, 죄는 그 어느 것도 제거하지 못한다는 사실을 잊은 채 기독교 신앙과 성화를 이해하려 했다. 이런 배경을 잊어버리면 그리스도인의 삶에 대한 관점이 왜곡되어 확신보다는 소심함을, 소망보다는 두려움을, 환영보다는 피로감과 유배 의식을 갖게 된다. 그러나 창조의 영과 성화의 영은 같은 분이시기에, 하나님은 우리가 회심한 순간뿐 아니라 전 생애에 걸쳐 우리 안에서 일하고 계신다. 이런 시각을 살펴보기 위해서는 창조와 재창조, 하나님과의 교제, 예수님이 이 땅에서 경험하신 성장에 대해 새롭게 생각해 볼 필요가 있다. 이제 우리 삶의 성화 과정이 하나님의 은혜에 의존하는 동시에 인간의 주체성을 인정한다는 점을 살펴보자.

하나님은 그분의 때에 일하신다

하나님은 서두르지 않으신다. 서두르실 필요가 없다. 그분은 하나님이시기 때문이다. 어떤 이유에서인지, 우리는 하나님의 선한 사역을 완성된 프로젝트로 여기는 경향이 있다. 하지만 성경은 그렇게 말하지 않는다.

하나님이 어떤 일을 얼마나 **빨리** 하실 수 있을까? 하나님은 주권적인 주님이요 만물의 창조주이시니 1,000분의 1초 만에 만물을 창조하실 수도 있으셨을 것이다. 혹은 그보다 더 빨리 가능했을지도 모른다! 요정이 손가락을 튕기는 시간보다 더 빨리, 여호와는 순식간에 만물을 지을 수 있으셨을 것이다. 만물을 말이다! 하지만 그렇게 하지 않으셨다.

거의 2백 년 동안 그리스도인들은 하나님이 '언제', '어떻게' 세상을 창조하셨는지에 대해 논쟁해 왔다. 여전히 일부 사람들은 대주교 제임스 어셔(James Ussher)가 1650년에 제시한 계산을 따른다. 그는 기원전 4004년 10월 22일에 세상이 창조되었다고 했다. 다른 그리스도인들은 지구의 나이를 45억 년 정도로 믿는다. 둘의 결과는 천지 차이지만, 둘 다 하나님에 대한 놀라운 사실을 인정한다. 곧 하나님이 약 6천 년 전에 엿새 만에 세상을 창조하셨다는 가장 보수적인 관점 역시 '시간이 걸렸다'는 사실을 인정한다! 엿새든 6조든 하나님은 즉시 세상을 만드실 수 있었지만 그렇게 하시지 않았다. **곧 하나님께 과정이 중요하다는 의미다.**

하나님은 과정에 대해 걱정하지 않으시고 그 과정을 즐기고 소중히 여기시는 것 같다. 실제로, 하나님은 확실히 그분이 원하시는 일은 무엇이든, 원하시는 만큼 빨리 하실 수 있었지만, 즉각적으로 일하지 않으셨다. '며칠'에 걸쳐 창조하셨다. 일출과 일몰이 여섯 번인지 60억 년인지는 여기서 중요하지 않다. 하나님이 만물을 즉시 창조하실 수도 있었지만 그렇게 하지 않으시고 (창세기 기사를 보면 하나씩) 천천히 일하셨다는 사실은 창조주가 만드시고 빚으시고 창조 세계를 유지하시는 일을 즐기신다는 점을 드러낸다. 성경 이야기는 하나님이 시간을 거스르지 않으시고 날마다 시간을 통해 일하시며 그분의 창조 세계를 세우고 성장시키며 다양한 부분을 서로 연결하시는 모습을 분명하게 보여 준다.

그저 완성된 작품만이 아니라 그 영광스러운 과정을 즐거워하시는 하나님은 하루가 지날 때마다 멈추셔서 그분이 계속해서 하고 계신 일을 "좋다!"고 말씀하신다. 창세기에 따르면, 인류는 무에서 만들어지지 않고 아담은 "땅의 흙으로" 지어졌다(창 2:7). 무에서 인간을 창조하실 수도 있었던 하나님이 이 흙과 그분의 신성한 숨결로 인간의 생명을 창조하셨다. 확실히 하나님은 목적의식을 가지고 세심하게 창조 세계를 지으셨다.

이 사실은 우리 삶과 밀접한 관계가 있다. 태초부터, 심지어 죄가 분란을 일으키기 전부터 하나님은 발전과 성장의 가치를 포함해서 시간의 움직임을 긍정하고 활용하셨다. 하나님의 유한한 창조가 선한 이유 중 하나는 무한하신 하나님께서 일하실 때 서두르지 않으신다는 것이다. 하나님은 언제나 과정을 중요시하신다.

하나님은 효율적이신가?

교회 건물은 다양한 양식으로 설계할 수 있다. 공동체는 그 건축에 가치관을 표현한다. 이 점을 염두에 두고 누군가 묻는다. "가능하면 최저 건축비를 들여 단순하게 교회를 지을 수는 없나요? 그러면 남는 돈은 선교와 구제 활동에 사용할 수 있잖아요? 왜 불필요하게 천장을 높여서 비용을 더 들이겠어요? 아스팔트와 콘크리트로 바닥을 다 덮으면 조경에 힘과 자원을 낭비하지 않을 수 있잖아요? 꼭 필요하지 않은 '추가' 건축은 방종이나 마찬가지 아닌가요?" 어쩌면 그럴지도 모른다. '방종'의 정의는 '누군가에게 지나치게 관대하거나 너그러운 성향'이다. 하나님은 창조 세계의 설계에 너무 관대하신가? 우리에게? 우리는 방종을 부정적인 의미로 이해해야 하는가? 내 관심사는 방종이라는 어휘 자체가 아니라, 근본 진리에 도달하는 것이다.

건축사학자와 사회 비평가는 건물, 특히 주택 건설에서 효율성을 유일한 기준으로 삼는 것이 종종 의도하지 않은 심각한 결과를 초래한다는 사실을 오랫동안 주시해 왔다. 긍정적인 미학이 없는 공동 주택은 실제로 그 공간에 사는 사람들의 목숨을 앗아 갈 수 있다.[1] 온통 베이지색 벽면, 집 안팎의 까끌까끌한 카펫, 좁은 복도, 낮은 천장, 몇 안 되는 창문, 차가운 콘크리트 마감재는 그곳에 거주하는 사람들의 영혼을 덮은 납 담요와 같다. 아름다움이 그것을 보는 사람들의 영혼을 풍요롭게 하듯이, 아름다움이 부족하면 말로 설명하기는 어렵지만 예리하게 느낄 수 있는 무언가가 우리에게서 빠져나간다. 생명은 어디로 가 버렸는가? 아름다움은? 사랑의 과정은 어디 갔는가?

하나님은 효율성, 특히 단순하고 기계적인 의미의 효율성에 최고의 가치를 두지 않으신다. '사랑'을 가장 큰 가치로 여기신다. 과정의 속도보다는 아름다움에 더 관심이 있으시다. 단순히 일을 끝내는 것보다 우리 시선을 끌어올리고, 노래를 유도하며, 상상을 자극하는 데 관심이 있으시다. 하나님은 일하실 때 낭비하거나 태만하지 않으시고, 목적의식이 분명하고 현명하며 인내하고 의도적이시다. 하나님이 온 세상을 한 색깔로 창조하시는 편이 더 효율적이지 않았을까? 하나님이 만드신 모든 것이 회색이라면 어땠을까? 흑백 세상이었다면? 현대의 산업적 사고방식에 길들여진 사람은 하나님을 방종하고 낭비하며 과도하다고 부정적으로 평가할 수도 있다. 공작의 화려한 깃털이나 난초의 세심한 복잡성, 인간 목소리의 다층적인 특징, 오르가슴의 초월성은 왜 그런 걸까? 물론, 각각의 이유를 설명할 수는 있지만, 그렇게 많은 색과 다양성과 깊이와 경이로움이 굳이 필요했을까? 왜 그렇게 하셨을까? 하나님은 효율성만으로 움직이는 분이 아니시기 때문이다.

사랑과 아주름다움, 경이와 예배가 하나님의 주목적이다. 때로 하나님은 놀랍도록 효율성을 추구하실 때도 있다. 그분은 순식간에 물을 포도주로 바꾸실 수 있다. 죽은 사람을 다시 살리실 수도 있다. 하지만 그분은 단순한 생산성보다는 사랑이라는 동기로 움직이시기에 더딘 길을 취하실 때가 많다. 믿음과 성장을 요구하는 출애굽은 시간이 걸린다. 그분의 일반적인 패턴에는 항상 과정이 뒤따랐다. 성부 하나님은 그냥 손가락만 튕기지 않으시고, 말씀을 통해서 사나운 흑암 위에 하나님의 영을 보내셔서 수면 위에 운행하게 하시면서 혼돈과 공허 가운데 질서를 잡으신다(창 1:2).

특히 서양 사람들이 이 문제를 힘들어하는데, 물질주의적 습관에 젖어서 효율성과 생산성을 지나치게 중시하기 때문이다. 예를 들어, 개리 셀비(Gary S. Selby)는 미국 학생들을 데리고 동아프리카에 갔던 이야기를 들려준다.[2] 거기서 학생들은 여러 사람이 함께 과제를 수행하는 모습을 보았지만, 일을 마치는 데는 한 사람이면 충분하다고 확신했다. 게다가 그게 더 빨랐다. 그래서 자기들 눈에는 비효율적이고 심지어 '퇴보적'으로 보이는 행동을 도덕적으로 판단하고 싶어 했다. 그러나 셀비는 동아프리카에서도 효율성을 중시하지만 그것이 최고의 가치는 아니라는 것을 학생들이 볼 수 있도록 도전했다. 우정과 공동체 같은 다른 우선순위를 더 권장했다. 학생들이 목격한 것은 게으름이나 도덕적 실패가 아니라, 다른 가치 구조였다.

미국은 대체로 공동체보다 효율성을 중시하는 반면, 동아프리카는 정반대다. 비서구권에서 비슷한 가치관을 찾아볼 수 있는데, 아시아의 인도네시아를 예로 들 수 있다.[3] 나는 효율성과 생산성의 유익에 대한 나 자신의 가정을 진지하게 검토할 필요가 있다. 이러한 특성이 나빠서가 아니라(어쨌든 그것들은 좋은 것이다.) 그것이 하나님의 최고의 선이 아니기 때문이다. 그렇다면 그것이 우리의 가장 큰 선이 되어서도 안 된다.

사랑, 공동체, 성품의 성장은 (항상은 아니지만) 효율성과 상충하는 경우가 자주 있다. 하나님은 이 사실을 늘 아셨다. 그리고 이를 불편하게 생각하지 않으셨다. 당신이 할 수 있는 가장 '비효율적인' 일 중 하나가 다른 사람을(혹은 강아지를) 사랑하는 것이다. 다른 피조물을 사랑하려면 적극적인 관심과 반응과 인내가 필요하다. 엄청난 인내가 말이다. 마찬가지로, 예술가나 작가도 효율성이 창조성과 과정의 친구라기보다는 적이라는 사실을 너무 잘 안다. 그러나 전능하신 창조주는 효율성과 할 일 목록의 체크 표시보다 사랑과 성장을 언제나 우선하셨다.

하나님의 환대와 인간의 성장

찰스 다윈(Charles Darwin)이나 진화 논쟁이 등장하기 훨씬 전인 고대 교회에는 창세기 이야기가 인류에 대한 하나님의 신중한 인내와 목적을

> 경험은 모든 은혜의 양식으로서, 은혜는 경험을 바탕으로 자라고 번성한다.
>
> _ 존 오웬, 『성령론』 *Pnuematologia*

긍정한다는 일반적인 인식이 있었다. 창세기는 하나님이 언제, 어떻게 세상을 창조하셨는지를 정확히 과학적으로 묘사하지는 않는다. 교회는 하나님의 원래 창조 행위를 끝으로 보지 않고 오히려 시작으로 보았다.

예를 들어, 이레나이우스는 유아기와 아동기의 이미지를 가져다가 아담과 하와의 원 상태를 이해하려 했다. 이는 그가 이야기 속 두 사람을 말 그대로 아이로 생각했기 때문도 아니고, 그들의 존엄성이나 가치를 얕잡아 보려 해서도 아니었다. 오히려 그는 이 은유를 사용해서, 창세기 앞부분이 우리를 다른 곳으로 인도함을 보여 주려 했다. 이 내용은 우리를 앞으로 나아가게 한다.

아담과 하와는 성장하는 존재로 설계되었다.[4] 이렇듯 "하나님의 형상과 모양대로 지음받은" 것은 "태초의 선물이자 실현해야 할 소명"이었다.[5] 창조에는 궤적과 움직임과 과정이 있다. 거기에는 책임 있는 행위자요 자신의 성장을 통해 나머지 창조 세계에 참여하도록 부르심을 받은 아담과 하와도 포함된다. 이레나이우스가 아담과 하와에게 적용한 청소년기 이미지는 이들이 하나님과 함께 살고, 그분의 임재와 자비에 예배로 응답함으로써 성장하도록 부르심을 받은 존재의 책임과 존엄성을 강조한다.

이레나이우스는 다음과 같은 순서를 제시했다. "가장 먼저 사람이 창조되어야 했다. 창조된 후에는 성장하고, 성장한 후에는 성숙하고, 성숙한 후에는 생육하고, 생육한 후에는 강해지고, 강해진 후에는 영화로워지고, 영화로워진 후에는 주님을 뵈어야 했다."[6]

에덴은 정지된 사진같이 정적인 상태가 아니라, 약속과 경고가 공존하는 발전하는 이야기의 배경이었다. 꽃과 나무와 동물처럼 인간도 움직이며 살면서, 성장해서 이 땅을 채워야 했다. 따라서 유한한 피조물인 인간은 하나님과 이웃, 나머지 창조 세계에 대한 지식과 사랑이 성장하는 과정에 들어갔다. 이레나이우스에 따르면, 창세기는 하나님이 인간을 선하게 창조하셨을 때도 그들이 번성하고 (어떤 의미에서는) 훨씬 더 '완전해질' 여지가 충분히 있었다고 밝혔다. 이 부분은 예수님의 생애를 살펴보면서 나중에 다시 돌아가 생각해 보려 한다.

닛사의 그레고리우스(Gregory of Nyssa)도 창조 초기에 하나님이 인류와 어떻게 관계를 맺으셨는지 이해할 수 있는 매력적인 방식을 제시한다. 그가 쓴 『인간의 창조에 관하여』(On the Making of Man)는 하나님의 준비와 최종 목적을 모두 강조한다.[7] 이 둘은 같이 간다. 첫째, 하나님은 훌륭한 식사를 계획하고 '왕의 거처'를 준비하는 우주의 주인처럼 등장하신다. 초대한 손님들이 도착하면 만찬을 즐길 수 있는데, 왕의 오심으로 만찬은 절정에 달한다.

이 거처는 하늘에서부터 깊은 물속까지 창조 세계의 풍성함으로 가득 찬 온 세상이다. 그다음에 하나님은 "사람을 세상에 데려오셔서 그 경이로움을 보게 하신다…그것들을 누리는 동안 사람은 그것들을 주신 분에 대한 지식을 습득하고, 그가 보는 만물의 아름다움과 장엄함을 통해 언어와 생각을 초월하는 그 창조자의 능력의 흔적을 발견한다."[8] 그러려면 시간과 성장이 필요하겠지만, 그렇게 함으로써 창조주에 대한 지식과 사랑도 커질 것이기 때문에 인류는 하나님의 세상을 온전히 누리게 된다. 그레고리우스는 의도적으로 성경의 이미지를 끌어다가 하나님을 누리는 것과 그분의 선한 땅을 누리는 것을 연결한다(예. 딤전 6:17).[9] 만찬과 따뜻한 환대를 누리는 손님들은 최상의 상태에서 선물뿐 아니라 그 선물을 주신 분도 함께 누린다.

둘째, 그레고리우스는 이 즐거움과 인간이 하나님을 반영한 존재로 독특하게 창조되었다는 사실을 연결한다. 나머지 창조 세계는 하나님의 명령만으로 존재하지만, 인간의 창조는 다르다. 하나님은 "우리가…하자"(창 1:26)라고 심사숙고하시고, "만물의 창조자가 주의 깊게 작업에 접근하신다. 작업을 위해 미리 재료를 준비하시고, 그분의 형상을 따라 원형적인 아름다움을 빚으신다."[10]

인류는 어떤 면에서 동물과 비슷하지만, 그레고리우스에게 가장 흥미로운 점은 그런 것이 아니다. 바로 인간 피조물만이 하나님의 형상과 모양을 닮았다는 사실이다. 그렇기에 존엄성을 지닌다! 따라서 인간으로 산다는 것이 어떤 의미인지 알려면 유인원이나 천사가 아니라, '하나님의 얼굴'을 보아야 한다. 여기서 우리는 그분의 사랑을 본다.

로버트 루이스 윌켄(Robert Louis Wilken)이 그레고리우스의 요점을 요약한 대로, "우리는 자신을 초월할 때 우리를 알고, 하나님과의 교제를 발견할 때 자신을 발견한다."[11] 하나님과의 교제는 인간의 기원만이 아니라 인간의 목표, 곧 인간 피조물의 정점과 목적을 가리킨다. 우리는 항상 하나님과 그분의 창조 세계에 대한 사랑 안에서 성장하게 되어 있었다. 다시 말해, 하나님은 단순히 완성된 작품뿐 아니라 과정에도 끊임없이 관심을 두셨다.

하나님의 형상과 모양이란 단순히 정신적 능력(예. 이성)만 소유하는 것을 의미하지 않는다. 하나님과 그분의 사역에 대한 사랑의 반응도 포함된다. 창조주께 반항하고 이웃에게 상처를 주고 나머지 피조 세계를 무시할 때 우리는 사랑을 방해하고 왜곡한다. 이것이 죄다. 이런 반항으로 인해 인간은 하나님의 얼굴을 닮지 못한다. 순종하신 그리스도만이 하나님의 진정하고 온전한 형상으로 인간 본성을 회복하셔서, 이전의 원래 창조와 앞으로의 최후의 완성을 가리키신다. 그레고리우스의 말처럼 **태초에 목적이 주어져 있다.** 윌켄이 거기에 덧붙인다. "창조 세계는 선물인 동시에 약속이다. 그리스도를 볼 때만 우리는 첫 창조 때 무엇이 만들어졌는지를 알 수 있다."[12]

미래가 현재를 형성한다

성경은 창조를 정적인 그림이 아니라 살아 있는 이야기로 묘사한다. 하나님은 우리가 사랑과 경이 가운데 살고 성장하도록 설계하셨다. 죄는 단순히 과거를 왜곡하거나 미래를 위기에 빠뜨릴 뿐 아니라, 현재를 망친다. 성령님으로 인한 그리스도 안에 있는 구원은 하나님의 원래 창조를 약화하지 않고 우리를 하나님의 따뜻한 품 안에서 생명과 사랑의 궤적에 다시 올려놓는다. 우리의 꼬인 것을 다시 풀어서 원래 계획된 정점에 도달하게 한다. 성경학자 리처드 개핀(Richard Gaffin)은 "종말론(eschatology)은 시원론(protology)의 한 가지 가설이다."라는 수수께끼 같은 말을 쓴 적이 있다.[13] 그의 말은 '태초'는 항상 미래라는 방향을 전제한다는 뜻이다. 단순히 과거가 우리를 밀어낼 뿐 아니라 미래가 우리를 끌어당긴다. 따라서 태초(proto)는 항상 시작일 뿐, 이야기는 거기에 머물러 있지 않고 '텔로스'(telos) 곧 목적이자, 태초의 설계에 이미 포함된 마지막(eschtos)을 향해 움직인다. 그래서 개핀은 이레나이우스와 그레고리우스가 수 세기 전에 기록한 내용을 떠올리게 한다.

'마지막' 일에 관심을 두는 종말론은 계시록에만 나오지 않고, 창세기 도입부에도 암시된다. 죄가 인간 경험에 들어오기 전부터(창 3장) 인류에게는 종말론적 끌림이 있었다.[14] 20세기 초 프린스턴의 신학자 게르하르두스 보스(Geerhardus Vos)는 "종말론은 회복보다 완성을 목표로 한다."라고 주장했다.[15] 목적, 발전, 성장은 언제나 하나님의 의도에 따른 것이므로 선하다. 죄가 인류의 창조 목적을 결정하지는 않지만, 이 이야기에 구속의 필요성을 제공한다. 따라서 구원은 단순히 우리를 가능성으로 가득한 원래의 에덴으로 돌려보낼 뿐 아니라 생명을 주시는 하나님과의 경이로운 교제로 나아가게 함으로써 "회복하고 완성해야 한다."[16]

성경 전체는 인간 피조물의 형성에 대한 초상과 최종적으로 완료된 목적에 대한 비전을 모두 보여 준다. 인류 전반에 대한 텔로스뿐 아니라 각 사람의 인생에 대한 텔로스가 존재한다. 우리 각자는 하나님, 이웃, 이 땅과 교제하도록 독특하게 설계되었다. 그러니 인간이나 인류를 고려할 때는 보편성과 구체성을 늘 염두에 두어야 한다.

인간 피조물에 대한 여호와의 의도와 목적은 아담에서부터 아브라함, 이스라엘에서부터 교회에 이르기까지 한결같다. 성경 전체에서 이스라엘은 주기적으로 다음과 같은 말씀을 듣는다. "너는 마음을 다하고 뜻을 다하고 힘을 다하여 네 하나님 여호와를 사랑하라"(신 6:5; 11:1, 13; 13:3; 30:6; 수 22:5; 시 31:23 참조). 그들은 자신들이 원래 창조된 목적이었던 하나님과의 사랑과 친교, 곧 온전한 인간성을 초월하는 것이 아니라 그 인간성의 중심으로 나아가기 위한 부르심에 이끌렸다. 성장과 발전은 유한한 피조물의 존재를 멈추거나 능가하기 위한 방법이 아니라, 하나님의 지극히 인간적인 기대를 성취하기 위한 것이었다. 이 미래 지향적 부르심을 영적이지 않은 인간 삶의 방식에 추가된 무언가나 '영적인' 것으로 이해하면 안 된다. "하나님을 사랑하라."라는 이 부르심은 진정으로 자유로운 인간 피조물, 곧 창조주와 그분의 나머지 창조 세계와 점점 더 조화로운 관계를 누리기 위해 '심히 좋게' 창조된 피조물이 되라는 부르심이다.

인간 됨의 목표인 친교

하나님의 형상이 우리와 그분, 다른 사람, 피조 세계와의 교제로 이루어진다는 것을 긍정한다면, 우리는 시간에 따라 성장하는 과정의 선함도 긍정하게 될 것이다. 교제 자체가 시간이 걸리는 과정이며, 성장이라는 결과를 낳는다. 또한 교제를 우리의 전 존재가 관여하는 구체화된 사랑으로 묘사할 수도 있다.

하나님의 형상에 대한 전통적인 설명은 정신 기능(곧 지성, 의지, 애정)의 관점에서 표현될 때가 많았다. 이 오래된 심리학적 방법을 단순히 무시하기보다는 사랑과 교제의 관점에서 검토해 보고 그 안에서 계속되는 연관성을 찾아볼 수 있다. 우리는 단순히 몸이나 기능만 가지고 있지 않고, 구체화된 심신이 있는 피조물로서 몸과 기능을 통해 우리를 정의하는 관계를 점유한다. 달리 말해, 만일 추론 능력만이 인간을 인간답게 만드는 핵심 속성이라면, 한 사람의 인간성은 지능지수(IQ)로 축소될 것이다. IQ가 높을수록 더 인간적인 사람이 된다. 하지만 순위를 매길 수 있는 측정의 관점이 아니라 사랑과 교제의 관점에서 사람의 기능을 다룬다면, 그 기준은 완전히 달라진다.

우리를 인간답게 만드는 것은 하나님, 다른 사람들, 이 땅을 사랑하고 그들과 교제할 수 있는 독특한 능력이다. 그런 사랑과 교제는 일반적으로 역할의 수준에 관계없이 대개 몸에서 (지능 같은) 그 사람의 기능을 통해 이루어진다. IQ가 낮은 사람도 하나님의 임재를 느끼고 그 자비에 반응해서 그분의 사랑을 깊이 있게 경험할 수 있다. 다른 사람들이 그 반응을 인식하지 못하더라도 말이다. 구원과 교제는 고도의 지적 능력으로 축소되어서는 안 된다. 말로 의사소통을 하지 못하는 사람이나 기타 장애가 있는 사람도 얼마든지 다른 사람들과 깊이 교제할 수 있다.[17] 또한 우리는 동물과 장애를 지닌 사람들 사이에서 아름답고 강력한 관계를 항상 목격한다. 우리는 우리가 저평가하거나 무시하는 경향이 있는 사람들에게서 배울 게 많다. 이처럼 교제는 때로 우리 상상과는 다른 모습일 수도 있다.

존 스윈튼(John Swinton)은 『시간의 친구 되기』(Becoming Friends of Time)라는 제목의 사랑스러운 책을 썼다.[18] 기독교 윤리학자인 스윈튼은 어려운 주제를 자주 다루면서 그 문제를 해결하는 신선한 방법을 제시하는데, 이 책에서는 인생에서 시간이 지닌 힘을 탐색한다. 우리는 빠른 것만 중시하는 경향이 있어서, 속도를 늦추도록 권하는 사람들이 우리에게 인식이라는 중요하고 풍성한 선물을 준다는 사실을 깨닫지 못한다. 그 선물은 바로 내 앞에 있는 사람과 온전히 함께 있는 법을 배우는 것이다. 그럼 우리가 '인간다움'에 대한 인식에 '효율성'의 잣대를 얼마나 쉽게 들이대고 있는지 어렵지 않게 알 수 있다. 그 결과 우리는 생산성과 속도의 관점에서 사람들의 가치를 평가한다. 우리는 종종 무의식적으로 좋고 나쁨의 개념을 산업 모델과 연결하는데, 그래서 사람을 기계처럼 취급하게 된다는 사실을 깨닫지 못한 채 사람에게 기계적인 개념을 적용하기도 한다. 우리는 인간으로 '존재하는'(human beings) 것이 아니라 인간으로 '행동하려'(human doings) 애쓴다. 이로 인한 비인간적인 영향은 금방 드러난다.

때로 우리는 낮은 인지력보다 높은 인지력에 더 큰 존엄성을 부여한다. 꾸준함보다는 속도를 가치 있게 여기고, 공동체의 연합보다는 개인의 영광을 더 높이며, 관계의 충실함보다는 산업의 생산성을 높이 평가한다. 스윈튼은 지적 장애인의 존재가, 우리 공동체가 정말로 믿지만 인정하기 꺼리는 생각을 드러낼 때가 많다고 인정한다. 사람의 가치가 생산성이나 IQ와 연결되어 있다는 생각 말이다. 그리 보기 좋은 모습은 아니다.

이는 저 밖에 있는 '세상'에만 존재하는 문제가 아니다. 교회 역시 우리의 비전과 교제를 왜곡하는 효율성 중심의 가치 체제를 채택하려는 유혹을 완전히 뿌리치지 못했다. 그래서 그리스도인의 삶에서 성장에 대한 우리의 이해가 왜곡된다. 이는 하나님이 우리를 어떻게 보시는지 생각하는 방식을 망가뜨린다! 어떻게 해서 이런 일이 발생하고 우리는 이 일을 어떻게 다룰 수 있는지 살펴보자.

스윈튼은 유한성을 피조물의 특징이라 말하면서, 우리가 "사랑에는 속도가 있다."라는 것을 깨닫고 우리가 쉽게 놓치고 무시하지만 사실은 하나님 나라에 꼭 필요한 '느리고 온유한 제자'의 아름다움을 발견해야 한다고 도전한다. 우리는 속도를 줄이고 그리스도께 귀 기울이고, 약하고 궁핍한 이에게서 그분을 보며, 그 과정에서 자신의 곤궁함을 고백해야 한다고 느낀다. 하지만 어떻게 속도를 늦출까?

예를 들어, 다운증후군이 있는 사람과 관계를 맺을 때는 내가 이 관계에 가치를 부여할 유일한 사람이라고 생각해야 하는가, 아니면 내가 그들에게서 배울 수 있을까? 하나님의 성품과 목적과 나라를 더 잘 깨닫도록 그들이 나를 도와줄 수 있지 않을까?

서두르지 않는 사람들만이 우리 평생에 걸친 하나님의 신실하신 역사를 포함한 과정을 소중히 여기는 경향이 있다. 그래서 스윈튼을 비롯한 다른 많은 사람은 우리가 다른 속도로 움직이는 장애인에게서 많이 배울 수 있다고 일깨워 준다.

척 콜슨(Chuck Colson)은 닉슨(Nixon) 대통령의 '악역'을 도맡아서 워터게이트 사건에 연루되어 실형을 살았을 뿐 아니라, 급진적으로 회심하고 국제 재소자 사역을 한 것으로도 유명했다. 템플턴 상과 15개가 넘는 명예 박사 학위를 받은 그는 무슨 일을 하든 열정적이고 활기찬 인물이었다. 그의 딸 에밀리가 그를 강력한 A유형 성격이라고 한 것도 당연하다. 하나님이 그를 그렇게 만드셨지만, 그가 속도를 줄이지 않았다면 하나님이 의도하신 대로 성장하지 못했을 것이다. 가족들은 딱 한 사람만이 그의 속도를 늦출 수 있다고 농담했다. 그 사람은 바로 그의 손자이자 에밀리의 아들, 자폐증이 있는 맥스였다.

맥스가 아주 어렸을 적에 콜슨은 어떻게 손자와 관계를 맺어야 하는지 몰랐다. 콜슨은 자신의 지혜를 아이에게 전해 주려고 무던히 애를 썼지만, 맥스는 마냥 울면서 그를 피했다. 에밀리는 맥스가 여섯 살 때 플로리다에 있는 할아버지 할머니를 보러 간 일을 기억한다. 콜슨은 독감을 앓느라 진이 다 빠져서 무기력하게 소파에 누워 있었다.[19] 그가 할 수 있는 것이라고는 매일같이 거기 누워서, 싱글맘 에밀리가 아들 맥스와 소통하는 모습을 관찰하는 것뿐이었다. 드디어 그는 맥스를 있는 모습 그대로 볼 수 있었고, 이것이 콜슨을 변화시킨 계기가 되었다.

맥스는 그를 삶과 새로운 형태의 교제로 이끌었지만, 효율적이지는 않았다. 에밀리가 설명한 대로, 맥스는 사람들의 의도나 일정은 전혀 개의치 않았다. "맥스가 할아버지와 장을 보러 가면 가게에 들어가 필요한 물건 두어 개만 재빨리 사서 나오는 것은 기대할 수 없어요. 맥스는 가게에 머물면서 경험하는 즐거움을 할아버지와 함께 나누고 싶어 하죠. 이 과정은 한두 시간쯤 걸릴 수 있어요. 게다가 동행한 어른에게…그 아이만의 느린 속도로 돌아가는 자폐아 소년의 세계에 들어오기를 요구한답니다."[20] 맥스는 심오하게 인간적인 삶의 방식으로 콜슨을 초대하고 있었다. 뒤로는 창조에 대한 경이라는 원초적 경험을 가리키고, 앞으로는 하나님과 다른 사람들과 함께하는 더 온전하고 느긋한 삶을 가리키면서 말이다.

여기서 우리는 위대한 신비와 조우한다. 사랑과 교제는 우리가 자신의 몸과 기능을 이해하고 평가하는 방식을 재조정해서, 그것들을 기계적으로 보지 않고 '관계적으로' 보게 한다. 우리는 IQ가 높다고 해서 더 인간적인 존재가 되는 것이 아니라, 하나님의 사랑과 교제를 더 많이 경험하면서 그분을 진정으로 닮아 간다. 이런 숙고는 중요한데, 그리스도인들은 자신의 제한된 지적 능력이나 신체적 약점, 혹은 혈당 수치에 따라 요동치는 의지력에 자주 죄책감을 느끼기 때문이다.

마이클 조던(Michael Jordon)의 열광적인 집념, 즉 코트 위에서 그가 발휘한 경쟁적인 '의지력'에 미치지 못한다면, 우리는 불성실한 그리스도인일까? 아니면 단순한 결단력의 실행이 결코 그리스도인의 자기 절제에 대한 핵심적인 관심사가 아니었다는 사실을 상기해야 할까? 기독교의 목표는 내면의 평안도, 끝없는 자기 개발 프로그램도, 근력 운동이나 더 나은 교육도 아니다. 하나님과 이웃, 나머지 창조 세계와의 사랑과 교제 가운데 성장하는 것이 늘 기독교의 목표 혹은 '텔로스'다.

전인에 대한 고전적 표현은 그것을 정신, 의지, 애정, 신체 기능의 조합으로 보는 것이었으며, 이는 유한한 피조물인 사람이 하나님과 나머지 창조 세계와 관계를 맺는 수단이었다. 이 기능들은 기계적 효율성이 아니라, 사랑의 교제를 촉진하거나 방해하는가에 따라 올바로 판단할 수 있다. 그래서 이 기능들은 살인을 끔찍이 여기는 이유를 설명하는 데에도 도움이 된다(창 9:6; 출 20:13; 신 5:17).

하나님의 형상대로 창조된 동료 피조물을 고의로 죽이는 행위는 사랑의 가능성에 대한 공격이므로 곧 하나님과 다른 동료 인간에 대한 공격이기도 하다. 예를 들어, 사람들이 스탈린이나 히틀러 같은 사람을 묘사하면서 '짐승'이나 '동물'이라는 표현을 자주 사용한다. 이는 그들이 지적으로 인간보다 당나귀처럼 기능한다는 의미인가? 아니다. 그런 언급은 이들이 사랑과 교제에 대한 관심이 부족함을 가리키며, 그것은 이들을 비인간화한다.

우리가 고전적인 '능력 심리학'(faculty psychology)을 거부하고 현대적인 심리학 모델이나 언어를 선택한다고 하더라도, 여전히 이런 전통에서 진정한 통찰을 얻을 수 있다. 우리를 독특하게 인간으로 만드는 것은 기능이 아니라, 우리가 소유하고 개발할 수 있는 어떤 능력이든 그것으로 하나님께 드리는 사랑의 반응이다. 이런 기능을 살펴보는 유용성은 누군가의 타고난 정서적 혹은 정신적 탁월함이나 불굴의 의지력을 검토하는 데 있지 않다. 그렇게 하면 그 기능들을 타인과의 상호 작용과 그 목적에서 멀어지게 할 것이다. 이런 기능을 살피는 일은, 창조주와 그분의 창조 세계, 특히 인간과의 교제를 증진하기 위한 하나님의 목적 가운데서 이해할 때에야 유용하다. 인간은 특별하고 독특한 피조물이기에 구체적인 교제의 모습은 다 다르겠지만, 이런 차이점이 모두 그 교제의 풍성함과 생명에 기여한다. 이 말이 무슨 뜻인지 이해하기 위해 이제부터 예수님과 그분의 성장 과정을 살펴보자.

그리스도와 틈입하시는 하나님의 사랑

인류의 본보기로 어떤 추상적이고 이상적 '인간'을 상징하는 대신, 우리를 향한 하나님의 목적은 우리를 완벽한 형상이신 그리스도처럼 만드시는 것이라는 사실을 깨달으면 어떻게 될까?

갈릴리 거리를 걸으신 역사적 예수님은 아버지 하나님을 완벽하게 사랑하셨고, 성령님을 의지하셨으며, 이웃을 사랑하셨고, 이 땅의 치유를 미리 보여 주셨다. 예수님이 역사상 최고 IQ의 소유자이셨을 수도 있지만, 사실 그것은 그분이 메시아가 되기 위한 신학적 필요조건은 아니었다. 예수님보다 기하학이나 목공에 능한 사람은 얼마든지 있었다. 나는 그런 사실을 인정하는 데 전혀 문제가 없다. 아인슈타인이 IQ 검사에서 예수님보다 높은 점수가 나왔다고 해서 우리 믿음이 위태로워지지는 않을 것이다. 예수님의 IQ가 구세주의 자격을 부여하는 것이 아니다. 오히려 영원하신 아들은 유한한 인간 존재로 들어오셔서 우리와 하나가 되셨고 진정한 피조물의 한계를 받아들이셨다.

예수님보다 더 키가 크거나 힘이 세거나 잘생긴 사람은 많았다. 그렇다고 해서 그분이 죄인이 되시거나 성부께서 그분을 받아 주지 않으시는 것은 아니었다. 인간으로서 예수님은 아버지께서 알려 주시는 것만을 아셨다. 너무 피곤해서 쉼이 필요하다고 고백하기도 하셨다(마 24:36; 요 21:17; 마 8:23-27; 눅 5:16; 요 4:6). 나사렛 예수는 모든 면에서 정말로 우리와 같은 분이셨지만 그분께 죄는 없었다(히 4:15).

예수님이 우리의 용서와 자유를 보장하시고 창조주 하나님과의 생명을 주는 교제로 우리를 회복하실 수 있었던 이유는 그분이 유한한 인간 존재로 들어오셨(음에도 불구하고가 아니라 들어오셨)기 때문이다. 따라서 우리는 우리 뇌가 더 커서가 아니라, 하나님과 이웃을 향한 새로운 마음으로 거듭났기 때문에 그리스도를 닮는다. 그런 사랑은 예배의 표현이자 통로다.

예수님도 자라셨다

성탄절에는 메시아 구세주이신 예수님의 탄생을 축하하는 노래를 부른다. 별과 목동, 나귀와 구유 등 우리는 캐럴의 기본 요소를 잘 안다.

두어 달 후에는 성금요일과 부활 주일에 관심이 집중된다. 이 모두가 기독교 절기의 핵심이다.

복음서를 보면, 예수님의 탄생에 약간의 지분을 할애한 후 예수님의 가르치시는 사역과 궁극적으로는 죽음과 부활과 승천에 집중한다. 그런데 이런 질문을 떠올려 본 적 있는가? "왜 성경은 예수님의 생애에 대해 더 많이 이야기해 주지 않았을까?" 놀라운 이야기와 중요한 통찰, 이 정보에서 배울 수 있는 유용한 본보기가 많았을 텐데 말이다. 그런데 우리에게는 약간의 탄생 이야기(마 1:18-25; 눅 2:1-21)와 열두 살 때 성전에서 있었던 짧은 일화(눅 2:41-52)만 있을 뿐이다. 그다음에는 예수님의 지상 사역과 생애의 마지막 두어 해로 넘어가 버린다. 30년 세월 중에 왜 이토록 많은 부분이 빠져 있을까?

그리스도인들은 늘 신약 성경이 말해 주는 것보다 예수님의 생애에 대해 더 알고 싶어 했다. 그래서 늘 예수님의 초기 삶을 자세히 설명하는 이야기를 담은 도서 시장이 있었다. 예를 들어, 2세기 도마의 유아복음서(Infancy Gospel of Thomas)가 그런 이야기를 제공한다. 그중 한 이야기는 진흙으로 살아 있는 새를 만드는 소년 예수를 묘사한다. 친구들의 관심을 끌려는 아이가 시도할 법한 근사한 마술이다. 사람들의 눈길을 끌기는 하지만, 꾸며낸 이야기다! 예를 들어 초기 교회 역사학자 유세비우스(Eusebius, 260-339)는 이 작품이 허구이며 더 나아가 이단이라고까지 판단했다.[21]

이런 이야기들이 (사실이라면) 예수님의 온전한 신성을 주장하기는 더 쉬울지 몰라도, 유세비우스와 다른 정교회 교사들은 그런 이야기를 그런 방식으로 사용하려는 유혹을 거부했다. 예수님의 어린 시절을 상상한 이 이야기들은 성경의 실제 내용보다는 기발한 상상력에 더 들어맞는다. 성경은 예수님의 어린 시절에 대해 상대적으로 침묵하는 편이다.

그렇다면 왜 성경은 예수님의 탄생과 가르치시는 사역 사이 시간에 대해 더 많은 정보를 주지 않을까? 신약 성경이 이 주제에 대해 침묵하는 이유를 설명해 주지 않으므로 우리도 알 수는 없다. 예수님의 소년기를 언급하는 한 단락(눅 2:41-52)도 그분이 비교적 평범한 삶을 살았음을 암시한다고 해석할 수 있다. 같은 이유로 성경은 예수님이 배꼽을 잡고 웃으실 때마다 말해 주지 않고, 화장실에 가셔야 할 필요를 기록하지 않는다. 이런 것들은 인간 존재의 평범한 측면이기에 창피할 일도 아니지만 굳이 강조할 가치도 없기 때문이다.

앞부분에서 예수님의 탄생과 관련하여 살펴보았듯이, 사람들은 낯설거나 다르거나 놀라운 일에 대해 언급한다. 예수님이 화장실에 갈 필요가 '없으셨다'거나 재밌는 농담에도 웃지 '않으셨다'는 것이 기록할 가치가 있을 법한 내용이다. 후대에 기록으로 남길 만큼 특이한 일 말이다. 그러나 신약 성경은 그런 내용은 기록하지 않았다. 따라서 우리는 예수님이 모든 면에서 우리와 같으셨다고 가정해야 한다. 동정녀의 탄생, 놀라운 통찰력을 지닌 소년, 몸과 마음을 고치는 독특한 재능이 있는 랍비. 이런 것들이 주목할 만한 점이다. 적어도 복음서의 목적에서 보자면, 17세 소년 예수의 삶은 주목할 만한 점이 없었다. 복음서는 30년간 예수님의 신체적·심리적·관계적 발달에 대해 자세히 설명하기보다는 대부분 가정한다.

예수님은 십자가에 뛰어오를 준비가 된 다 자란 성인으로 하늘에서 뚝 떨어지지 않으셨다. 하나님과 인류의 중재자로서 성육하신 아들이 온전한 인간의 삶을 경험하시는 것은 매우 중요했다. 이레나이우스가 주장했듯이, 메시아는 인생의 평범한 시기를 통과하셔서 신비한 방식으로 창조 세계 자체를 새롭게 하는 일을 하셨다.[22] 우리가 유아기부터 아동기, 청소년기와 초기 성인기까지 예수님의 발달 과정을 자세히 모른다는 사실은 오히려 우리에게 위로가 될 수 있다. 우리는 예수님이 말하는 법을 배우거나 사춘기를 통과한 과정을 자세히 모르기에 그분도 기본적으로 우리처럼 그런 어색한 단계를 거치셨으리라 가정할 뿐이다.

여기에 진정한 연대와 정체성의 공유가 있다. 실제로, 우리는 출생에서부터 죽음에 이르는 예수님의 생애가 대체로 평범한 신체적·정신적·정서적 성장으로 채워졌으리라 가정할 수 있다. 예수님은 언제나 죄가 없으셨지만 망가지고 죄 많은 세상에 거주하셨다. 인간 존재의 긍정적인 면뿐 아니라 비통함과 잔인함도 아셨다. 실망이 무엇인지, 가족에게 오해받거나 사람들이 당신에 대해 거짓말하는 것이 어떤 기분인지 잘 아셨다. 예수님은 필연적으로 다가오기 마련인 유혹에 굴복하지 않으시면서도 이 모두를 통과하며 성장하고 발전하셨다.

예를 들어 누가복음은 이 말씀을 강조한다. "아기[예수]가 자라며 강하여지고 지혜가 충만하며 하나님의 은혜가 그의 위에 있더라"(눅 2:40). 그 다음으로 열두 살 때 성전에서 있었던 이야기를 전하고, 누가는 열두 살부터 한참 후 요단강에서 요한에게 세례받으신 때까지의 예수님의 삶을 이렇게 요약한다. "예수는 지혜와 키가 자라 가며 하나님과 사람에게 더욱 사랑스러워 가시더라"(눅 2:52). 성장, 자람, 발전. 이 본문들은 예수님이 더 강하여지고 지혜로워졌다고 주장한다. 그렇게 해서 성육하신 예수님은 성부 하나님과 동료 인간들과 심오한 인간적 교제를 경험하실 수 있었다. 여기서 우리는 매우 신중해야 한다. 확실히 예수님은 죄에서 죄 없음으로, 교제 없음에서 교제로 옮겨 가지 않으신다. 그분은 항상 완벽히 거룩하시고 악한 동기와 행위가 없으시며, 성령 하나님이나 성부 하나님과 떨어져 있거나 적대적이지 않으셨다. 그러나 예수님이 신체적·정신적·정서적으로 자라면서, 그에 상응하여 그분이 생각하시는 지혜와 사랑의 모습도 성장하는 것처럼 보인다.

서른 살 예수님에게 나타난 인간적 지혜와 은혜의 표현은 7개월 아기 예수님을 안고 있는 사람이 발견한 것보다 분명히 더 심오하고 복잡했을 것이다. 예수님이 첫돌 전에 14개 국어를 자유자재로 구사했다면, 우리는 그분이 과연 우리와 같은 진정한 인간이었는지 의심했을 것이다. 따라서 그분이 인간으로서 겪은 진정한 한계와 능력은 그분의 사랑과 교제의 경험이 성장하는 데 영향을 미쳤다.

누가의 묘사는 어린 사무엘이 선지자가 되는 성장과 발달 과정과 의도적인 유사성이 있는 듯하다(삼상 2:26; 3:19). 하지만 예수님은 단순히 이스라엘에 예언의 말씀만 전달하거나 제사장의 통상적인 희생 제사만을 드리는 것이 아니라, 그보다 더 큰 일을 준비하신다. 성령을 한량없이 받으신 예수님은(요 3:34) 공생애 기간에 독특한 능력과 권세로 가르치실 수 있었고(마 7:2; 9:6-8; 28:18; 요 12:49; 14:10), '인간으로서' 그 성장의 정점은 단번에 '자신'을 온전하고 최종적인 희생 제물로 드리신 것이다(히 9:26; 10:12; 엡 5:2; 히 4:14-5:10 참조).

따라서 예수님이 이 땅에서 평범하게 발전하고 성장하신 사실은 인류를 향한 하나님의 원래 창조 계획을 우리에게 보여 주는 것이기도 하다. 하나님은 새 창조의 회복 사역을 하실 때와 마찬가지로 과정을 기뻐하셨다. 인간 피조물로서 예수님의 한계는 그리스도인들에게 두려움을 주는 것이 아니라, 오히려 하나님 사랑의 진정한 아름다움과 크심을 밝혀준다. 영원하고 장엄하신 성자 "그는 근본 하나님의 본체시나 하나님과 동등됨을 취할 것으로 여기지 아니하시고 오히려 자기를 비워 종의 형체를 가지사 사람들과 같이 되셨고"(빌 2:6-7).

우리는 '완전함'을 죄가 없는 것과 똑같이 생각하는 경향이 있기 때문에 여기서 주의할 필요가 있다. 그러나 '완전함'에 대한 성경적 · 역사적 이해는 '흠 없는' 상태(특히 '온전함'이라는 의미에서)와 더 관련이 있다.[23] 동물 제사가 '완전한' 것은 양이 증오하지 않거나 탐욕을 거부해서가 아니라, 온전하고 흠이 없기 때문이었다(예. 레 3:1-6). 그래서 히브리서 저자는 예수님이 "온전하게 되셨[다]"라고 말할 수 있다(히 2:10; 5:9; 7:28).[24] 이 말씀은 예수님이 이전에는 죄가 있었지만 이제는 거룩하시다는 뜻이 아니다(히 7:26 참조). 오히려 이 말씀은 예수님의 인간적 성장과 경험의 축적, 그리고 이제 유일하고 최종적인 대제사장으로 섬기기 위해 성별된 세상의 구세주로서 그분의 목적을 성취하신 예수님을 가리킨다.[25]

예수님은 언제나 흠이 없으셨지만, 그분의 삶은 성장하는 삶이어서 그분의 사역을 완수하려고 온전히 준비되어 가셨다. 예수님은 아기가 아니라 어른으로서 그 생명을 주셨다. 원래 창조처럼, 영원하신 아들이 취한 인간 본성은 성장하고 '완전해지게' 되어 있다.

마찬가지로, 당신이 아름답고 선하고 '완전한' 아기를 품에 안고 있다면, 아무리 사랑스럽다고 해도 그 아이가 영원히 아이로 남기를 바라지는 않을 것이다. 아기는 성장하고 성숙하며, 그 삶이 선하고 훌륭하게 확장되어야 한다. 이 땅에서 예수님의 온전한 생애는, 그분에게조차 과정과 발전은 반드시 필요하고 유익한 것이었음을 보여 준다. 우리는 예수님이 아니다. 그분만이 온전한 인간이요 온전한 하나님이시다. 그분은 독특하게 성육신하신 영원한 아들이시다.

그러나 이 독특함이 예수님과 우리 사이에 거리를 두지는 않는데, 성령 하나님이 우리를 그분과 연결해 주시기 때문이다. 복음서는 마리아의 아들 예수님이 태에서부터 "큰 자가 되고 지극히 높으신 이의 아들이라 일컬어질 것이요"(눅 1:32)라고 말한다. 성령님의 거룩하게 하시는 임재와 권능으로 동정녀 마리아가 잉태하고(마 1:18, 20; 눅 1:34-35), 예수님은 성령님 안에서, 성령님과 함께 전 생애를 사시며(예. 눅 4:1, 14, 18; 요 1:23-33; 3:34), 성령님의 능력으로 귀신을 내쫓고 환자를 고치시고 가난한 자에게 복음을 선포하신다(예. 마 12:18, 28; 눅 4:18, 33-41; 행 10:38). 마지막으로, 메시아의 죽음까지도 "영원하신 성령으로 말미암아" 드려졌고(히 9:14), 이 동일하신 하나님의 영이 예수님을 죽은 자들 가운데서 일으키신다(롬 8:11; 1:4; 벧전 3:18 참조). 승천하신 그리스도는 그분의 영을 백성에게 부어 주셔서, 반역과 죄와 죽음이 있던 곳에 믿음과 소망과 사랑을 가져다주신다.

하나님은 구원하시고, 구원하신 하나님은 그 아들과 성령님을 통해 일하시는 아버지시다. 그 백성인 우리는 우리를 그리스도와 연합시키시고, 아버지의 사랑 안에서 자유로이 살며 은혜와 진리를 자라게 하시는 동일하신 성령님의 능력을 받는다.

그런데 그리스도와 하나 된 우리는 왜 여전히 죄를 짓는 걸까? 하나님은 우리 안에서, 우리를 통해 어떻게 역사하실까?

성령님으로 새로워지는 우리

개신교 신학자들은 때로 칭의와 성화가 죄 문제를 다루는 방식에서 차이가 있음을 발견했다. 앤서니 후크마(Anthony A. Hoekema)가 구분한 대로, 죄는 우리를 (1) 하나님 앞에서 죄인으로 만들 뿐 아니라 (2) 우리를 오염시키고 그분과의 교제에서 멀어지게 만든다. 그런 이유로, 칭의는 주로 전통적으로 죄에서 비롯된 죄책을 해결하는 것으로 여겨졌다. 정죄받아 마땅한 우리가 그리스도가 완성하신 사역 때문에 더는 그 죄책을 감당하지 않아도 되는 것이다.

그러나 성화는 우리 삶에서 죄의 행위와 그 영향을 다루는 것으로 여겨졌다. 성화에서 "죄의 오염은 (마지막 때까지 완전히 제거되지는 않겠지만) 제거되는 과정 중에 있다."[26] 달리 표현하자면, 하나님의 자녀는 단순히 죄의 법적 혐의를 벗었을 뿐 아니라(칭의), 성육하신 성자를 점점 더 닮아 간다(성화). 성화는 그리스도인들이 실수나 착오를 피하도록 돕는 것이라기보다는 하나님과 이웃에 대한 사랑과 교제를 키우는 것이다. 다시 말해, 하나님은 우리 죄를 사면해 주실 뿐 아니라, 우리 안에서 시작하신 변혁 사역을 수행하기 위해 최선을 다하신다(빌 1:6).

확실히, 우리가 이제 정말로 성도(곧 하나님의 거룩하신 사람)라고는 해도 지금 생에서 그 일은 언제나 미완으로 남을 것이다. 하지만 우리가 전혀 성장할 수 없다는 생각은 성경의 수많은 명령과 대치된다. 우리가 용서받고 사랑받으며 항상 하나님의 은혜를 의지하는 존재라는 사실을 스스로 일깨우는 것은 좋고 올바른 일이다. 하지만 그렇다고 해서 우리의 결정과 행동이 아무 의미가 없다는 뜻은 아니다. 하나님 백성은 성장할 수 있고, 성장은 대체로 단순한 정보 축적이나 자기 계발보다는 사랑과 교제의 모습을 띤다. 하나님이 우리를 사랑하시기 때문에 우리는 이런 식으로 성장한다.

내 친구이자 목사인 저스틴 보거(Justin Borger)는 로마서 3장 23절이 무슨 내용인지 사람들에게 물어보기를 좋아한다. 사람들은 기억에 의지해서 대부분 이런 식으로 나름대로 표현한다. "모든 사람이 죄를 지어서 부족하다는 말씀이죠." 하지만 이게 전부가 아니다. 우리는 이 준엄한 말씀에서 가장 핵심적인 단어를 종종 빠뜨린다. 바로 '영광'이다. 모든 사람이 죄를 범하였으매 "하나님의 영광에 이르지 못하더니." 인간 조건에 대한 이 말씀이 너무 슬픈 까닭은 원래 인간은 하나님의 영광을 반영하도록 창조되었기 때문이다. 인간은 쓰레기가 아니다. 불쾌한 존재가 아니다. 죄의 왜곡과 파괴를 허용해서 타락해 버린 영광스러운 피조물이다. 죄는 우리 내부와 외부 세계에 모두 영향을 미친다. 죄는 하나님을 닮은 우리의 독특하고 영광스러운 모습을 흐리게 만든다.

성령님은 우리 삶에 일하시면서 거듭남 같은 즉각적인 역사를 행하셔서(요 3:3, 7; 벧전 1:3, 23), 더는 죄의 주인 노릇에 굴복하지 않는 성도로서의 지위를 보장해 주신다(예. 롬 6:1-2; 고전 6:11). 하지만 동일하신 성령님, 창조의 성령님이 시간을 두고 우리의 사랑과 교제의 기회를 변화시키기도 하신다. 예를 들어, 랄프 마틴(Ralph Martin)은 신자의 성장이 "영광의 한 단계에서 조금 더 높은 단계로 완만하고 점진적으로 이루어져서" 그리스도와 함께 영광을 누린다는(롬 8:17, 29, 30) "도달한 목표에서 절정에 달한다."라고 설명한다.[27] 그리고 바울은 "너희 속에 그리스도의 형상을 이루[는]" 것에 대한 기대감으로 독자들을 권면한다(갈 4:19; 빌 3:21; 요일 3:2 참조).

분명히 해 두자. 이 성장은 경건한 동기와 행위, 목적이 흔들림 없이 커진다고 해서 이루어지지 않는다. 계속해서 위로 올라가지만도 않는다. 걸음마를 배우는 아이처럼 반드시 넘어지기 마련이다. 때로는 바닥에 부딪혀 아파하고 다치기도 한다. 하나님은 우리를 그분의 성도로 만들고 성령님을 통해 우리 안에서 역사하기로 약속하셨지만, 우리가 항상 성장을 잘 판단할 수는 없다. 우리는 성장을 감지하지 못할 때가 많다. 그 속도가 너무 느리거나, 눈으로 볼 수 있는 성장이 아니거나, 우리가 성장을 성장이라고 생각하지 못하거나 다른 많은 이유가 있다.

여러 성인의 성장 과정마다 희한한 역설이 존재한다. 경건한 성인의 다수는 자기 죄를 진정으로 깨달았다. 세월이 흐르면서 죄의 왜곡된 존재에 대한 인식이 줄어들기는커녕 오히려 더 늘었다. 그러나 그것을 아는 사람들은 자신이 다른 사람들처럼 정말로 죄와 싸우고 있다는 사실을 때로 믿기 힘들어한다. 왜 그럴까? 우리가 성장을 판단하려 할 때 성령의 열매라는 성경의 범주(사랑, 희락, 화평, 오래 참음, 자비, 양선, 충성, 온유, 진리)보다 도덕주의의 범주를 적용할 때가 많기 때문이다. 우리가 사는 세상은 외적이고 확실한 승리를 위해 일하기 때문에 온유나 기쁨처럼 서서히 자라는 성격 특성을 중요하게 생각하지 않는다. 하지만 하나님 나라에서는 이런 특징이 진정한 성장과 발전의 척도다.

존 오웬과 우리 안에 일하시는 성령님의 사역

내가 아는 한, 17세기까지 성령님의 위격과 사역에 대한 가장 총체적인 논의는 존 오웬의 방대한 저술에서 찾아볼 수 있다. 구체적으로 『성

> 성령님의 아홉 가지 열매를 포함한 그리스도인의 미덕은 하나님의 선물인 동시에 이런 생활 방식과 마음과 생각의 습관을 개발하려는 신앙인의 의식적인 결단의 결과다.
>
> _ N. T. 라이트, 『그리스도인의 미덕』 *After You Believe*

령론』(*Pneumatologia*)이라는 그의 작품은 창조에서부터 완성에 이르는 성령님의 사역을 추적한다. 그는 예수님의 삶에서 성령님의 역할을 신선하고 생생하게 다루고, 신자들의 삶에서 성령님의 사역을 신중하게 목회적으로 풀어낸다. 그는 창조에서 성령님의 임재와 사역을 성육신에서의 임재와 사역과 강력하게 연결하기 때문에 성화에 대해서도 통찰력 있는 묵상을 제공한다. 우리의 목적이 제한적이기에 여기서는 관련된 개념 한 가지만 강조하려 한다.

오웬이 말한 '성화'의 간략한 정의에서부터 시작해 보자. "성화란 예수 그리스도를 통해 성령님에 의해 우리 본성이 하나님의 형상으로 바뀌는 보편적인 변화다."[28] 오웬에 따르면, 성화의 지속적인 사역과 목적은 그리스도인의 전(보편적) 존재 곧 생각과 마음과 의지(와 우리의 구체화된 행동과 관계)를 그리스도의 형상으로 새롭게 하는 것이다. 앞서 살펴보았듯이, 이 갱신을 사랑과 교제의 관점에서 이해한다면, 그런 전인적 연구는 인간 기능을 개별적으로 들여다보는 것보다 더 의미가 있다.

하나님은 우리 생각을 새롭게 하시고, 우리 사랑을 재정립하시며, 우리 의지에 능력을 더하신다. 이 과정은 성령님이 우리의 의식과 관계없이 우리 존재를 새롭게 하시는 것과, 우리가 하나님의 온전한 형상이신 그리스도께 향하는 의식적이고 반복적인 행위를 통해 동시에 이루어진다. 성령님만이 우리의 성향을 바꾸시고 은혜 가운데 성장하도록 능력을 주실 수 있다.[29] 달리 말하면, 하나님의 영은 우리에게 단순히 하나님의 용서에 대한 이해만 전달하지 않으신다. 능력과 목표도 주신다. 그러나 성령님이 하시는 일이 대부분 그렇듯, 즉각적이고 극적인 변화보다 느리고 꾸준한 변화를 약속하신다.

하나님의 영은 우리가 하나님, 다른 사람들, 주변 세상과 신실하게 교제할 수 있도록 계속해서 우리를 움직이고 자극하신다. 그러면 우리는 하나님의 영이 우리 안에 역사하고 계심을 어떻게 알 수 있는가? 표적이나 특이한 권능을 찾아야 하는가? 아니다. 우리가 주로 찾아보아야 할 것은 바로 사랑이다(예. 롬 5:5; 갈 5:6, 22; 요일 4:11-21).

오웬이 살던 시대에는 특이한 성령 체험을 주장하는 사람들이 있었다. 이 체험에는 원래 경멸의 뜻을 담은 이름이 붙었다. 지금은 그 의도는 잊히고 셰이커(Shakers), 퀘이커(Quakers), 열광주의자(Enthusiasts)라는 이름만 남았다. 이 집단들에 이런 꼬리표가 붙은 이유는 이들이 예배를 드리면서 성령 체험을 통해 신체적 평정, 정신적 능력, 정서적 균형을 잃는 듯한 행위를 보였기 때문이다. 이들은 성령님을 경험하면서 '자기를 잃어버린' 듯했다. 일부 기록에 따르면, 통제력을 잃고, 심지어 폭력을 행사하면서, 자신이 무슨 말이나 행동을 하는지 모른 채 돌아다니는 사람들을 찾아다녔다는 이야기도 있다.[30]

이런 설명은 우리가 생각하는 21세기 퀘이커 교도나 셰이커 교도와는 거리가 멀어 보이지만, 초기 기록에는 그렇게 남아 있다(이를 유포한 사람 중에는 비판자들도 있었지만, 교도도 다수였다.). 이 책의 목적에 집중하기 위해서 이런 기록이 이 집단에 공정한지 여부는 남겨두도록 하겠다. 내가 관심 있는 것은 오웬이 상황을 얼마나 정확히 이해했는지 여부가 아니라, 그의 제안이기 때문이다.

오웬은 성령님의 사역을 묵상하면서 자신이 목격한 두 가지 극단을 거부했다. 한편에는 성령님의 위격과 사역을 모두 부인하는 듯한 이성주의자들(예. 소치니파)이 있었다. 그들에게 '영'이란 창조 세계의 한 요소에 지나지 않았고, 확실히 독특한 신성은 아니었다. 다른 한편에는 조금 전에 언급한 열광주의자들이 있었다. 오웬은 이 두 번째 집단도 성령님의 일반적인 사역을 오해했으며 이들의 실천이 그리스도인의 삶에 대한 신자들의 기대감을 약화할 것을 우려했다.

그는 성령님의 사역에 대한 이런 시각이 인간 피조물의 존엄성과 목적을 (재)확인하기보다는 비인간화하고 있다고 우려했다. 그는 이런 극단적 체험에 대한 기대가 유한한 정신, 제한된 정서 능력, 우리 안에서 성령님의 역사에 의식적으로 참여해야 할 필요성 등 하나님이 우리를 만드신 방식을 비하하는 태도를 키울 때가 많다고 걱정했다. 다시 말해, 그에게 주어진 질문은 이것이었다. **"이들이 찾고 있는 성령님은 우리의 인간성을 약화하는 분인가, 아니면 재확인하고 강화하는 분인가?"**

창조의 영은 재창조의 영과 같은 분이기에 성화와 변화의 사역은 우리를 (덜 인간답게가 아니라) 더 인간답게 만들어야 한다. 이는 존 스토트(John Stott)가 1990년대 일부 교회에서 있었던 방언 현상에 대해 질문을 받았을 때의 반응을 떠올리게 한다. 스토트는 최대한 외교적인 태도를 취하면서 하나님의 영이 역사할 가능성을 완전히 배제하고 싶지는 않았지만, 그럼에도 보고된 이런 경험들이 사람을 하나님보다는 동물처럼 보이게 하는 경향이 있고, 반지성적 본능이 인간의 존엄성을 긍정하기보다는 오히려 훼손하는 것 같다는 우려를 일부 인정했다.[31]

오웬은 사람들이 체험했다고 주장하는 '영'이 그리스도가 아니라 영 자체를 가리키는 경우가 종종 있으며, 때로는 사람들이 그리스도의 위격과 사역을 경시하거나 무시하도록 부추기는 것처럼 보인다고 염려하기도 했다. 그러나 성경을 보면 성령님은 항상 사람들에게 그리스도를 가리켜 보여 주시는데, 성령님이 곧 아들의 영이시기 때문이다(예. 롬 8:9; 갈 4:6; 빌 1:19). 하나님의 영은 그리스도와 절대 경쟁하지 않으시는데, 우리가 성령님 안에서 아들로 말미암아 아버지를 사랑하기 때문이다(엡 2:18 참조). 따라서 성령님의 역사에 대한 진정한 표지는 그리스도를 높이는 것이다.

성화의 영과 창조의 영은 동일한 분이므로 우리는 대체로 하나님의 영이 우리에게 특별한 능력을 주실 것을 기대하지 말고, 우리를 원래의 목적, 곧 하나님과의 온전한 교제로 인도하실 것을 기대해야 한다. 이 목적을 위해 성령님은 우리에게 새로운 마음을 주시고, 우리 속에 하나님과 이웃을 향한 사랑을 불러일으키시며, 사랑과 은혜의 선한 행위 가운데 우리를 강하게 하신다. 이번에도 성령님 안에서 성장하고 있다는 증거는 얼마나 많은 기적을 행하고 얼마나 많은 놀라운 체험을 했느냐가 아니라, 하나님과 이웃을 향한 사랑이 성장하고 있는지 여부다.

따라서 변화를 낳는 성화에는 이중 특징이 있다. 성화는 하나님의 일하심을 전적으로 의지하고 그에 대한 반응인 동시에, 인간 행위자나 참여의 존엄성을 약화하지 않는다. N. T. 라이트(N. T. Wright)가 요약한 대로 "성령님의 아홉 가지 열매를 포함한 그리스도인의 미덕은 하나님의

선물인 '동시에' 이런 생활 방식과 마음과 생각의 습관을 개발하려는 신앙인의 의식적인 결단의 결과다."³²

성령님의 사역은 창조 때 드러난 패턴을 따른다. 때로 그분의 사역은 즉각적이고 극적이지만, 느리고 점진적인 경우가 더 많다. 그래서 인간 행위자를 배제하기보다는 오히려 요구하고 장려한다.

용기를 잃지 말라

우리 삶이 우리가 원하는 모습과 얼마나 동떨어져 있는지를 확인하면 낙담하기 쉽다. 우리 죄와 유한한 한계성이 눈에 들어온다. 골칫거리 태도와 중독, 행동과의 지난한 싸움이 한꺼번에 사라지기를 바란다. 그러나 보통 하나님은 즉각적으로 우리 태도를 바꾸거나 중독을 해결하거나 행동을 교정하지 않으신다. 가끔 빨리 행동하실 때도 있지만, 대개는 우리가 넘어질 때마다 일으켜 주시고, 느리지만 꾸준히 우리를 아버지의 사랑과 아들의 은혜와 성령님의 교제로 이끄셔서 우리 삶을 바꾸신다. 이 과정에서 우리의 무신경을 긍휼로, 증오를 사랑으로, 두려움을 소망으로 바꾸어 우리를 다른 사람들과 다시 연결해 주신다.

용기를 잃지 말자. 당신 안에서 선한 일을 시작하신 분이 완성까지 지켜보실 것이다. 대개 하나님은 그분의 교회이자 백성을 통해 우리 삶에서 느리지만 꾸준히 일하셔서 그 선행을 이루어가심을 잊지 말자.

이제 하나님 백성으로 살아가는 것에 대한 질문으로 넘어가자. 함께할 때 개인의 한계가 다르게 보인다. 공동체적 시각을 장착할 때 개인의 삶은 상상 이상으로 더 중요해진다(반대로 압박은 줄어든다).

**그리스도의 한 몸을 이루려면 온 교회가 필요하다.
다른 사람들을 섬기고 의지하는 것은 믿음과 소망과 사랑 가운데 공동체를 세우는
이중 동력이다. 교회의 하나 됨 가운데 있는 다양성은 이 세상에서
하나님의 임재와 행위를 드러낸다.**

09

교회로 한 몸이 되어야 하는 이유
의존하는 방식

혼자서는 그리스도를 본받을 수 없다

너무 많은 필요

교회를 찾은 손님이 지역에서 활발하게 이루어지는 교도소 사역에 대해 이야기하는 내용을 듣고 나는 큰 감동을 받았다. 보통 연사는 모임을 마무리하면서 이 사역을 후원할 수 있는 기회를 설명한다. 재정을 후원할 수도 있고, 재소자의 멘토가 되어 주기적으로 만날 수도 있다. 혹은 재소자와 편지를 교환하며 격려와 현명한 조언, 우정이라는 선물로 유익을 끼칠 수도 있다. 줄이 그어진 흰 종이를 끼운 갈색 보드가 회중석에 전달된다. 죄책감, 어쩌면 성령님이 주신 확신이 내 마음을 뚫고 들어온다. '이건 꼭 신청해야 해.'

두어 주 후에는, 동네 주택 공급 프로젝트에서 일하는 다른 손님들이 방문해서 마을의 또 다른 곳에서 하나님이 일하시는 이야기를 들려준다. 강력 범죄, 만성 빈곤, 공포가 만연한 지역에서 하나님은 아름답고 의미 있는 일을 하신다. 지역 사회에 샬롬과 희망의 손길이 이어진다. 그곳에 사는 그리스도인들이 꼭 필요한 격려를 받는가 하면, 다른 이들은 말과 행동으로 그리스도의 사랑을 새로이 경험한다. 그러나 현재 그곳에 거주하며 사역하는 사람들의 능력보다 훨씬 더 많은 도움이 필요하다. 책임자들은 사역의 기회를 설명하면서 똑같은 갈색 보드를 전달한다. 이번에는 다른 종류의 신청서가 끼워져 있다. 이번에도 감동받은 나는 이 강력한 사역이 얼마나 중요한지, 내가 어떻게 아낌없이 후원해야 하는지 똑똑히 본다. 신청서가 내 쪽으로 온다. '어떻게 하지?'

그 뒤에 얼마 안 있어 우리 교회의 연례 선교 집회가 열린다. 여기서 우리는 이미 후원하는 사역뿐 아니라, 새로운 도전과 기회에 대해서도 듣는다. 올해 우리 교회는 일부 지역 빈곤층과 또 다른 엘리트 특권층을 대상으로 복음 사역을 펼치고 있는 인도에 집중하고 있다. 기도, 사람, 재정 후원은 늘 필요하고 환영받는다. 작년에는 무슬림 세계에서 상대적으로 소홀한 지역에 집중했고, 내년에는 유럽의 필요를 살피려 한다. '나는 어떻게 반응해야 할까?'

그다음 또 두어 주 후에는 원치 않은 임신으로 힘들어하는 이들을 위한 사역을 소개받고… 몇 달 뒤에는 또 다른 중요한 사역을 소개받고…. 무슨 상황인지 이해했으리라 생각한다. '동정 피로'(compassion fatigue)는 우리의 제한된 능력과 끝없는 필요에 대한 우리의 반응을 묘사한다. 교회 안팎에서 봉사할 사람은 언제나 부족하다. 하나님의 교회와 세상의 정당한 필요가 온전히 충족된 적이 있는가? 세상에 꼭 필요한 어느 사역에서 자원봉사자나 돈이 넘친다는 이야기를 최근에 들어 본 적이 있는가? 그렇다면 우리는 우리가 모든 일을 다 할 수 없다는 무력감에 항상 죄책감을 느껴야 할까? 아니면 번아웃이 될 정도로 힘에 부치도록 애써야 할까?

이런 필요를 채워 달라는 끝없는 요구에 대해, 우리가 집중할 초점을 좁혀야 한다는 당연한 반응도 나온다. "성경이 명령하는 일만 해야 한다."라거나 "초기 교회처럼 단순화해야 한다."라는 식의 주장이다.

나는 도를 넘은 그리스도인들을 돕기 위한 이 시도에 적극 공감하며 교회가 '모든 일'을 다 해야 한다고 생각하지도 않지만, 교회의 초점, 혹은 적어도 그리스도인의 의무를 줄여야 한다는 요구 뒤에 있는 비성경적인 충동이 염려스럽기도 하다. 물론, '단순화'가 불필요하거나 주의를 분산시키는 프로그램을 정리한다는 의미일 수도 있지만, 실제로는 시간이 걸리지만 하나님의 마음에 가까운 문제(가난한 사람, 과부, 고아, 잃어버린 자 등)를 경시한다는 뜻일 때가 너무 많다. 자기만의 가정과 사각지대 없이 성경을 보는 사람은 없기 때문에 누구나 자신이 가장 편하게 생각하는 내용은 강조하고 불편하게 생각하는 내용은 경시하는 경향이 있다. 나처럼 부유하고 바쁜 사람들은 물질적 도움이 필요한 사람들에게 마음을 닫고 싶은 유혹을 받지만, 그렇다고 해서 하나님이 그리하신다거나 교회가 그렇게 해야 한다는 뜻은 아니다.

'복음'에만 집중하려는 노력이 잘못되었다는 한 가지 표시는, 목회자나 교역자는 복음을 전하고 영적인 일에 계속해서 '적극적'으로 참여하는 반면 회중은 '수동적'인 경우다. 사랑을 받는 것으로만 생각하고 다른 사람을 사랑하는 일에서 발을 뺀다면, 사랑 안에 머물지 못한 것이다. 참가자보다는 구경꾼이 되어서 참여하지 않고 즐기기만 하고, 기여하지 않고 비판하기만 한다. 우리는 사랑 밖에서 자신을 위한 편안한 공간을 만든다. 이는 고대 교회나 하나님의 행동과는 거리가 멀다. 이런 반응은 한쪽으로 치우친 사고를 드러낸다.

예를 들어, 우리 생활 수준을 위협할 수 있는 무언가를 회중에게 요청할 때 그것을 '행위의 의'를 조장하는 것으로 치부할 수 있을까? 우리는 노력과 자기 부인이 그리스도의 은혜와 그리스도인의 삶과 상반되는 것처럼 행동하는가? 아니면, 고도로 당파적인 환경에서 소외되고 궁핍한 이들을 돌보라는 사역을 '정치적인 것'으로 분류하거나, 마치 복음이 사회적 관심사와 분리될 수 있는 것처럼 '사회적 복음'에 참여하는 것으로 분류하는가?

신약 성경을 이렇게 다루는 것은 종종 본문에 대한 환원주의적이고 심리학적인 해석과 우리 문화의 기준을 성경의 기준보다 앞세우려는 의도에서 비롯된다. 그런 해석은 초기 교회가 맞닥뜨린 진정한 도전(예. 유대인과 이방인, 부자와 가난한 자, 남자와 여자의 구분을 극복하는 것)을 무시한 것이다. 초기 교회는 하나님 나라 가치관을 살아 내기 원했기에 당대의 문화적 가치관을 뒤집었다. 사회적·신학적 문제는 그렇게 쉽게 풀리지 않는다.

초기 교회는 처음부터 가르침과 기도에만 집중하지 않았다(물론 그 둘이 핵심이기는 했다). 그들은 또한 재물을 나누고 과부를 돌보고 슬퍼하는 자를 위로하고 가난한 자에게 힘을 주고 이웃에게 복음을 증거하고 세상에 대안적인 존재 방식을 본보기로 보여 주었다(행 2:42-47 참조). 교회는 떡과 포도주를 통해 굶주리고 상처받은 세상의 혼돈과 죄를 깨뜨리는 샬롬의 맛을 독특하게 제공했다. 교회는 인생의 어둠과 슬픔을 피하지 않고 우리가 맞닥뜨리는 진정한 고통과 필요에 그리스도의 빛과 평안을

> 세상에서 세계적으로나 지역적으로 눈에 띄는 진정한 그리스도 안의 공동체는
> 하나님의 통치라는 좋은 소식의 정치학을 구체화하고
> 나타내고 선포하는 정치 공동체다.
>
> _ 자크 니링기에, "교회와 성례전의 정치학" Churches and the Politics of the Sacraments

드러냄으로써 소망을 보여 주었다. 사람들은 여기, 교회에서 죄와 역기능을 정직하게 다루고 고백하고 치유할 수 있었다. 성령 하나님이 새로운 은혜와 연합과 사랑을 부어 주시는 동안 그들은 샬롬을 발견하고 경험했다. 하나님이 주시는 그런 변화시키는 사랑은 마음에서부터 가정으로, 공동 예배 경험에서부터 망가진 몸과 숨 막히는 영혼을 위한 구체적이고 특정한 행동으로 움직인다. 하나님은 그 백성 가운데 끊임없이 움직이시면서, 그들을 사랑과 섬김으로 이끌어 세상에 복이 되게 하신다.

따라서 하나님의 영으로 충만한 사람들이 말과 행동을 포함한 온갖 창의적인 방식으로 상처받은 세상을 돕는 경향이 있다는 사실에 놀라서는 안 된다. 영적으로 가난한 사람과 물질적으로 가난한 사람과 관계적으로 가난한 사람 '모두'가 창조주와 구속주를 예배하는 사람들에게는 적절한 관심의 대상이다.[1] 하나님을 증언하는 우리는 물질과 영적인 것을 대립시키지 않고, 그분을 만물의 주로 인정한다. 이는 우리의 애정과 행동에 영향을 미친다.

세상은 엄마 배 속에 있는 연약한 태아를 무시하라고 유혹할지 모르지만, 교회는 그럴 수 없다. 이 사회는 생산성도 수입도 없는 노인은 잊어버리라고 유혹할지 모르지만, 교회는 그래서는 안 된다. 우리가 속한

하위문화는 경제나 교육 배경에 따라 친구를 고르라고 유혹할지 모르지만, 교회는 그 이상을 요구한다. 다른 민족 배경이나 피부색을 지닌 사람들 사이의 억압과 분열은 양극화된 시대의 교회가 다루기에는 지나치게 '정치적'이고 세속적인 문제로 들릴 수 있지만, 교회는 그런 편견을 거부하고 적극적으로 사랑에 참여해야 한다.

교회는 영혼 구원 그 이상에 신경 써야 하는가?

우리는 우리에게 그 나라를 허락하신 왕을 예배하기에 복음은 태생적으로 '정치적'이고 '사회적'이다. 우리는 모든 민족과 언어와 피부색과 문화와 출신의 사람들이 함께 모여 살아 계신 하나님을 예배하는 왕국에 속해 있다. 인종이나 계층, 능력에 대한 편견과 맹점은 우리의 하나 됨을 방해하기도, 하나님의 자녀들이 회개하고 적극적으로 상황을 바로잡기 위해 애쓸 수 있는 기회를 주기도 한다. 힘없는 사람들을 억압하는 체제로 벌어들인 돈을 돌려주어서 이웃과의 관계를 바로잡은 삭개오처럼 말이다(눅 19:1-10). 잠언이 분명히 말하듯이, "너는 입을 열어 공의로 재판하여 곤고한 자와 궁핍한 자를 신원할지니라"(잠 31:9).

다시 말해, 아버지의 사랑과 아들의 은혜, 성령님의 교제를 경험한 사람들은 폭넓은 관심사와 행동으로 부름받았다. 이 부르심에는 공동체적 측면과 개인적 측면이 있지만, 하나님이 우리가 행하도록 예비하신 선행에 참여하라는 확실한 부르심이라는 것은 틀림없다(엡 2:10). 거기에는 "우리의 화평"이신 분이 우리의 적대감을 무너뜨리고 "외인"과 "나그네"를 그분 안에서 하나 되게 하는 부르심도 포함된다(엡 2:13-22). 이는 단순히 신학적 진술을 긍정하는 것이 아니라, 우리 삶과 우정과 재정을 재정립하는 것이다.

하나님의 뜻이 하늘에서와 같이 땅에서도 이루어지도록 관심을 갖는 것은 기독교 선교와 교회의 핵심적인 복음의 문제다. 우리가 일용할 양식을 얻기 힘든 사람을 무시하거나, 쌓인 부채는 영적인 문제와 상관이 없다고 생각하거나, 어떤 개인이나 집단에 원한을 품어도 아무 영향이 없으리라고 믿으면, 하나님과 그분이 소중히 여기시는 수많은 사람과 거리를 두게 된다(마 6:9-15 참조).

교회의 존재와 본질의 핵심에는 하나님과 이웃 사랑이 자리한다. 교회인 우리는 이 땅의 어떤 정당이 아니라, 항상 우리의 왕과 그 나라에 충성한다. 교회 공동체의 삶이 이를 얼마나 잘 반영하는지에 따라, 우리는 나머지 세상에 주님의 선하심을 보여 주고, 언젠가 그분과 함께 온전히 누릴 미래의 만찬과 샬롬을 맛보여 줄 수 있다. 다시 말해, 예수님이 주님이시라는 좋은 소식은 삶의 모든 영역에 영향을 미치지만, 그 복음을 충실히 듣고 반응하려면 한 개인이 아니라 온 교회가 필요하다.

우리가 해야 할 훌륭하고 중요한 일이 많다. 특히 설교(마 24:14; 롬 10:14; 딤전 4:13; 딤후 3:16; 4:2), **기도**(대하 7:14; 마 18:19-20; 행 2:42; 고후 1:11; 약 5:16), **성례전**(마 26:26-28; 28:19; 고전 10:16-17; 11:23-24)은 하나님에게서 나와 그분의 교회를 통해 세상으로 흘러가는 모든 수고를 지지하고 연합하는 **뼈대**다. 그러나 그 **뼈대**가 교회와 그리스도인이 부름받은 전부는 '아니다'. 몸에는 **뼈**만 있는 것이 아니다. 설교 준비에서 복음 전도, 공동 식사에서 성만찬 준비, 교회 청소에서 헌금 계수까지(대부분은 눈에 띄지 않는 곳에서 이루어진다.) 건강한 신자 공동체가 함께 모이고 번성하도록 돕는 사역은 일일이 거론하기 어려울 정도로 많다(롬 12:11-13; 히 10:25 참조). 설교, 성례전, 기도 외에도 할 일이 아주 많다.

교회가 하나님의 사랑과 관심사를 표현하는 사이에, 많은 필요와 우선순위가 수면으로 드러난다. 예를 들어, 어린이 사역을 최우선 순위에 두어야 하지 않을까? 예수님은 아이들이 나아오는 것을 막지 말라고 친히 말씀하신다(마 19:14; 막 10:14; 눅 18:16). 무너져 가는 집에 혼자 사는 동네 할머니를 돕는 일도 간과하지 말아야 한다. 구약 성경과 초기 사도들은 과부를 소홀히 대하지 말라고 분명히 말한다(예. 출 22:22; 신 10:18; 시 147:3; 딤전 5:3). 갇힌 자에게 좋은 소식을 들고 찾아가고(예. 사 61:1-3; 히 13:1-3), 고아에게 관심을 보이며(예. 신 26:12; 욥 29:12-16; 시 82:3; 약 1:27), 물질적으로 가난한 자에게 친절히 베풀어야 한다(예. 신 15:7-8; 잠 14:21; 22:9; 28:27; 요일 3:17). 외국인들은 하나님 백성 가운데서 환영과 보호를 받고(예. 출 23:9; 레 19:34; 23:22; 25:35; 신 14:28-29; 24:13-17; 시 146:5-9), 외롭고 마음이 상한 이는 주님 안에서 우정을 누려야 한다(예. 시 34:18; 147:3; 사 61:1-3). 짓밟힌 자는 하나님 백성 가운데 함께 있으면서 그분의 안식과 격려를 찾고(예. 마 11:28; 막 2:17), 억압된 자를 변호하면서 정의를 추구해야 한다(예. 시 72:12-14; 사 1:17; 10:1-3).

교회의 사명은 무엇인가?

교회의 핵심 사명은 사람들에게 메시아를 꾸준히 가리키는 것이다. 메시아만이 아버지의 사랑을 온전히 드러내고 그분의 영을 우리에게 부어 주신다. 우리가 하는 모든 선한 노력의 목적은 사람들을 삼위일체 하나님의 품으로 이끄는 것이지, 그분을 대체하는 것이 아니다. 우리가 행하는 모든 은사는 궁극적으로 그것을 주신 분을 가리켜야 한다. 그렇다면 이 모든 일은 어떻게 이루어질까?

교회는 그리스도인의 존재에서 핵심이다. 교회는 또한 하나님이 그분의 임재와 사랑과 은혜를 이 세상에 표현하시는 보통의 수단이다. 하나님은 세상 구석구석에서 행동하시기 때문에 교회는 주님을 따르면서 많은 필요에 직면한다. 실제로 미국 복음주의 교회들은 그 필요 목록에 사회적 관심사가 너무 많이 들어 있다고 생각할 수도 있지만, 전 세계와 역사 속 교회는 일반적으로는 성경이, 구체적으로는 예수님이 그런 관심사를 권장한다는 점을 오래전부터 인식해 왔다.[2]

말과 행동, 사랑과 정의, 용서와 화해, 영적 성장과 물질적 필요, 미래의 소망과 현재의 안정은 모두 같이 가며, 서로 반대되기보다는 오히려 강화한다. 가난한 사람들을 소홀히 하는 행위는 신약 성경 본문을 설명하지 않는 것만큼이나 복음에 충실하지 못한 것이다. 실제로, 가난한 사람들을 소홀히 하는 것은 신약 성경 본문을 제대로 설명하지 못하는 것이다.

하나님은 교회를 구성하는 사람들을 통해 그분의 사랑과 공급과 가치를 베푸신다. 피난처와 힘이 되어 주겠다는 그분의 제안은 교회를 통해 전해질 때가 많다. 하나님이 은혜의 말씀과 안전한 포옹, 따뜻한 음식을 주기 원하실 때도 교회를 통해 주실 때가 많다. 그래서 교회는 모든 일을 다 할 수 없을 때도 공동선을 증진하기 위해 계속해서 노력한다.[3]

모든 정당한 필요와 하나님의 백성에 대한 요청을 고려할 때 우리는 다시 한번 다음과 같은 질문을 맞닥뜨린다. '나는' 무엇을 해야 할까? 도움을 구하는 신청서를 받거나 의미 있는 기회가 생겼을 때 어떻게 반응해야 할까?

특정 필요를 제시하는 사람들이 종종 그 필요를 채우려 애쓰는 사역에 직접 관여할 때가 많으며, 그 필요와 사역의 가치 모두에 열정적이라는 점이(당연히 그래야 한다!) 문제를 더 심각하게 만든다. 그들은 자신들의 경건한 열심과 확신을 우리와 나누고 싶어 한다.

누가 과부를 돌아보지 않겠는가? 복음 전도가 중요하다고 생각하지 않겠는가? 소그룹 성경 공부를 후원하고 싶지 않겠는가? 누가 기도 모임이 필요 없다고 생각하겠는가? 힘들어하는 중독자, 피로에 지친 돌봄 제공자, 이혼 후 회복 중인 사람, 슬픔에 짓눌린 사람을 돕고 싶지 않겠는가? 하나님의 마음을 반영하는 정당한 사역은 끝이 없고, 그런 사역에 적극적인 사람들은 그 분야에 대한 하나님의 열정적인 관심사를 반영할 때가 많다. 그러니 나도 그들과 똑같이 느끼고 그들처럼 그 사역에 참여해야 하지 않을까?

이렇듯 수많은 호소가 이어지는 중에, 나는 두 종류의 반응을 종종 마주한다. 따뜻한 마음과 적극적인 양심을 지닌 사람들은 신청서마다 이름을 올리고 자신이 얼마나 할 수 있는지 알아보려 한다. 그 결과, 번아웃으로 향하는 내리막길을 걷게 된다. 반대로, 번아웃을 경험했거나 목격한 사람들 혹은 이미 개인적인 일로 바쁜 사람들은 반대 극단으로 간다. 주변의 요구에 눈을 감은 채, 때로는 교회가 너무 많이 애쓴다고 주장하기까지 한다. 동정 피로를 느끼는 이 사람들은 결국 아무것도 돕지 않는다. 와서 이야기를 듣고 곧장 자리를 뜬다. 아니면, 아예 더는 오지 않을지도 모른다.

물론, '모든 일을 다' 하거나 '아무것도 하지 않는' 두 대안 말고 다른 반응도 있다. 제3의 길을 찾기 위해서는 우리가 하나님의 선하신 설계에 따라 항상 하나님과 다른 사람을 의존해야 하는 유한한 피조물임을 기억해 내야 한다. 우리는 이 건강한 의존을 절대 벗어나지 못한다. 우리 존재의 이런 측면이 또 다른 길을 암시하는데, 개인의 성취를 위한 소모적인 경쟁이나 아무것도 하지 않는 행위 대신 공동체를 장려하는 것이다. 이런 함께하는 삶에 대한 건강한 청사진을 얻기 위해서는 메시아와 그분의 몸을 새롭게 생각해 볼 필요가 있다.

우리는 하나님의 명령을 무시할 수 있는가?

한 친구가 캘리포니아에서 전화를 걸어왔다. 그는 자신이 묵살할 수도 없고 이행할 수도 없는 성경의 요구 사항에 대해 이야기하고 싶어 했다. 그는 마태복음 25장에 나오는 양과 염소의 심판에 대한 말씀을 읽으면서 부드러운 양심과 살아 있는 지성 때문에 소진되고 지친 상태였다. 1998년 록 밴드 케이크(Cake)가 체제 전복적이고 기억하기 쉬운 후렴구에 요약한 가사 "양은 천국에 가고 염소는 지옥에 간다네"[4]는 별 도움이 되지 않았다.

그런데 예수님은 케이크의 해석처럼 맹목적으로 무리를 따르는 양 떼를 말씀하시는 것이 아니다. 비유에 나오는 양들은 사랑하는 목자의 본보기를 따르는 사람들이다. 예수님은 누가 누구인지를 결정하는, 의심의 여지 없이 분명한 기준을 제시하신다. 가난한 사람을 먹이고, 나그네를 영접하고, 헐벗은 사람에게 옷을 입히고, 갇힌 사람을 찾아가는 이들이 왕의 오른편에 있는 '의인' 혹은 '양'이다. 왕은 이들이 "나라를 상속받[고]" "영생에 들어가리라"라고 약속하신다(마 25:31-40, 46). 왕의 왼편에 있는 자들은 "염소"인데, 그들은 "영벌에" 들어간다(마 25:46). 이 본문에 따르면, 양과 염소의 차이는 무엇인가? 간단하다. 그 차이는 약하고 궁핍한 사람을 어떻게 대하느냐에 달려 있다.

이 본문이 내 친구 매트를 계속 따라다녔다. 그는 신학교를 졸업했고 예수님이 유일한 소망임을 알았지만, 이런 본문을 그냥 지나칠 수 없다는 것도 알았다. 그는 자신이 하는 사역대로 살면서 다른 사람들의 삶에 자기 생명을 쏟아붓고 있었지만, 재정 자원은 한정되어 있었고 교도소를 방문하거나 노숙자 쉼터에서 정기적으로 봉사할 만한 여유 시간과 에너지를 내기도 힘들었다. 그의 정직함이 두려움을 부추겼다. 그는 진짜 염소였을까? 어쩌면 매주 두어 시간 정도는 더 사역 시간을 쥐어 짜낼 수 있었을지도 모른다.

내 친구의 염려가 과하다고 무시하고 그가 이미 공부한 구원의 확신에 대해 이야기하기 전에, 매트의 망설임을 신중하게 고려해 볼 필요가 있다. 그는 많은 사람이 매우 불편하게 여기는 성경 본문을 무시하지 않았다. 예수님이 여기서 장난치고 계신 게 아니라는 것을 알고 예수님과 그분의 말씀을 진지하게 받아들였다. 그래서 매트는 염려스럽다. 그러면 그는 정말 염소인가? 나는, 당신은 어떤가?

매트의 불편함에 공감하지 못한다면, 우리 신학이 그보다 나아서가 아니다. 우리 대부분은 지나친 요구를 하거나 우리를 불편하게 만드는 성경을 무시한다. 우리가 재소자를 정말로 찾아가야 한다고 믿지 않는다. 굶주린 사람에게 정말로 먹을 것을 주어야 한다고 생각하지 않는다.

"그건 복음의 문제가 아니라, 사회 정의의 문제죠." 예수님이 몸의 일부를 잘라 내라고 말씀하시는데도(예. 마 5:29-30, 18:7-9) 탐욕과 정욕을 진지하게 생각하지 않는다. 우리는 성경에서 너무 많이 요구하는 본문은 무시함으로써 그 내용을 중화한다. 매트와 달리, 우리 대부분은 이런 본문을 붙잡고 씨름하지 않는다. 성경을 너무 진지하게 생각해서가 아니다. 아메리칸 드림의 최신 표현에 맞지 않는 요구는 쉽게 무시하기 때문이다.

너무 많은 메시아?

교회사에서 자주 반복되는 실수는 각 그리스도인들이 개인적으로 메시아이신 예수님의 온전하심을 드러내야 한다고 생각하는 것이다. 3세기 은둔자에서부터 열정적인 목회자와 사회 정의 운동가에 이르기까지, 그들은 (자신도 깨닫지 못하는 사이에) 자신이 개인적으로 메시아에 대한 기대감을 보여 주어야 한다고 믿는다.

개인의 믿음과 책임을 강조하는 현대 서양에서 이런 생각은 점점 더 심화되었다. 개인의 책임과 신념을 강조하는 이런 본능에는 많은 진실이 있지만, 잘 조정하지 않으면 파괴적인 결과를 초래할 수 있다.

영국인 복음주의 선교사 찰스 테일러 스터드(Charles Taylor Studd)의 이야기에서 그 점을 볼 수 있다.[5] 그리스도와 복음 전파에 온전히 삶을 바치기 원했던 그는 중국과 인도, 마지막으로는 아프리카까지 갔다. 그리고 재정과 교육의 특권을 포기한 채 사역에 온 힘을 쏟아부었다. 그는 그리스도가 자신을 위해 모든 것을 버리셨다고 믿었기에 스스로 '무모한 기독교'라고 이름 붙인 것을 실천했다. 하지만 이는 영웅적인 사연뿐 아니라 일부 파괴적인 결과도 불러왔다. 지칠 줄 모르는 그의 헌신은 (적어도 남들이 보기에는) 점점 광적으로 변했다. 예를 들어, 말년에는 하루에 18시간씩 일하면서 모르핀에 중독되었다. 아내가 건강이 좋지 못했는데도, 결혼 생활 마지막 13년 중에 아내를 본 기간은 고작 2주에 불과했다. 심지어 딸과 사위가 자신과 같은 수준의 헌신을 보여 주지 못했다는 이유로 선교 사역에서 해고하기도 했다.

그는 이 힘겨운 기간이 자신의 '겟세마네'였다고 인정했는데, 이는 자신이 그리스도와 똑같은 길을 따르고 예수님께 요구된 모든 것을 해야 한다는 의무감을 느꼈기 때문인 듯하다. 언젠가 그는 이렇게 털어놓았다. "내 마음은 회복할 수 없을 정도로 지치고 멍들었으며, 깊은 외로움에 시달려 종종 사라지고 싶을 때가 있다." 과연 이런 무모한 기독교가 우리에게 필요한가? 선교든 사회 정의든 이런 급진적인 삶을 따르지 않으면, 우리가 하나님의 요구를 진지하게 받아들이지 않는다는 뜻인가?

이런 선의의 경향은 (1) 우리가 그리스도와 그 사역의 독특함을 과소평가하고 (2) (유한한!) 개별 인간에 대한 하나님의 기대를 과대평가하며 (3) 그리스도의 몸인 교회에서 그분이 하시는 사역을 과소평가한다는 사실을 종종 드러낸다. 이 경우에 문제는, 우리가 '창조'와 '교회학'이라는 진리를 소홀히 한 채 '구속' 개념에만 집중한다는 것이다. 예수님이 우리를 위해 죽으신 것(구속)은 꼭 기억해야 하지만, 하나님이 우리의 한계와 함께 우리를 원래 선하게 지으시고(창조) 우리가 영적 건강을 위해 서로 의지하도록 이끌고 계신다는 것(교회학)도 잊지 말아야 한다. 우리는 이를 충분히 고려하지 않는 것 같다.

예수님은 눈먼 자를 보게 하시고, 저는 자를 걷게 하시며, 나환자를 고치시고, 듣지 못하는 자의 귀를 여시고, 죽은 자를 일으키시고, 가난한 자에게 복음을 전파하셨다(눅 7:22; 마 11:5 참조). 하나님이 이 기름 부음 받은 자를 통해 독특하게 그 백성에게 임하셨을 때 그분은 메시아적 기대를 성취하셨다(사 29:18; 35:5; 42:6-7; 61:1-3 참조). 예수님은 하나님 나라를 안내하시고 그분을 따르는 이들에게 거기서 어떻게 살아야 하는지 가르치셨다. 하나님 나라의 삶은 우리를 향하신 그분의 은혜에 달렸다. 그 은혜가 우리를 자신에게만 집중된 관심에서 해방시키고 다른 사람을 섬기게 해서 인내와 사랑과 온 세상을 향한 관심에 우리의 눈이 열리게 한다(예. 요 13:15; 딤전 1:16; 벧전 2:21).

때로 이는 다른 사람을 위해 우리 목숨을 내려놓는 것을 의미할 테지만, 그렇다고 해서 예수님이 하신 모든 일을 우리가 할 수 있다는 뜻은 아니다. 예수님은 의심할 여지 없이 진정으로 온전한 인간이셨지만, 그분께는 성령으로 충만한 사람으로서 독특한 부르심도 있었다. 이스라엘의 화신인 예수님은 측량하기 힘든 진정성과 깊이로 하나님과 이웃을 충실히 사랑하셨다.

그렇다면 이제 우리는 어떻게 될까? 앞서 언급한 두 가지 선택지로 돌아가게 된다. 예수님을 닮으려고 애쓰느라 '모든 일'을 하거나, 예수님의 피가 내 죄와 결점을 덮어 주셨으니 '아무것도' 하지 않거나. 어떻게 하면 양과 염소 이야기를 무시하지 않으면서, 거기에 짓눌리지 않고 그 이야기를 진지하게 받아들일 수 있을까? 앞에서 창조 교리가 제3의 길을 암시한다고 이야기했다. 창조 교리에 교회의 본질에 대한 기독론적 초점을 더한다면 이 가능성은 더 분명해질 것이다.

메시아 한 분을 본받으려면 온 공동체가 필요하다

'온' 교회가, 고립된 사람들이 아니라 하나 된 유기체로서 그리스도의 몸으로 부름받았다(예. 고전 12:12-27). "이와 같이 우리 많은 사람이 그리스도 안에서 한 몸이 되어 서로 지체가 되었느니라"(롬 12:5). 그리스도의 한 몸은 온 교회로 구성되며, 그 몸은 굉장한 다양성과 차이를 지닌다. 이렇게 연합할 때 각 지체는 그리스도만 의존하는 것이 아니라, 서로 의존한다.

오늘날 개인주의 문화에서는 이런 교회관이 사라져 버렸다. 그래서 하나님의 명령에 주의를 기울이는 신자들은 혼자서 성경의 모든 기대를 충족시키려 하다가 쉽게 무너지고 만다. 하지만 한 몸인 '교회 공동체'에 허락하신 성령님의 생명을 주는 능력을 인정할 때 우리는 해방되어 더 충실하고 효과적으로 행동할 수 있다. 혹은 어윈 인스(Irwyn Ince)의 적절한 묘사를 빌리자면, 우리는 '아름다운 공동체'가 되어 아름다우신 하나님을 반영하게 된다.[6]

하나님은 우리가 서로 의존하고 생명을 주는 공동체 안에서 즐거워하도록 창조하셨다. 이는 단순한 목적이 아니라, 우리가 지음받은 방식이다. 교회의 사명 중에는 그런 공동체로서 섬기는 것도 있다. 그렇게 해서 이 분열된 세상에 에덴 같은 오아시스를 제공하고, 다시 한번 샬롬이 방해받지 않고 통치하는 때를 가리켜 보여 줄 수 있다.

모든 역할을 다 감당하고 모든 일을 다 할 수 있는 사람은 없다. 그러나 그리스도의 온몸으로 함께한다면, 이 망가진 세상에서조차, 하나님이 우리를 창조하신 방식에 충돌하지 않고 조화를 이루는 삶의 방식을 서로와 우리 이웃에게 상기시켜 줄 수 있다. 그리고 우리가 모든 일을

> 인류는 이중으로 존재하며, 타인에게 그 존재를 의지하는데,
> 이 의존성이 인류의 조건을 정의한다.
>
> _ 디트리히 본회퍼, 『창조와 타락』

다 할 수는 없더라도, 어떻게 충실한 양이 될 수 있는지 이해하게 된다. 달리 표현하자면, 당신이 교도소를 찾아가지 않더라도 '양'이 될 수 있다. 그렇다고 교도소 방문이 불필요하다고는 생각하지 말라.

매트 이야기로 돌아가서, 나는 나 자신을 격려하는 것과 같은 방식으로 그를 격려했다. 오늘 나는 교도소에 있는 재소자를 돌보고 있다. 네팔의 소외된 사람에게 복음을 전하고 있다. 병원에 입원한 어린 환자를 위해 기도하고 있다. 성매매 피해자의 회복을 돕고 있다. 인종 차별에 맞서 싸우고 있다. 과부를 보살피고 있다. 그러고도 훨씬 더 많은 일을 하고 있다. 어떻게 그럴 수 있을까? 나는 그리스도의 살아 있는 몸의 일부이기에 이 모든 일을 할 수 있다. 하나님의 영이 나를 그리스도와 하나 되게 하셨고, 그 연합으로 인해 믿음의 형제자매와도 하나가 된다.

우리는 하나다. 나는 지역 교회와 세계 교회에 속했다. 물론, 혼자서는 이 모든 일을 하루 만에 할 수 없다. 하루는커녕 한 사람의 일생으로도 모자란다. 그러나 내가 다니는 교회는 이웃과 도시, 더 나아가 전 세계로 뻗어 나가면서 적극적으로 사랑을 쏟아붓는다.

우리 교회는 온 세상에 흩어져 있는 수많은 교회 중 하나에 불과하다. 하나님의 교회에 속한 우리는 교도소 사역을 하고, 아이를 보살피며, 굶

주린 사람에게 음식을 주고, 기도하고, 말씀을 가르치고, 고아와 과부를 돌본다. 나는 그 몸이 아니라, 몸의 일부다.

하지만 몸은 함께 일하며 그분의 사랑과 치유와 섬김에 참여할 때 메시아의 마음을 드러낸다. 승천하신 그리스도의 통치를 받고 그분의 영에게서 능력을 받은 교회에 속한 우리는 다 같이 함께 예수님이 죽음과 부활 전에 행하신 것보다 더 큰 일도 할 수 있다(요 14:12).[7] 이제 하나님은 대개(전적으로는 아니지만) 그분의 교회인 우리를 통해, 우리 안에서 구속 사역을 이루신다.

나는 메시아가 아니다. 당신이나 당신 교회의 목회자도 마찬가지다. 그러나 '함께'(그리스도가 완성하시고 성령님이 능력 주시는 사역 가운데 안심하면서) 우리는 그분의 거룩한 사역에 참여함으로써 아버지의 긍휼과 사랑을 실천한다. 우리는 그리스도의 몸으로서 이 일을 한다. 우리는 양이요, 목자 되신 분이 우리를 사랑하시므로 함께 그분을 따르고 닮아 간다.

함께, 하나님의 세상을 돌보다

매트는 대학생 사역을 한다. 대학생 사역은 시간이 많이 들 뿐 아니라 정서적으로도 힘들다. 그는 마태복음 25장에 실린 다른 일을 할 여력이 없다. 그런데 시카고에 사는 유능한 변호사 수전은 대학 캠퍼스에 있는 도움이 필요한 학생들을 위해 일할 수 없음에도 그녀는 이 학생들을 위해 사역을 한다. 개인적으로 캠퍼스에 가서 일하기 때문이 아니라 성령님을 통해 매트와 연결되어 있기 때문이다.

그리스도와 연합한 우리는 그리스도의 대속 사역에서 유익을 얻는다. 하지만 우리는 형제자매의 사역을 통해 간접적인 방식으로 유익을 얻기도 한다. 이는 우리의 칭의와는 아무 관계가 없고, 단지 우리가 하나님의 살아 있는 교회에 속해 있기 때문이다.

나는 기도가 필요한 모든 사람을 위해 기도할 수는 없지만, 몸의 지체로서 기도가 필요한 모든 사람을 위해 함께 기도할 수 있다. 내가 원하는 만큼 직접적인 빈곤 퇴치 활동을 하지는 않지만, 다른 신자들이 하고 있다. 우리가 서로 연결되어 살아갈 때만이, 화가와 교사로서, 조경사와 주부로서, 정치인과 소프트웨어 엔지니어로서 그리스도를 공경하는 '세속' 직업인들을 경시하는 태도를 멈출 수 있다. 다른 사람의 일을 폄하하지 않고 전체의 일부로 볼 수 있기 때문에 모든 종류의 직업과 노동을 진정으로 축하할 수 있는 자유를 얻는다.

스코틀랜드 신학자 존 베일리(John Baillie)는 다음 기도에 그 정신을 잘 담아냈다. "오 포도원의 주인이신 하나님, 성실하고 신실하게 자기 소명에 충성하면서 제 몫의 세상 짐을 기꺼이 함께 지며, 우직함과 올곧음으로 일상의 과업을 감당하고 진실로 주님을 섬기기를 갈망하는 모든 이들에게 주님의 복을 내리소서."[8] 계속해서 그는 농부와 목동, 어두운 광산에 들어가는 사람에서부터 공장이나 시장에 고용된 사람 등 다양한 직업인을 위해 기도한다. 물건을 사든 팔든, 펜을 사용하든 쟁기를 사용하든, 난로를 지키든 아이를 돌보든, 각 사람은 자신의 노동으로 하나님을 공경하고 공동선에 기여할 수 있다.

베일리는 하나님이 대개 그분의 세상에서, 그분의 사람들을 통해 일하신다는 사실을 이해했다. 하나님은 일하실 때 그분의 모든 백성을, 그들의 다양한 은사와 부르심을 사용하신다. 그러나 핵심을 놓치지 말라. 어떤 개인도 세상의 무게를 혼자 짊어지지는 못한다. 그렇게 하려고 하다가는 누구라도 무너질 수 있고, 무너지고 말 것이다. 각 신자는 메시아를 따라 **제 몫의 세상 짐을 기꺼이 함께 져야 한다.** 그리고 각자의 '제 몫'은 다양한 은사와 능력과 부르심에 따라 독특하고 다르다.

그리스도 한 분을 나타내려면 우리 모두가 필요하다. 우리는 서로 섬기면서 자기를 부인하고(마 16:24) 기꺼이 그리스도의 고난에 참여함으로써(벧전 4:13) 서로 짐을 진다(갈 6:2). 우리는 그분의 몸이기에, 자신의 왜소함이나 한계를 부끄러워하지 않아도 된다. 우리는 오히려 우리 일을 부지런히 잘 감당하고, 우리와 같이 선행을 실천하는 다른 사람들을 위해 기도하고 감사하라는 권면을 받는다.

우리가 서로 연결되어 있다고 믿을 때만이, 교회에서 필요하다고 여기는 특정한 노력에 하루 대부분을 바치는 목회자, 선교사, 사역자에게 마지못해 재정 지원을 요청하는 입장에서 벗어날 수 있다. 후원을 요청하는 사람들은 민망해하기 보다, 다른 이들로 그들이 할 수 없는 일을 할 방법을 제공한다는 사실을 알고 격려를 받을지도 모른다. 예를 들어, 내가 기부하거나 기도할 때 내 안의 작은 일부가 더 큰 사역에 동참하게 된다.

몸은 살아서 활동한다. 그러나 내가 몸 전체가 아님을 아는 것도 해방감을 주기 때문에 혼자서 모든 행사에 참여하거나 모든 훌륭한 사역을 재정적으로 후원하거나 세상의 모든 필요를 위해 기도하지 않아도 된다. 내가 개인적으로 반드시 하거나 알아야 하는 일이 아니더라도 하나님께는 얼마든지 훌륭하고 중요한 일이 될 수 있다.

우리의 유한성을 인정하고 하나님 백성의 상호 의존성을 긍정하면, 죄책감에서 자유로, 압도당하는 느낌에서 활력으로, 수동성에서 능동성으로 나아갈 수 있다. 하나님은 절대 한 사람에게 모든 일을 기대하시지 않는다. 우리에게 한계를 주신 분이 바로 그분이시다. 또한 하나님은 우리 각자에게 독특한 은사를 주시고 일정한 형태의 섬김과 사랑으로 부르셨다. 이는 단순히 전임 사역을 하는 '영적인' 사람에게만 해당하는 것이 아니다.

하나님은 우리의 한계와 복잡한 의무도 잘 아신다. 우리가 먹여야 할 자녀들과 추수할 곡식, 영양분을 공급하고 옷을 입혀야 할 우리 몸, 잘 가꾸어야 할 관계를 주신 분이 바로 그분이시다. 우리는 각자의 소명을 소중히 여기고, 재능과 기술의 차이를 인정하고, 다양한 성격을 존중하고, 사회 정의에 집중하면서도 예술을 장려할 수 있다. 그러나 우리가 그리스도의 온 몸을 더 진지하게 받아들일 때만이 그런 온전한 시각이 존중받을 수 있다.

우리는 각자도생하는 개인이 아니라, 서로 연결된 한 몸이다. 예수님은 그분의 양 떼에게 과중한 부담을 주시지 않고, 공동체로서 하나 된 그들의 정체성을 확인해 주신다. 그분은 "내가 너희 안에 있고 너희가 내 안에 있다."라고 말씀하시는데, 이는 우리가 한 몸으로 서로 참여하는 것에도 해당한다. 부분은 전체가 아니고, 전체가 부분으로 축소되어서도 안 된다. 그래서 우리는 우는 자들과 함께 울고 기뻐하는 자들과 함께 기뻐한다. 섬기고 먹고 마시며, 쉬고 노동하며, 사랑하고 희생한다. 그리스도 안에서 사는 것은 그분을 닮아 간다는 뜻이다. 그러나 우리가 메시아를 온전히 드러내기 위해서는 온 교회가 필요하다.

예수님만이 그분의 온전한 몸이시다. 그분만이 메시아시다. 나머지 우리는 그분이 될 필요가 없다. 그분의 몸으로서 다른 지체와 연결되어,

그냥 그분 안에 있으면 된다. 이를 염두에 두고 사역자와 그 회중에 대해 더 구체적으로 살펴보려 한다.

사역자와 그 회중에게 드리는 말씀

사역자여, 당신이 하는 일은 매우 중요하지만, 비현실적 기대감은 건강하지 못한 문제를 낳고 번아웃으로 몰아가는 경우가 많다.

일부 그리스도인들, 특히 목회자들이 대개 '자기 돌봄'이라는 표현을 의심스럽고 초조한 시선으로 본다. 그러나 자신의 필요와 한계를 인식하는 것이 사역자들의 장기적인 건강에 꼭 필요하다는 사실을 보여 주는 연구는 점점 많아진다. 이러한 자기 돌봄을 신학적으로 표현하자면, 피조물의 유한성에 대한 올바른 인식(이 책의 6장에서는 이를 **겸손**이라고 표현했다.)이라고도 할 수 있다. 우리(목회자와 비영리 단체 지도자 등 사역자들)가 피조물로서 자원의 한계를 무시할 때 그 결과는 특히 지도자들에게 치명적이다.

사역자들은 그리스도와 그 나라를 섬기려는 자신의 소명 의식을 끝없는 목표를 달성해야 한다는 욕구나 의무감으로 해석해서 스스로 거절하기 어려워할 때가 너무 많다. 약한 수준의 죄책감이 늘 그들을 따라다닌다. 그들이 할 수 있는 일은 언제나 더 있다. 그리스도의 희생적인 사랑을 본보기로 삼는 목회자가 어떻게 거절할 수 있겠는가? 다른 사람을 위해 기꺼이 죽을 각오가 되어 있어야 하지 않는가?

밥 번즈(Bob Burns), 타샤 채프먼(Tasha Chapman), 돈 거스리(Don Guthrie)는 『회복력 있는 사역』(*Resilient Ministry*)이라는 유익한 책에서 자신들의 연구

결과를 사용해서 목회자가 번아웃을 피하도록 돕는 실용적인 조언을 내놓는다. 그들은 목회자들이 흔히 하는 말을 언급한다. "주님을 섬기다가 녹스느니(rust out) 차라리 다 타 버리고 말겠다(burn out)."라는 말은 19세기 웨일스 설교자 크리스마스 에반스(Christmas Evans)까지 거슬러 올라간다. 그러나 저자들은 그 말을 들은 한 사람이 사도행전 20장 24절에서 빌린 반응도 언급한다. "내가 타 버리는 것도 원치 않고 녹스는 것도 원치 아니하노니 오직 내가 달려갈 길을 마치려 할 뿐이라."[9] 단기적인 관심사만 생각한다면, 경주를 마치지 못할 것이다.

대다수는 우리 교회 목회자가 번아웃되기를 원치 않는다. 그들에게 비현실적 기대감을 품거나, 그들이 우리에게 비현실적 기대감을 품기도 원치 않는다. 하지만 실제로는 너무 많이 기대하는 바람에 할 수 없는 경우가 많다. 시간을 계산해 보자. 목회자는 매주 몇 시간의 영성 지도를 제공해야 하는가? 예비 부부나 슬픔을 당한 사람은 누가 상담하는가? 붕괴 직전의 문제 가정은 누가 상담하는가? 병원에 입원했거나 집에 있는 환자는 누가 심방하는가? 이런 섬김의 대상자들은 대부분 아무나 원하지 않는다. 자기 교회 목회자를 원한다.

매주 설교 준비에는 시간을 얼마나 들여야 하는가? 시사 문제에 대해서 목회자는 얼마나 알고 있어야 하는가? 성도들이 씨름하는 현안을 파악하고 공부하는 데는 얼마나 많은 시간이 필요한가? 성인 주일 학교든, 동네 양로원 경건의 시간이든, 어린이를 위한 특별 강연이든, 매주 몇 차례 작은 '강연'을 해야 하는가? 기도는 몇 시간이나 해야 하는가? 행정에서는 어떤 역할을 해야 하는가? 교회의 특정한 배경과 회중을 고려한 선교적 관심을 증진하기 위한 비전을 수립하고 밀고 나가는 데는 얼마나 많은 시간을 쏟아야 하는가? 편지도 써야 하고, 함께 식사도 해야 하고, 장례식에도 가고, 결혼식도 준비하고 참석해야 한다.

이 활동은 모두 훌륭하고 중요하다. 그리고 다른 많은 활동도 추가할 수 있을 것이다. 당신의 목회자에게 물어보라. 추측하건대, 목회자가 한 주에 얼마나 많은 일을 하는지 알면 놀랄 것이다. 목회자들이 꼼꼼히 기록해 본다면, 한 주에 해야 할 일이 얼마나 많은지 깨닫고 그들조차 놀랄지도 모른다. 대부분의 사람은 하루 일의 절반도 의식하지 못한다. 하지만 도대체 누가 그 일을 다 할 수 있을까? 더군다나, 일부 부유한 교회를 제외하고는 유급 사역자를 따로 두기 힘들다. 물론 대형 교회 지도자들은 전문 사역자를 고용할 수 있지만, 대다수 지역 교회 목회자들은 기도와 상담은 물론이고 교회의 다른 모든 일까지 도맡아야 한다.

"크리스채너티 투데이"(Christianity Today)에 따르면, 미국 교회의 57퍼센트는 주일 예배 평균 참석 인원이 100명 이하라고 한다.[10] 대다수 교회에 사역자와 재원이 부족한 형편이어서, 목회자는 자신의 능력 이상으로 많은 책임을 떠맡아야 한다. 큰 교회와 작은 교회 목회자들이 맞닥뜨리는 요구의 종류는 다르겠지만, 한꺼번에 너무 많은 일을 하느라 끝없이 지치는 느낌은 많은 목회자가 공유하는 듯하다.

각종 요구와 필요가 눈사태처럼 몰아치는 상황에서, 어떻게 목회자가 떳떳한 심정으로 거절할 수 있겠는가? "회복력 있는 사역"에 실린 연구 결과가 보여 주듯이, "자기 돌봄에는 한계와 리듬이 필요하다."[11] 하지만 교회 회중이 그런 한계를 존중하기란 쉽지 않고, 사역 지도자들이 그 한계를 지키기란 더더욱 힘들 때가 많다. 목회자와 사역 지도자들만큼 스스로에게 비현실적인 기대감을 지닌 사람도 없다.

> 나는 우리가 목회자의 (효율이 아니라) 영적 건강을 최우선 순위에 둔다면
> 교회가 얼마나 더 효과적일지 궁금하다.
>
> _ 필립 얀시, "크리스채너티 투데이"

아시시의 프란체스코(Francis of Assisi)도 자신에게 부과된 끝없는 요구 사항 때문에 힘들어했다. 그는 재능이 많았지만, 체계화하는 일이나 설교를 너무 어려워했다. 그의 단순한 삶과 희생, 기도, 섬김의 본에 감화 받은 사람들이 몰려들고, 소규모였던 제자들이 계속해서 늘어나면서, 그는 도움의 필요성을 절감하게 되었다. 프란체스코는 자신이 그 권위 아래 있던 교황 호노리우스(Pope Honorius)를 찾아갔다. 그는 교황이 바쁜 사람이라는 것을 알았기에 자신에게 필요한 조언을 해 줄 수 있는 "많은 교황"을 허락해 달라고 요청했다. 그는 혼자서 모든 리더십의 무게를 감당하려 했다.[12] 프란체스코는 자신에게 없는 은사가 있어서 자신을 인도해 줄 다른 사람들이 필요했다. 그래서 교황은 우골리노 추기경(Cardinal Hugolino)을 임명하여 그를 돕게 했다. 그러자 프란체스코는 "지체 없이 그의 새로운 '교황' 우골리노에게 문제들을 털어놓았다."[13]

책임자가 된다는 것은 혼자라는 것을 의미하며 스스로 모든 권한과 책임을 감내해야 한다는 생각이 우리를 짓누른다. 그런 생각은 오만과 고립을 낳는다. 우리에게는 권위를 가진 자들을 포함해, 다른 사람이 필요하다. 타인은 우리의 사각지대를 보고, 우리의 슬픔을 들어준다. 우리는 불가능한 방식으로 하나님 백성을 돕는다.

나중에 프란체스코는 다른 사람들을 지도자로 임명하면서, 자신까지 그들의 권위 아래 두려 했다.[14] 그의 카리스마는 덕분에 실제로는 앞에 나서지 않을 때조차 그는 여러 면에서 여전히 지도자 역할을 했다. 그러나 그는 자신과 그가 이끌어야 할 사람들 모두를 위해 건강한 상황을 만들려고 노력했다. 너무 많은 사람이 그만 쳐다보았다. 일관적이지 않고 완벽하지도 않았지만, 프란체스코는 종종 자신의 필요와 타인에 대한 의존을 인정했던 것 같다. 그는 다른 재능과 기질을 가진 사람들을 찾았고, 결국에는 이 큰 리더십 집단이 프란체스코 수도회를 탄생시켰다. 프란체스코에게 누가 이 일을 했느냐고 묻는다면, 그는 분명히 예수님이 하셨다고 답할 것이다. 그러나 그는 예수님이 단순히 한 개인을 통해서가 아니라 그분의 교회를 통해 일하시는 것을 알았다.

필립 얀시(Phillip Yancey)는 이렇게 쓴 적이 있다. "우리가 목회자의 (효율이 아니라) 영적 건강을 최우선 순위에 둔다면 교회가 얼마나 더 효과적일지 궁금하다."[15] 목회자가 번성하려면, 외부와 내부의 조화가 필요하다. 그 회중이 유한성은 죄가 아니라고 인식해야 한다. 쉬고 자고 웃고 잊어버리고 거절하는 것은 잘못이 아니다.

"한계는 삶의 리듬과 연결된다. 안식, 운동, 우정, 부르심의 만족 같은 특정한 리듬은 건강한 생활 양식을 만든다."[16] 그러나 우리는 '일'에서 벗어난 시간을 갖지 않고는 안식일을 지킬 수 없다. 그리고 (자주 우정을 소홀히 여기게 되는 선택지가 아닌) 확실한 목적으로 삼지 않으면 온전히 누릴 수 없다. 피터 스카지로(Peter Scazzero)가 보여 주듯이, 영적 건강과 정서적 건강을 분리하려는 노력은 양쪽 모두에 파괴적인데, 이런 실수가 교회, 특히 교회 지도자들 사이에 흔하다. 분주함을 하나님에 대한 공경으로 착각하거나 할 일 목록을 지워 나가는 것을 영적 건강으로 착각할 때가 너무 많다.[17] 그레고리 대제(Gregory the Great)는 목회자에게 "외부 관심사에 몰두하는 동안 내면세계에 대한 관심을 늦추지 말고, 내면의 일에 집중하기 위해 외부의 신중한 일을 포기해서는 안 된다."라고 권면했다.[18] 우리는 총체적이어야 한다. 자신의 내면세계를 소홀히 하면 우리가 섬기려는 바로 그 사람들을 지혜롭게 잘 사랑하는 능력이 약화될 수 있음에 주의해야 한다.

이제 이 사실이 얼마나 일반적이고 실제적인지 한번 예를 들어 보자. 많은 현대인이 그렇듯, 목회자들도 앉아 있는 시간이 많다. 그냥 책상 앞에만 앉아 있는 것이 아니라, 사람들을 만나서 아침이나 점심, 커피 등을 같이한다. 사람들의 이야기를 듣고 위로하고 보살핀다. 그런데 이들이 듣는 이야기는 매우 감정적이고 스트레스가 많으며 관계적으로 복잡하다. 고해를 듣고, 터뜨리는 격분을 받아 주고, 사람을 쇠약하게 만드는 두려움을 목격하고, 굳어진 마음을 마주한다. 그것도 하루 사이에 말이다.

감리교 성직자를 대상으로 한 대규모 연구에서 대표 연구자로 섬긴 래 진 프레스콜 벨(Rae Jean Proeschold-Bell)은 목회자들이 쉴 틈 없이 다른 사람을 돌봐야 한다는 압박을 느낀다는 사실을 발견했다. "목회의 신성한 성격과 자신이 맡은 여러 역할 때문에 목회자들은 휴식을 꺼린다. 특히 교회에 자신을 지원해 줄 공동 목회자가 없는 경우에는 더더욱 그렇다." 이 연구 결과는 정신을 번쩍 들게 하는데, 사역 지도자들이 한계가 없는 것처럼 행동할 때의 구체적인 결과를 드러내기 때문이다. 지속적인 스트레스와 교회 모임과 음식의 밀접한 상관관계는 "목회자의 78퍼센트가 과체중이나 비만이어서 만성 질환에 취약하다."라는 결과를 낳는다. 이 연구는 "성직자의 우울감, 비만, 여러 만성 질환 비율이 평균 이상이라고 기록했다."[19]

우리 몸은 너무 많은 고통과 트라우마를 흡수할 수 있고, 너무 오래 앉아 있을 수 있으며, 너무 많은 음식을 먹을 수 있다. 베셀 반 데어 콜크가 선언하듯이, "몸은 기억한다."[20] 어떤 형태가 됐든 운동은 대다수 목회자에게(나머지 우리에게도!) 사치로 느껴질 수 있지만, 사실 앉아 있는 시간이 많은 사람에게는 장기적인 건강을 위해 필수다.

피조물은 움직여야 한다. 그리고 운동은 정신을 맑게 하고 우리에게 필요한 활력을 준다. 시끄럽고 바쁜 일상에서 산책이나 달리기는 생각을 정리해 주고, 불안을 가라앉히며, 영혼을 잠잠하게 해서 하나님이 주시는 말씀을 깨닫고 그분의 위로를 선뜻 받아들이게 해 준다. 하지만 운동을 하거나 공원에 조용히 앉아 있을 때는 "무언가 하고 있다."라는 느낌을 받지 못하는 경우가 많다. 그래서 운동과 휴식은 진정한 목표가 되지 못하고, 우리가 좀 더 생산적인 시간 사용이라고 생각하는 일들로 일정표를 채우기 쉽다. 결국 이런 실수에 발목을 잡히고 만다.

휴식, 운동, 우정 같은 꼭 필요한 일을 소홀히 할 때는 결과가 따르기 마련이다. 어떻게 하면 판단하지 않는 방식으로 목회자들을 충분히 사랑하여 그들을 보호하고, 장기적으로 지속 가능한 사역을 장려하는 더 건강한 비전 안에서 살아가도록 도울 수 있을까? 우리는 목회자들을 그리스도인의 삶의 본보기로 삼는다. 우리 목회자가 신체적·정서적·관계적 건강을 존중하지 않는다면, 우리가 삶에서 그것을 소중히 여기기는 더 힘들 것이다. 그리고 목회자에게 있어, 진정한 '자기 부인'이란 모든 일을 다 하고, 모든 곳에 다 참석하고, 모든 문제를 다 해결하고 모든 영혼을 다 돕겠다는 환상을 스스로 버리는 것을 뜻하지 않을까? 거절이 힘들 수는 있다. 마치 거절이 희한하게도 자신에 대해 죽는 것처럼 느껴질 수 있다. 당신이 할 수 없을 때 다른 사람들을 보살피시는 하나님을 의지하려면 진정한 믿음이 필요하다.

사역자들을 위해, 우리를 위해, 하나님 나라를 위해 사역자들의 온전한 인간성을 다루도록 하자. 목회자들이 창조주가 아니라 피조물이요, 그들의 유한성은 죄의 표시가 아니라 신실한 피조물로서 의존하는 존재임을 기억하도록 하자.

사역자들은 하나님의 은혜를 많이 이야기하지만, 정작 그들 자신이 그 은혜 가운데 안식하기 어려울 수 있다. 목회자들이 자신이 성도들에게 하는 말을 믿지 않는다는 뜻이 아니라, 내가 다른 책에서 썼듯이, 우리에게 직접 말하는 다른 사람에게서 들을 때 더 믿을 수 있는 복음 진리가 있다.[21] 그들은 하나님이 "세상"을 사랑하신다고 말하지 않고 켈리를 사랑하신다고 말하며, '내가' 쉴 때, '내가' 다른 사람들에게 짐을 나누어 줄 때, 내가 하나님이 아니라 그분이 하나님이심을 믿을 때 하나님이 기뻐하신다고 말한다. 거울을 보며 쉬어도 괜찮다고 스스로 설득하려 애쓰는 나 자신보다 그들의 말을 훨씬 더 믿을 수 있다.

끝없는 필요와 제한된 시간, 사역자들의 책임감과 부족함에 대한 인식 때문에, 이런 변화를 위해서는 회중인 우리가 목회자들에게 이렇게 말해 주어야 한다. "잘하였도다, 착하고 충성된 종아." 우리의 목회자들로 하여금 하나님이 그들을 이렇게 생각하신다고 믿게 만들 유일한 방법은 우리 입에서 먼저 이 말이 (거짓 아첨이 아니라, 진정한 감사로) 나오는 것이다. 우리가 그들을 착하고 충성된 종으로 생각하는 것을 목회자들이 진정으로 믿게 된다면, 한계와 약함과 죄가 있더라도 아버지 하나님도 그들을 그렇게 생각하신다고 믿을 용기를 얻을 수 있다. 우리는 서로가 필요하다. 특히 믿고 소망하고 사랑하기 위해서 서로가 필요하다.[22]

이드로의 조언 수용하기

출애굽기 18장은 모세의 장인 이드로가 이 방황하는 이스라엘의 지도자를 찾아간 이야기를 들려준다. 이드로는 자신이 목격한 사실에 마음이 불편했다. "모세가 백성을 재판하느라고 앉아 있고 백성은 아침부터 저녁까지 모세 곁에 서 있는지라"(13절). 이드로가 모세에게 왜 그렇게 하느냐고 묻자 이런 답이 돌아왔다. "백성이 하나님께 물으려고 내게로 옴이라"(15절).

그 말에 반박할 사람이 누가 있겠는가? 이 대답에 공감하지 않을 사역자가 어디 있겠는가? 당신이 섬기는 교회나 사역의 구성원이 하나님이나 그분의 길에 대해 궁금해할 때 사역자는 항상 기꺼이 자리를 지키고 답을 해 주어야 하지 않겠는가? 물론, 성탄절 연극 준비 모임에는 빠질 수도 있겠지만, 하나님의 인도하심에 대해 묻거나 자신이 겪는 문제에 하나님 말씀을 어떻게 적용해야 하는지 묻는 사람들과 대화할 기회는 거절하지 못할 것이다.

이드로는 이 모든 상황을 지켜보고 확실한 답을 내놓는다. "네가 하는 것이 옳지 못하도다"(출 18:17). 이는 아담이 혼자인 것을 보시고 하나님이 하신 말씀을 떠올리게 한다. "사람이 혼자 사는 것이 좋지 아니하니"(창 2:18).²³ 하나님은 우리가 관계를 맺고 서로 의지하고 사랑하도록 창조하셨다. 어떤 리더도 혼자서 다른 모든 사람을 책임질 수는 없다. 그래서 이드로는 분업을 조언한다. 그는 모세 혼자서 공동체 전체의 짐을 다 짊어질 수 없고 짊어져서도 안 된다는 것을 알고, 모세의 재능을 인정하면서도 한계와 차이도 인정한다(출 18:19-27).

이는 우리로 하여금 개인과 공동체, 목회자와 교구민, 책임과 상호 의존의 관계를 다시 살펴보게 한다. 나는 한 걸음 물러서서 지금까지 이야기한 모든 내용을 하나로 묶을 수 있는 방식으로 이 상호 의존성에 대해 생각해 보고 싶다. 그리스도의 한 몸을 이루기 위해서는 **온** 교회가 필요하다. 우리의 상호 연결은 지도자들만이 아니라 전체 회중에게도 유익하다.

코로나와 교회, 타인의 필요성

내가 이 장을 쓸 때는 코로나 유행병이 심각해서 우리 동네 모든 곳이 문을 닫은 상태였다.²⁴ 자택 대기 명령이 떨어지고 마스크 착용과 사회적 거리 두기가 의무화되었는데, 이는 사람들을 더 깊은 고립감에 빠뜨렸다. 모두가 이 새로운 제약의 결과를 조금씩 느끼기 시작했다.

정말로 다른 사람 없이 살아야 하기 전까지는, 우리에게 다른 사람이 필요하다는 생각을 하기 쉽지 않다. 특히 집에 고립된 시기가 길어지고 친근한 포옹과 악수 같은 신체 접촉을 하지 못할 때 우리가 그것을 얼마나 그리워하는지, 마스크로 거의 다 가려진 얼굴이나 스크린에 뜬 자그마한 이미지에서 상대방의 표정이나 생각을 읽기가 얼마나 힘든지 깨달았다. 교회에서 함께 찬양하고 예배를 마친 후에 안부를 나누는 일이 전에는 꼭 필요하다기보다 그냥 좋다는 정도였지만, 그런 것들을 다 할 수 없게 되니 빈자리가 너무 크게 느껴졌다. 텔레비전 화면 앞에 앉아서 찬양을 부르려니 너무 괴로웠다. 우리 식구들 목소리만으로 텅 빈 거실 공간을 채워 보려 했는데, 다른 성도들이 없는 상황에서 말도 안 되는 일 같았다.

우리는 다른 사람들이 필요하다. 그저 안부만 전하기 위해서가 아니라, 그들의 몸을 느끼고 목소리를 듣고 그들의 삶을 의지하기 위해서 필요하다. 열다섯 명이 모인 가정 교회든 300명이 모인 회중이든 진짜 예배를 드리는 진짜 몸이 필요하다. 우리는 타인이 필요하고 타인은 우리가 필요하다. 왜 그럴까? 우리는 하나님과는 물론이고 다른 사람들과 서로 교제하기 위해 창조되었기 때문이다. 우리는 소속되기 위해 창조되었다. 교회는 일상의 혼란에서 벗어날 수 있는 오아시스요, 새 땅을 가리키는 표시가 되어야 한다. 하지만 우리가 분열되고 고립되어 고군분투할 때는 그런 비전을 유지하기가 훨씬 더 힘들어진다. 이는 단지 목회자들뿐 아니라 우리 모두의 문제다.

많은 사람이 코로나 상황을 이해하기 위해 1918년 독감 대유행을 들여다보지만, 나는 제2차 세계 대전 중에서 1940년 9월부터 1941년 5월까지 있었던 런던 대공습이 자꾸만 떠오른다. 코로나 기간의 격리와 폐쇄는 폭격의 표적이 되는 것과 다르지만, 몇 가지 유의미한 유사점이 있다. 다른 사람들도 언급했듯이, 유행병은 보이지 않는 적의 공격이다. 비행기에서 폭탄이 떨어지는 것이 아니라, 지표면이나 우리가 숨 쉬는 공기에 바이러스가 숨어 있다. 우리는 무차별적인 공습을 두려워하는 것이 아니라, 친구와 친척, 이웃이 죽는 모습을 지켜보아야 하는 고통을 느낀다.

미국의 사회학자이자 재난 연구의 초기 개발자인 찰스 프리츠(Charles E. Fritz)는 미국 전략 폭격 조사차 영국에서 근무했다. 그의 과제는 '런던 대공습'과 베를린의 대규모 폭격이 효과가 있었는지 알아내는 것이었다. 프리츠는 이들 공격이 사기를 꺾기는커녕 오히려 반대 효과를 불러왔음을 발견했다. 폭격을 당한 공동체들은 더 똘똘 뭉쳐서 저항했다. 프리츠는 사람들이 공포에 빠지지 않고 "자신보다는 공동체의 유익을 위해 압도적으로 많은 힘을 쏟았다."라고 말했다.[25] 안타깝게도, 코로나 유행 기간에 벌어진 일부 상황은 정반대였다. 우리가 물리적으로 함께하지 못할 때조차도 좌절과 역경이 사람들의 마음을 하나로 모으기보다는 분열시키고 말았다.

프리츠는 결국 인재든 천재든 재난이 그가 이름 붙인 "고난받는 자들의 공동체"를 만들 기회를 제공하며 이는 "개인이 타인과 연결되어 있다는 엄청난 안심을 경험하게 한다."라고 결론을 내렸다.[26] 그런 공포와 위협 가운데서 "계급 차이는 일시적으로 사라지고, 소득 격차는 무의미해지며, 인종은 간과되고, 개인은 그저 집단을 위해 무엇을 할 의지가 있느냐에 따라 평가된다."[27]

코로나가 던져 준 도전 중 하나는 많은 고통이 소득, 인종, 사회 집단 사람들 사이의 격차를 심화했다는 점이다. 사람들을 한데 모으기보다는 서로 반목하도록 위협했다. 양극화가 심해진 사회에서, 이런 갈등은 연합을 가져오기보다 분열을 더 조장했을 뿐이다. 교회가 가장 좋은 상태일 때는, 물리적으로 가까워질 수 없는 상황에서도 마음을 하나로 모으기 위해 노력하면서 사람들을 희생과 섬김으로 이끄는 공유된 사랑을 보여 주었다. 하지만 슬프게도, 우리는 그런 최선의 상태가 아닐 때가 너무 많다.

소속감에 대한 갈망

빛나는 수상 경력을 가진 작가이자 종군 기자인 세바스천 융거(Sebastian Junger)는 찰스 프리츠의 말을 상기시키는 몇 가지 관찰을 내놓았다. 그는 전장에서 돌아온 많은 참전 용사가 뜻밖에도 전우들과 함께 다시 전투에 나가고 싶어 하는 모습을 보았다. 그러려면 안전한 집을 떠나야 하는데도 말이다. 목숨이 위협받는 상황을 함께 겪은 그들은 민간인들은 느끼기 힘든 끈끈한 방식으로 서로 연결되어 있었다. 이들에게는 강하고 확실한 소속감과 상호 연결성이 있었다. 그래서 이들은 소속감을 찾기 위해서 설령 전장으로 돌아가야 하는 한이 있더라도 단절된 삶으로 돌아가고 싶지 않았다.

나는 그런 갈망을 경험한 사람들이 자신의 인간성에서 중요한 측면을 발견했다고 생각한다. 우리 문명은 우리를 단절된 사일로(silo)로 갈라놓았다. 우리는 진정한 공동체 없이 가까이 모여 산다. 그러나 군인들은 진정한 공동체 안에서 살았다.[28]

인간 번영에 대한 기독교의 설명은 사랑, 곧 하나님과 이웃에 대한 사랑의 개념에 근거하는데, 이는 우리가 이 땅과, 심지어 자기 자신과 어떻게 관계를 맺을지에 대한 함의를 담고 있다. 우리는 사랑하기 위해 창조되었지만, 죄는 이런 관계를 모조리 황폐하게 만들었다. 타락한 세상 속에서도 그리스도께 신실하다는 것은, 교회가 하나님이 우리 사랑을 창조된 목적에 맞게 재조정하실 공간을 제공하는 것을 의미한다. 교회는 하나님 앞에서 우리의 수치심과 죄책감을 해결하고 극복할 수 있는 장소가 될 것이다. 가장 좋은 상태의 교회는 단순히 프로그램을 홍보하는 것이 아니라 함께 나누는 삶을 장려함으로써 인간을 향한 하나님의 관계적 설계를 실현한다. 하지만 안타깝게도, 교회가 그런 좋은 상태일 때가 많지 않다.

교회에 맡겨진 복음은 자연스럽게 하나 되기 힘든 이웃을 회복하고 하나 되게 하는 은혜를 선포한다. 우리가 함께할 수 있는 것은 우리가 비슷하기 때문이 아니라, 창조주가 서로 다른 우리를 부르셔서 예배 가운데 하나 되게 하시기 때문이다.

필요한 사람이 되고 싶은 갈망

융거는 소속감에 대한 욕구에 더하여, 다음과 같은 결론을 통해 인간의 또 다른 강력한 욕구를 포착한다. "인간은 어려움을 개의치 않는다. 오히려 역경을 통해 성장한다. 하지만 자신이 불필요한 존재라는 느낌은 신경이 쓰인다. 현대 사회는 사람들을 필요 없다고 느끼게 만드는 기술을 완성했다."[29] 나는 그가 이 문제를 완벽하게 포착했다고 믿는데, 그의 말은 우리가 온 교회를 의존해야 하는 이유를 잘 보여 준다.

우리가 사는 세상은 사람들에게 그들이 필요 없다고 말할 때가 너무 많다. 그들은 소비자로서만 중요하다는 것이다. 교회에서 봉사자들을 찾기 힘든 이유도 사람들이 자신이 정말로 필요한 사람이라고 믿지 않기 때문일지도 모른다. 상호의존성의 유익을 맛보기 전까지 사람들은 자신이 무엇을 놓치고 있는지 모르는 것 같다.

많은 사람이 스스로 불필요한 존재이며 단절되어 있다고 느낀다. 창세기 1장에서 딱 하나 '좋지 않은' 것은 홀로 있는 인간이었다. 창조주 하나님은 우리를 교제하는 존재로 설계하셨다. 주변에 있는 아주 어린 아이들과 아주 나이 많은 어른들을 생각해 보자. 그들이 필요한 사람이라는 인상을 주는가? 아니면, 취약 계층이라는 메시지를 전하는가? 우리는 성직자가 아닌 일반 신도들에게 교회 생활에서 그들의 중요성에 대해 어떤 메시지를 의도치 않게 전달하고 있을까? 하나님은 우리가 공동체에 속해 서로 의지하도록 창조하셨다. 서로 필요로 하는 존재로 지으셨다.

코로나 위기와 자택 대기 명령 같은 희한한 상황에서 우리는 단순한 질병을 넘어서는 두 번째 위협을 맞닥뜨렸다. 우리에게는 서로가 없었다. 우리는 필요한 사람이 되어야 하는데, 우리가 다른 사람을 돌보고 그들의 돌봄을 받는 자연스러운 방식이 불가능해졌다. 자택 격리와 사회적 거리 두기에 대한 규칙은 우리가 더욱 내면으로 몰입하게 만들어서 이 절망과 역경에 홀로 맞서야 했다.

그러나 우리는 정부의 준엄하고 유용한 지시를 위반하는 것이 아니라, 이런 낯선 상황에서도 하나님과 이웃과 교제하는 법을 새로이 배움으로써 용기 있게 고립에 저항해야 한다. 소셜 미디어와 특정 형태의 기술이 조장할 수 있는 분열에도 불구하고, 우리는 기술을 선하게 사용할 수 있다. 교회는 물리적으로 한자리에 모일 수 없을 때도 문자로 격려의 말이나 기도문을 전달하면서 함께 기도할 수 있다. 전화 통화나 영상 통화는 따뜻한 포옹만큼 좋지는 않더라도, 고립을 강요하는 세상에서 함께 나누는 삶을 의미 있게 전달할 수 있다.

온 세상의 박해받는 교회에 한번 물어보라. 그들은 오랫동안 이런 열악한 상황에 의존해야 했을 테니 말이다. 우편함에 넣어 둔 손으로 쓴 쪽지, 집에서 만들어 현관에 갖다 놓은 바나나 빵, 손뜨개 스카프 등은 우리 사이에 있는 거리에도 불구하고 배려와 사랑을 전하는 의도적인 선물이 될 수 있다.

어떤 이유에서든 집에 격리되어 있는 시간에 넷플릭스 몰아보기만 할 필요는 없다. 분주한 삶에서 의도적으로 벗어나서 고요하고 느린 과제와 기도로 채우는 시간으로 향하는 기회가 될 수 있다. 서두르지 않으면서 오랫동안 산책해 본다. 평소에는 기도할 시간을 내지 못했던 다른 필요에 마음이 가는 대로 내버려둔다. 신앙에서 멀어진 고등학교 시절 친구나 직장이나 집에서 힘들어하고 있는 친구를 떠올려 본다. 근처 양로원 창밖에서 찬양을 부른다. 숲속이나 강가에 가만히 앉아 있는다. 성경을 암송한다. 친구들과 암송하면 더 좋다. 시를 쓰고 소설을 읽고 하나님께 드리는 기도문을 적어 보고 친구에게 문자를 보내 요즘 나의 생각을 알려 준다. 이 외에도 수많은 예를 들 수 있을 것이다.

코로나는 어딘가에 소속되고 누군가에게 필요한 사람이 되는 것이 얼마나 중요한지를 우리에게 일깨워 주었다. 교회는 사례를 받는 몇몇 사람이 모든 일을 도맡아 하는 곳이 아니라, 모두가 어떤 식으로든 참여하는 곳이다. 우리는 유행병 때문에 그 어느 때보다 더 자신의 한계를 직면하고 우리가 서로 얼마나 의존하는 존재인지를 새삼스레 인식할 수밖에 없었다. 그 어느 때보다 더 다른 사람들의 유익을 위해 우리의 재능을 사용하고 다른 사람들이 주는 것을 받을 기회를 찾기가 힘들어졌다. 목회자들은 이 '의존성'의 본보기를 보여 줄 수 있다. 코로나는 목회자들도 우리도 자족적인 존재가 아님을 상기시켜 주었다. 하나님만이 스스로 충분하시다. 사역자들을 포함한 모든 인간은 놀랍게도, 어쩔 수 없이 의존적인 피조물이다. 우리는 필요한 사람이 되고 싶다. 또한 다른 사람이 줄 수 있는 것을 받고 싶어 한다. 이런 상호 의존성은 좋은 것이다. 하나님께 감사하자. **그리스도의 한 몸을 이루기 위해서는 온 교회가 필요하다.**

우리가 전체의 일부에 불과하다는 점을 고려한다면, 각자가 자신의 유한성을 건강하게 인식하는 데 도움이 되는 삶의 양식에는 어떤 것이 있을까? 인간 한계의 좋은 점을 반영하여 우리 삶을 재구성하는 데 도움이 되는 실용적인 아이디어에는 어떤 것이 있을까? 마지막 장에서는 이런 목회적 질문들에 대해 자세히 설명하려 한다.

You're Only Human

우리 삶에는 분명한 한계와 함께 분명한 형태가 있다. 우리는 여러 계절을 통과하고,
자족적이지 않으며, 하나님께 구제와 공급을 의존하고, 점점 더 지친다.
신실한 삶은 그 리듬을 받아들이고, 약함을 인정하며, 탄식과 감사를 표현하고,
신실하신 하나님에 대한 확신 가운데 쉼을 얻는다.

10

유한성 안에서 신실하게 살아가기
의존하는 습관

삶의 리듬, 약함, 감사, 휴식

스크랩북 만들기?

어렸을 때 나는 안정된 가정에서 자란, 가족과 함께 동네 로마 가톨릭 교회에 매주 출석하는 '꽤 착한' 아이였다. 초등학교를 졸업할 무렵, 교회가 내 삶에서 차지하는 비중은 점점 줄어들었지만 의미를 찾는 새로운 갈망을 경험하기 시작했다. 그해 여름, 나는 대형 트램펄린(당시에는 상대적으로 보기 드문 물건이었다.) 옆에 서서 친구들이 폴짝폴짝 뛰며 몸을 뒤집고 깔깔대는 모습을 지켜보았다. 그리고 우리는 다가오는 가을에 시작될 중학교 생활에 대해 이야기했다. 내 생각에는 모두가 꽤 불안을 느끼면서도 겉으로는 아무렇지 않은 척하려 애썼던 것 같다. 우리는 중학교에 진학한 후에 심각한 문제 청소년이 된 상급생을 몇 명 알고 있었다. 그때, 드러내 놓고 말하지는 않았지만 '나는 아닐 거야.'라고 생각했던 기억이 뚜렷하다. 열한 살이나 열두 살 정도 되었을 때다.

하지만 사실은, 새로운 갈망과 욕구가 내 안에서 자라나고 있었다. 당시에는 정확히 표현할 수 없었지만, 용납과 목적, 더 큰 이야기에 대한 갈망이 나를 이끌기 시작했다. 멜로드라마같이 들리겠지만(내 나이를 감안하면 정말 그랬을지도 모르겠다.) 사실이 그랬다. 중학교에 진학하고 얼마 되지 않아, 인생은 짧으니 내가 누릴 수 있는 것은 다 취하면서 최대한 즐기며 살아야겠다고 결심했다. 그때는 "아직은 사랑을 몰라요"(Sixteen Candles)와 "페리스의 해방"(Ferris Bueller's Day Off) 같은 청춘물이 개봉한 시기여서, 캘리포니아에 살던 나는 이 시대정신을 급속도로 내 세계관으로 흡수했다. 삶은 한계나 결과를 생각하지 않고 즐기는 것이었다.

나는 중학교 1학년이 절반도 지나가기 전에 내게 가해진 대부분의 제약을 어기고 있었고, 2학년이 되어서는 또래 친구와 나보다 훨씬 나이가 많은 선배들과 주기적으로 마리화나를 피우고 술을 마시고 파티를 열었다. 그러면서 나를 위해 스크랩북을 만들기 시작했는데, 아마도 스크랩북을 만드는 학생은 내가 유일했을 것이다. 파티에서 어울리는 친구들이 내 사진과 내가 기념하는 사건들에 등장하지만, 그중에 스크랩북을 만드는 친구는 없었다. 당시에는 몰랐지만, 스크랩북은 "이게 삶의 전부"라는 내 생각이 겉으로 드러난 것이 아니었나 싶다. 우리에게 이 삶이 있고 그게 전부다. 그래서 나는 극단적으로 살아야 했고 가능한 삶을 모두 기록해야 했다. 내 삶의 영수증(스크랩북!)이 내 존재를 입증해 줄 것이다. 마치 내 삶의 중요성을 나 자신과 다른 모든 사람에게 증명해야 하는 것 같았다.

그러다 고등학교 1학년 중반에, 침례교 청소년 사역과 하나님의 섭리로 내게 믿음이 현실로 다가왔고 나는 예수님의 제자가 되었다. 그리고 나서 얼마 되지 않아, 나는 사진첩을 만들고 기념품을 모으는 일을 그만두었다. 당시에는 별 다른 생각이 없었다. 그냥 자연스럽게 벌어진 일이었다. 수십 년이 지난 후에야 그때를 돌아보면서 이 중대한 변화를 더 잘 이해할 수 있었다. 당신이 스크랩북을 좋아한다면 부디 마음 상하는 일이 없기를 바란다. 하지만 내 독특한 역사에서 이 발전은 건강한 방향을 의미했다.

그때부터 '완벽한' 인생을 누려야 한다는 부담이 사라지기 시작했다. 내 지평이 확장됐다. 이제 내 인생에는 단순히 70년 평생을 사는 것보다 더 큰 의미가 있었다. 하고 싶고, 보고 싶고, 이루고 싶은 것은 여전히 많았지만, 다르게 느껴졌다. 내 삶에 의미를 부여하기 위해 사건과 기억을 쌓고 기록하는 것이 예전만큼 중요하지 않았다. 내 삶은 '이미' 의미가 있다는 사실을 발견했고, 더는 내가 노력할 필요가 없었다. 하나님이 내가 생각해 낼 수 있는 것보다 훨씬 더 큰 목적을 내 삶과 이야기에 허락하셨다.

다행히도, 나는 내 청소년기에 영원한 가치가 있는 삶을 쥐어짜 낼 필요가 없었다. 이제 나는 하나님의 선하시고 신뢰할 수 있는 영원성을 배경으로 내 삶을 바라볼 자유를 얻었다. 건강한 관점을 유지하기 위해 여전히 애쓰지만, 이제는 내가 하나님의 약속을 받아들였기에 이 변화가 처음 일어났다는 사실을 안다.

케이트 보울러(Kate Bowler)는 감동적인 회고록 『모든 일에는 이유가 있어, 그리고 내가 사랑한 거짓말들』(*Everything Happens for a Reason, and Other Lies I've Loved*)에서 독자들을 (다른 무엇보다도) 암과의 사투로 안내한다.[1] 그녀는 자신이 "그다음 것"을 얼마나 좋아하는지 이야기한다.

그녀는 늘 계획하고 늘 개선하고 늘 세상을 더 좋게 만들려 했다. 끊임없이 미래를 계획하면서 앞으로 다가올 것을 갈망했다. 하지만 곧 기대에는 좋은 점도 많지만, 때로는 어두운 면도 있음을 알게 되었다. 그녀는 그것을 "교만의 죄, 삶 자체에 둔감해지는 죄"라고 말한다. 그러면서 이렇게 덧붙인다. "나는 지금 있는 것을 사랑하지 않고, 그 대신 가능성 있는 것을 사랑하기로 마음먹었다. 나는 연중 시기를 살아가는 법을 배워야 했지만, 그 방법을 모르겠다."[2]

각자의 환경은 다를 수 있지만, 보울러와 나 둘 다 꽤 흔한 도전을 느꼈다. 바로 현재를 누리고, 성장을 위해 투자하고, 성장을 추구하면서도 한계를 존중하며, 하나님이 주시지 않는 것에 분노하거나 앞으로 다가올 일에 대해 불안해하기보다 하나님이 주신 것을 사랑하는 법 말이다. 그래서 마지막 장에서는 다음 질문을 생각해 보려 한다. "우리는 이 연중 시기, 곧 평범한 날들을 어떻게 살 것인가?" 이 질문에 대한 답만으로도 책 한 권을 더 쓸 수 있겠지만, 여기서는 다음 네 가지 핵심 개념에 집중할 것이다.

1. 인생의 리듬과 계절을 받아들이기
2. 약함을 인정하기
3. 탄식을 표현하고 감사를 계발하기
4. 휴식, 곧 수면과 안식일을 존중하기

이런 내용을 살펴보면서, 우리의 충만함은 끝없이 확장하고 유한함은 무시하려는 사회에서 당신이 둘 다에 대한 건강한 관점을 얻는 데 도움을 받을 수 있기를 기대한다. 매 순간순간 너무 많이 요구하지도, 그저 미래만 바라보고 살지도 않기를 바란다.

지면의 한계 때문에 기독교의 다양한 전통적 실천(예. 금식, 기도, 고독, 침묵)을 길게 살펴보지는 못하지만, 관심 있는 독자들이 이런 실천을 좀 더 자세히 알아보는 데 도움이 될 만한 책을 몇 권 추천하려 한다. 6세기 베네딕토의 규칙서에서부터 16세기 성공회 기도서에 이르기까지 다양한 표현을 통해 교회는 속도를 늦추는 실천에서 도움을 받았다. 그런 실천들은 그리스도인 개인으로서나 공동체로서 우리가 하나님의 임재를 인식하고 창조주와 그분의 창조 세계를 의지하고 있다는 인식을 높이도록 도와주었다.

20세기에 많은 신자에게 비슷한 개념을 소개한 유명한 책으로는 리처드 포스터(Richard Foster)의 『영적 훈련과 성장』(The Celebration of Discipline)과 달라스 윌라드(Dallas Willard)의 『영성 훈련』(The Spirit of the Disciplines)이 있다. 두 책 모두 여전히 독자들에게 유익을 끼치고 있는데, 명료한 표현과 기독교 신앙을 진지하게 받아들이려는 바람뿐 아니라, 혼란스럽고 자신에게만 몰두하는 이 사회의 성향에 대안을 제시한다.

더 최근에는, 다음 책들에 대한 따뜻한 반응에 기분이 좋았다. 티시 해리슨 워런(Tish Harrison Warren)의 『오늘이라는 예배』(Liturgy of the Ordinary), 존 마크 코머(John Mark Comer)의 『슬로우 영성』(The Ruthless Elimination of Hurry), 데이비드 머리(David Murray)의 『리셋하라』(Reset), 저스틴 휘트멀 얼리(Justin Whitmel Earley)의 『크리스천 일상 정리법』(The Common Rule). 이 각각의 책은 나름의 방식으로 우리가 일상을 통해 하나님을 더 많이 인식하도록 돕는다.

이제부터 나는 그저 긴 도서 목록만 나열하거나 도움이 될 법한 실천을 일일이 자세히 설명하기보다는, 앞서 언급한 네 가지 핵심 개념, 곧 리듬, 약함, 탄식과 감사, 휴식에 대해 심사숙고해 보려 한다. 이런 성찰이 어떻게 인간의 한계가 우리를 향한 하나님의 좋은 설계일 수 있는지에 대해 실제적인 결론을 제공할 수 있기를 기도한다. 그 설계는 죄 많고 우리를 지치게 만드는 이 세상에서도, 지금 여기서 더욱 신실하게 살아갈 수 있도록 우리를 인도할 수 있다. 이 장의 논의가 꽤 길기 때문에 네 단락을 천천히, 한 번에 한 단락씩, 가능하다면 하루 이틀 정도 간격을 두고 읽으면서 그 내용을 삶에 어떻게 적용할지 고민해 본다면 유익할 것이다.

1. 인생의 리듬과 계절을 받아들이기

어쩌면 우리가 맞닥뜨리는 가장 큰 도전은, 자신의 삶을 판단할 때 일부분으로 전체를 평가하려고 하는 성향일지 모른다. 내 말은 이런 뜻이다. 우리는 신실하고 풍성한 삶이 어떤 모습인지 상상한다. 그러던 어느 날 아침, 거울 안에서 나를 노려보는 사람이 싫어진다. 눈 밑에는 다크서클이 짙고, 벽돌을 쌓거나 청소를 하거나 별 소득 없는 마라톤 회의만 이어지는 하루가 기다린다. 강인함이나 승리감은 눈곱만큼도 찾아보기 힘들다. 의미나 성취감도 사라져 버렸다. 위축되며 피로만 느낄 뿐이다.

우리가 신실하게 살아가고 있는지 어떻게 알 수 있을까? 우리는 어느 하루나 한 주, 한 달, 한 해에 자신에게 기대하는 바가 좀 더 현실적일 필요가 있다. 그러나 다른 한편으로는 눈앞에 닥친 일을 넘어서서 더 큰 지평을 바라볼 필요도 있다. 한 걸음 물러나서 하나님의 관점에서 만사를 상상할 때 신실하고 풍성한 삶이 어떤 삶인지에 대해 신선한 관점을 얻을지도 모른다. 내가 생각하기에 그런 삶은 훨씬 더 느리고, 더 평범하지만, 동시에 우리가 기대한 것보다 훨씬 더 아름답다. 그 이유를 한번 설명해 보겠다.

다 가질 수 있을까?

2012년 앤 마리 슬로터(Anne-Marie Slaughter)는 "디 애틀랜틱"(The Atlantic)에 "왜 여성은 아직도 일과 가정, 둘 다를 가질 수 없는가"라는 글을 기고했는데, 다른 사람들의 후속 기사와 글로 이 논의는 더 확장되었다.[3] 저자들은 '다 가지려고' 애쓰는 오늘날의 신화와 다양한 방식으로 씨름했다. 그중 대부분 여성에게 초점을 맞추었는데, 훌륭한 목표를 달성하려 애쓰면서도 자신의 야망과 자신에게 부과된 타인의 기대감을 만족시키기 힘들어하는 구체적인 여성을 묘사하곤 했다. 이는 대체로 직장 생활과 결혼 생활, 출산, 자녀 돌봄, 건강 유지, 사회적 관계 유지, 연로한 부모님과 같은 친척 돌봄, 주택 보수, 지적 자극 유지, 5시간 이상 수면이 합쳐진 결과였다. 이 목록을 보고서 "음, 바보 같은 짓이야. 이런 것(당신이 반대하는 항목)은 신경 쓰지 말아야지."라고 말하지는 않기 바란다. 이 목록에서 잘못된 것은 하나도 없고, 우리는 이런 기대감의 영향을 받지 않는다고 보아서도 안 된다. 이 목록에 있는 항목에는 문제가 없다. 아무도 동시에 이 모든 일을 잘해 낼 수 없다는 것이 문제다.

한 가지 분명히 해 둘 점은, 이것이 단지 여성만의 문제가 아니라는 것이다. 낮에는 '사무실'에서 '일하고' 밤늦게 집에 돌아오면 하루가 '끝난다'라는 1950년대 남성에 대한 고정 관념이 있다. 그때는 식사 준비와 집 안 청소, 장보기와 아이들 챙기기는 아빠가 퇴근하기 전에 이미 다 끝나 있었다고 한다. 1950년대 현실이 정말로 그랬는지는 모르겠지만, 오늘날 내가 아는 대다수 남성의 경우와는 확실히 다르다. 남자들은 더 많이 이해하고 돕는, 더 나은 동반자가 되기 위해 다양한 방법으로 노력한다. 이건 아름다운 일이다.

물론 연구에 따르면, 여성이 남성과 똑같이 집 밖에서 일하더라도 여전히 남성보다 집안일과 자녀 돌봄에서 많은 부분을 감당한다. 이는 좋지도, 옳지도 않은 일이다. 그러나 그 정당한 지적을 인정하더라도, 더 배려하고 돕고 참여하려고 애쓰는 양심적인 남성들이 많은 것도 사실이다. 이 모두는 긍정적이다. 하지만 이것은 여성들이 "다 가지려고" 고군분투하고 있듯이, 남성들도 "다 가질" 수 없는 현실을 깨닫고 탈진하고 좌절하게 된다는 의미이기도 하다.

집안일에 더 참여하면 일에는 시간을 덜 쓸 수밖에 없다. 우정을 택할 것인가, 운동을 택할 것인가? 잠을 잘 것인가, 기도할 것인가? 스포츠 활동이냐, 교회 활동이냐? 둘 다 가질 수 있는 사람은 아무도 없다! 여성들이 오랫동안 마주했던 부담을 남자들도 똑같이 느끼기 시작했다. 경력에도 투자해야 하고, 건강이 나빠지지 않도록 신경도 써야 하고, 우정과 관계도 소홀히 하지 않아야 하며, 자녀들에게도 관심을 쏟아야 한다. 해야 할 일은 끝이 없다.

누가 다 가질 수 있을까? 말도 안 되는 이야기에 다들 실소를 금치 못하지만, 그렇게 킥킥대면서도 지나친 기대감으로 다음 날을 계획한다. 직장에서 뛰어난 실적을 올리고, 가족과 의미 있는 시간을 보내며, 운동으로 몸을 단련하고, 건강한 음식을 먹고, 빨래하고…. 그러는 사이사이에 즐거워하고 인내하며 친절하기를 기대한다. 그러나 밤에 베개에 머리를 누이고 그날 하루를 온전히 정복했다고 느끼는 사람은 거의 없을 것이다. 그런 일은 절대 일어나지 않는다. 그렇지 않은가?

피로와 비현실적인 기대가 누적되면 마음과 몸과 관계가 마비되고 지친다. 아무것도 제대로 하지 못하는 것 같다. 우리가 하루를 무너뜨리는 것이 아니라, 그 하루에 짓밟힌다고 느낀다. 단 하루에 모든 기대감을 채울 수 있는 사람은 아무도 없을 텐데, 그렇다고 해서 우리가 아무것도 성공하지 못했다는 뜻은 아니지 않은가?

한 여성이 직장에서 매우 성공적인 하루를 보냈다고 하자. 상사와 동료들이 조직에 그녀가 기여한 부분과 그녀의 존재감을 칭찬한다. 그런데 같은 날 밤, 이 여성은 아이의 운동 경기가 있다는 것을 잊어버린다. 친구와 산책도 가지 않는다. 긴장을 푸느라 인터넷에 너무 많은 시간을 허비한다. 다음날에도 직장에서 여덟 시간을 일했지만, 프로젝트에서 아무 진전이 없었다고 느끼면서 좌절감에 휩싸여 사무실을 나선다. 하지만 그날 저녁, 그녀는 교회 수요 저녁 식사 모임에서 가족과 즐거운 시간을 보내고, 아이들과 진심으로 웃고 나서, 소설도 몇 페이지 읽을 여유가 생긴다. 남자들도 똑같은 경험을 한다. 배우자와 자녀, 직장, 건강, 관계를 돌보아야 한다. 이것은 어느 한쪽 성별에만 해당하는 문제가 아니라, 우리 모두의 문제다!

동시에 '다 가지려고' 애쓰다 보면 좌절과 실패가 닥친다. 인간의 유한성에 대한 건전한 관점을 통해 우리는 한 걸음 물러나서 휴식을 취하고 인생에서 다양한 시기의 중요성에 대해 생각할 수 있다. 우리 몸과 하루, 한 달, 한 해의 리듬을 상기한다. 하나님이 만드신 그런 리듬을 인정하면, 이것이 한계를 죄로 착각하는 데서 비롯되는 반복된 좌절과 자책에 빠지지 않도록 도와준다. 나는 우리가 하고 싶은 것보다 덜 해야 한다고 생각한다. 그럴 때 당신은 덜 하려는 노력이 오히려 더 많은 일을 이루는 것에 놀랄 것이다.

모든 날이나 계절이 다 똑같지는 않다

"생산성 수치심"(productivity shame)이란 말을 처음 들은 것은 조슬린 글라이(Jocelyn K. Glei)에게서다. 그녀는 얼마나 많은 사람이 반복해서 비현실적인 목표를 세우고 그 목표를 채우지 못해 죄책감을 느끼는지에 대해 이야기했다. 난 그의 말에 깊이 공감한다. 지금쯤이면 더 잘 알아야 하겠지만, 우리는 여전히 실수를 반복한다.

자리에 앉아 한 주를 계획할 때면 월요일에 할 일만 봐도 대개 일주일 치에 해당한다. 그런데도 저녁이면 "아무것도 한 일이 없어."라고 하면서 패배감으로 하루를 마감하며 당혹스러워한다. 내가 스스로를 망친다. 하나님이 설계하신 피조물의 한계와 인간 삶의 리듬을 부인한다. 내 한계와 삶의 리듬을 현실적이고 건전하게 고려하지 않은 채 끝없는 요구 사항으로 내 기대감을 채운다.

이렇게 내 유한성을 부인하고 싶은 유혹을 좇으면, 나와 내 관계, 내일까지 망가진다. 글라이의 말처럼 "창의적인 노동에는 나름의 속도가 있으며, 대부분의 경우 당신이 할 수 있는 일은 자리를 지키고 있다가 통찰이 떠오르면 바로 실행에 옮길 준비를 하는 것뿐이다. 하지만 그 일에 대해 어떻게 느끼고 그 속도에 대해 어떻게 느끼는지는 전적으로 당신의 통제, 곧 마음가짐과 기대치에 달렸다."[4] 나의 기대가 한계를 무시할 때 나는 죄를 짓는 것이다. 유한한 인간이 아니라 무한한 신처럼 행동하려 애쓰기 때문이다. 우리의 기대감과 인생의 계절과 리듬을 조화롭게 하는 것이 신실한 삶의 토대다.

"다 가지려는" 노력은 우리가 삶의 일부가 아니라 전부를 날마다 경험해야 한다고 기대하도록 몰아붙인다. 그래서 평생, 한 해, 한 달, 한 주의 희망과 야망에 취해서 매일의 삶에 기대를 밀어 넣는다. 그건 재앙을 만들어 내는 레시피다. 감사하고 기뻐하는 삶을 계발하기보다 좌절과 분노만 낳는다. 우리가 인생의 계절에 따라 사는 법을 (다시) 배운다면 어떻게 될까? 하루의 리듬, 한 주의 리듬, 한 해의 리듬을 인정하는 법을 배운다면? 실제로 기독교 전통에는 독특한 시간관이 있다. 하지만 너무 많은 사람이 교회력을 부인하거나 무시하며 산다. 물론, 성탄절과 부활절은 지킨다. 그러나 당신은 특별한 설교를 듣는 것 이외에 이 독특한 시기가 우리 삶을 재형성하도록 하고 있는가?

고대 이스라엘의 삶은 절기와 축일, 제사와 안식일이 특징이었다. 이 다른 시기와 계절이 이스라엘인들의 비전과 기대와 양식을 형성했다. 그리스도인들도 수 세기 동안 이 독특한 달력을 따랐다. 많은 교회에서 다양한 색상과 양식을 통해 회중에게 이런 움직임을 시각적으로 보여 주었다. 예를 들어, 일부 전통에서는 보라색을 강림절과 사순절의 주요 부분을 표시하는 데 사용했다. 분홍색으로는 사순절 기간 중 셋째, 넷째 일요일을, 빨간색으로는 성금요일과 고난 주일을, 초록색으로는 연중 시기를(교회력에서 가장 많은 부분을 차지한다!), 흰색이나 금색으로는 부활절과 성탄절을 표시한다.[5] 각 색상과 시기는 각 시기에 대한 다른 기대감에 상응한다. 모든 기독교 전통에서 늘 똑같은 색을 사용하지는 않지만, 기본적인 의도는 비슷하다. 연중 시기의 초록색은 일상과 기대, 성장의 유익을 가리키는 반면, 빨간색은 하나님의 깊은 사랑과 그리스도의 고난을 상징한다. 흰색과 금색은 정신을 고양시키며, 기쁨과 영광뿐 아니라 그리스도 안에 있는 순결함과 자유를 가리킨다. 보라색은 준비와 희생을 암시할 때가 많고, 검은색은 보통 애도와 죽음과 연결된다.

이런 맥락에서 사순절과 강림절은 우리에게 반성과 회개를 요청해서 하나님이 이미 하신 일과 지금 하고 계신 일을 준비하게 한다. 성주간과 오순절은 우리를 향한 그리스도의 희생을 생각하도록 권면하는 한편, 사순절의 후반부 주일들은 기대감을 고조한다(기다림의 시간이 곧 끝난다!). 긴 연중 시기는 식물과 나무를 상기시키면서, 뿌리를 내리고 성장하며 부활 이후는 물론 지금 삶에도 소망을 품도록 격려한다. 마지막으로, 성탄절과 부활절은 하나님의 임재와 생명을 주는 돌봄에 대한 안목을 길러서 우리에게 기뻐하고 순결하라고 요청한다.

하지만 우리는 교회력을 넘어서서 일상의 평범한 양식도 존중해야 한다. 인생의 다양한 시기마다 다양한 부르심이 있다. 청소년과 나이 든 조부모가 다르고, 십대와 중년의 엄마가 다르고, 화가와 정치인이 다르다. 각자 존엄성이 있고 '할' 일이 있으며, 그래서 기대감도 다르다. 이들은 모두 계속해서 각자의 은사를 발휘하고, 다른 사람을 위해 희생하지만, 자신의 한계와 타인에 대한 의존성도 인정한다.

신생아 양육은 서른 살 자녀의 부모 노릇과는 다르다. 어떤 가족은 어린 자녀를 양육하는 시기에는 부모 중 한쪽이 항상 집에 있기로 결정하고, 창의적인 조직과 희생적인 예산을 통해 이를 실현할 방법을 찾는다.

이처럼 이 시기에는 부모 모두 일을 줄이든 한 사람은 일하고 한 사람은 집에 있는 식으로 책임을 나누든 간에, 시기에 맞는 조정이 필요하다. 그러나 이때에는 건강한 방식이 다른 시기에는 그렇지 않을 수도 있다. 자신의 유한성과 인생의 리듬을 인정할 때만이 분노하거나 절망하지 않고도 그런 시기를 온전히 받아들일 수 있다.

누구든 일정 기간은 힘든 일을 견뎌낼 수 있지만, 끊임없이 초경계 태세로 살아갈 수는 없다. 군인들은 교전 중에 포화를 받아 내지만, 끊임없는 폭격은 그들의 몸과 영혼을 무너뜨린다. 학생이 시험 기간이나 과제를 위해 가끔은 늦은 밤까지 공부할 수 있지만, 4시간 수면이 일상이 되면 결국 몸이 망가질 것이다. 기업가가 사업을 시작하면서 자신을 쏟아부을 수 있지만, 업무가 조금도 가벼워지지 않고 한시적인 자기 부인이 1년 내내 계속된다면 관계가 시들고 죽어 가기 시작할 것이다.

이와 같이 비현실적인 기대감은 자신과 타인에게 상처를 준다. 우리는 자신이 맞닥뜨린 요구에 대해 더 정직해져야 한다. 특정한 일에 시간이 얼마나 많이 걸리는지, 하루나 한 주, 인생의 한 계절에 우리가 할 수 있고 할 수 없는 일이 무엇인지 냉정하게 판단해야 한다. 이는 우리를 다음 핵심 개념인 '약함'으로 안내한다.

2. 약함을 인정하기

2010년에 브레네 브라운(Brene Brown)은 "취약성의 힘"(The Power of Vulnerability)이라는 제목으로 테드 강연(TED Talk)을 했다.[6] 그 영상은 2021년 5월 기준으로 5,300만 회(!)가 넘는 조회 수를 기록했다. 브라운의 수치심 연구는 여러 권의 유익한 저술로 이어졌고 이 시대에 꼭 필요한 논의를 촉발했다. 그녀의 기본 논지는 약하지 않은 척하는 것은 아무 효과가 없고, 두려움과 수치심에 질식된 삶으로 이어질 뿐이라는 것이다. 그녀는 자신의 문제와 한계에 더 솔직하고 마음을 열고 현실적일 때만 온전함을 느낄 수 있다고 주장한다. 나도 이런 그녀의 문제의식에 많이 공감한다.

그리스도인 정신과 의사 커트 톰슨(Curt Thompson)도 자신의 취약함을 인정하는 것이 수치심을 해결하는 방법이라고 주장했다. 우리는 자족적인 존재가 아니며, 부족한 부분이 있을 수 있고, 우리에게는 타인이 필요하며, 공격과 실패에 민감하다는 것이다. 이와 같은 자신의 취약함을 인정할 때만이 우리를 온전히 알 수 있다.[7]

하지만 우리는 실직하거나 애인과 헤어졌을 때처럼 취약함을 어쩌다 느끼는 감정으로 여기는 경향이 있다. 그러나 톰슨이 제대로 설명하듯이, "취약성은 나머지 시간에는 해당하지 않고, 우리가 선택하거나 특정 상황에만 해당하는 무언가가 아니다. 오히려 우리 '존재' 자체라고 할 수 있다. 우리가 옷을 입고 집에 거주하고 속도 제한을 지키는 것도 그 때문이다. 살면서 하는 대부분의 행동은 다른 무엇보다도 우리가 언제나 취약하다는 사실에서 우리를 보호하기 위해 설계된 것이다. 인간으로 존재하면 취약할 수밖에 없다."[8]

6장에서 다룬 겸손과 마찬가지로, 취약성은 피조물의 한계와 상호 의존성의 한 측면이다. 자신의 취약함을 인정하는 것은 우리가 창조주가 아니라 피조물임을 고백하는 것이다. 그러나 대부분의 사람들이 취약성을 인정하면 포식자의 표적이 되거나 불안에 시달릴까 봐 두려워서, 취약성을 받아들이고 심지어 축하할 일로 여기기보다는 부정하거나 극복하려고 한다.

이런 생각에 공감하는 사람들도 있지만, 매우 불편해하는 사람들도 있다. 예를 들어, '취약함'이라는 말을 들으면 남성보다는 여성이 쉽게 떠오르지 않는가? 왜 이 단어를 남성보다 여성과 연결하는 경우가 더 많을까? 그래서는 안 된다. 취약하다는 것, 약함과 필요가 있다는 것은 단순히 요즘 유행하는 사고가 아니다. 하나님이 우리를 그렇게 만드셨다. 브레네 브라운은 "남성과 여성, 가치감"(Men, Women, and Worthiness)이라는 오디오 시리즈에서, 우리가 이 개념을 남성에게 적용할 때 얼마나 불편해하는지를 인정한다.

브라운은 책 사인회에서 있었던 이야기를 들려준다. 한 여성이 남편과 함께 책을 들고 와서 엄마와 세 딸을 위해 사인을 받으려고 했다.[9] 책에 사인을 다 받은 아내가 자리를 뜨면서 남편을 불렀다. "여보, 어서 가요." 그런데 남편이 "잠깐만. 작가 분과 잠시 할 말이 있어서."라고 대답했다. 여성이 어서 가자고 재촉하자, 남편은 또다시 완강하게 말했다. "아니, 작가분께 물어볼 게 있다니까." 허둥대던 아내가 그제야 동의했지만, 자기는 뒤에서 기다리겠다고 했다.

불편한 마음에 브라운은 그냥 기다렸다. 남자는 브라운을 한번 쳐다보더니 이렇게 말했다. "수치심이니 완벽주의니 하는 작가님이 말씀하신 모든 강연 내용이 너무 좋았습니다. 자신이 아닌 다른 사람이 되려 하고 남에게 손을 내밀려 한다는 것 등등요. 정말 인상적이었습니다. 그런데 남성에 대해서는 아무 말씀도 없으셨네요." 브라운은 이 질문은 피할 수 있다는 걸 알고는 안도했다. "저는 남성은 연구하지 않습니다." 남자가 곧바로 반응했다. "그것 참 편리한 말씀이네요." 브라운이 긴장한 목소리로 물었다. "뭐가 편리하다는 거죠?" "남자 이야기는 하지 않으신다니 참 편리하다고요. 우리가 손을 내밀 때, 우리 이야기를 들려줄 때, 수치스러운 경험을 공유할 때 우리는 감정적으로 상처를 받거든요." 깜짝 놀란 브라운이 대답하려는 찰나에 그가 말을 덧붙였다. "작가님이 그런 아빠들과 코치들, 혹은 상사들과 남을 괴롭히는 못된 친구들에 대해 말씀하기 전에 제가 먼저 설명해 보겠습니다. 작가님이 조금 전에 사인해 주신 제 아내와 세 딸은 제가 백마에서 떨어지느니 그 말 위에서 죽는 것을 보고 싶어 할 겁니다." 그 말을 하고 나서 그는 자리를 떴다.

일단 진실을 보면 그것을 보기 전으로 돌아갈 수 없다. 독자들이 남성에 대한 이런 시각을 어느 정치적 극단의 생각으로 일축해 버리기 전에, 나는 그것이 좌파와 우파 모두에게 강력하게 영향을 미친 것을 목격했다고 말하고 싶다. 양 진영은 남성과 여성에 대해 다른 수사법을 구사하지만, 어느 쪽이든 남성이 자신의 부족함과 약점, 필요를 안전하게 인정할 수 있다고 느끼는 경우는 드물다. 그럼에도 취약함이 인간 조건의 일부라면, 남자든 여자든 부자든 가난하든 젊은이든 늙은이든 모든 사람이 그것을 인정하는 편이 건강하다.

그렇다면 이렇듯 취약성을 강조하는 것은 현대만의 경향일까? '취약성'이라는 표현이 성경에는 얼마나 자주 등장할까? 성경에는 나오지 않는다. 수천 년 전에 취약성은 사람이 아니라 요새나 군대의 약함을 가리켰다. 이 용어를 사람의 약함이나 의존성, 필요에 적용하기 시작한 것은 상당히 현대에 들어서이다. 하지만 브라운의 저술이 보여 주듯이 이제 이 용어는 많은 사람에게 깊은 공감을 불러일으킨다. 그러나 이 용어를 사용하기 시작한 것은 비교적 최근의 일이지만, 그 배후의 근본적인 진실은 최근의 일이 아니다.

나는 하나님과 다른 사람들 앞에서 자신의 취약함을 인정하는 것이 기독교적 인간 이해의 근본이라고 믿는다. 성경에 이 단어가 나오지는 않지만, 사실상 신구약 성경 모두 우리가 실패와 외부 공격, 내부 약점에 취약하다는 것을 보여 준다. 숨 쉬는 공기에서부터 마시는 물, 관계에서부터 고용, 마음에서부터 의지에 이르기까지 모든 것은 우리가 하나님과 타인에게 의존한다고 말해 준다.

우리는 피조물이기에 취약할 수밖에 없다. 하지만 현대 세계는 그렇지 않은 것처럼 보이려고 수많은 방식으로 우리를 유혹한다. 자신에게 어떤 것도, 어떤 사람도 필요 없다고 생각할 수 있을지는 모르지만, 그런 거짓된 삶을 살려고 애쓰는 일은 굉장히 파괴적이며 우리도 그것을 느낄 수 있다. 이제 취약성이라는 용어를 사용하는 것은 인간 경험, 즉 항상 사실이었던 경험에 새로운 단어를 붙인 것에 불과하다.

일부 교파 중에 취약성을 인정하기를 매우 불편해하는 경우가 있다. 한동안 이 문제를 곰곰이 생각해 본 결과, 그것은 (1) 고백의 역할이 약해지고 (2) 기도 시간이 줄어들었기 때문이다. 여기서 '고백'은 사제가 있는 고해실에 들어가 공식적으로 죄를 고하는 로마 가톨릭의 실천 곧 고해 성사만을 의미하지는 않는다. 오히려 매주 예배 시간에 하나님께 우리 죄를 고백하고 서로 잘못한 것을 인정하는 공동체적 실천을 의미한다. 이런 공동의 죄 고백은 우리에게 죄와 실패의 문제가 있다는 것을 상기해 준다. 이런 일깨움이 없다면 우리는 하나님과 복음을 우리 삶의 원천이 아닌 자기 개발의 수단으로 여기는 오류에 빠지게 된다. 우리가 죄를 짓지 않았다(혹은 아주 심각한 죄는 짓지 않았다)고 생각할 뿐 아니라, 우리는 궁핍하지 않다고 생각하기 시작한다. 하나님과 타인을 우리를 부자로 만들어 주는 인생의 보너스로 보기 시작하는 반면, 다른 사람의 돌봄과 공급과 은혜를 의지한다는 고백은 우리를 불편하게 하고 의심하게 만들 수 있다. 그래서 그것을 피해 다닌다.

마찬가지로, 개인 기도와 공동 기도를 소홀히 할 때는 우리는 죄를 지을 뿐 아니라, 자신이 하나님과 서로에게서 인정과 사랑과 도움이 필요한 정말로 취약한 존재라는 깨달음을 놓치게 된다. 기도를 멈추면 내 어깨의 짐이 무거워진다. 이처럼 취약성의 인식과 기도 실천은 직접적으로 연관될 때가 많다. 자신의 취약함을 깨닫지 못하는 사람들은 거의 기도하지 않는다. 반면에, 취약함을 자각한 사람들은 기도하지 않으면 어려움을 겪는다.

주기적으로 죄를 고백하지 않고 교회와 가정과 우정 관계에서 기도하는 시간이 줄어들면, 우리의 취약함이라는 현실에는 변함이 없지만 그에 대한 인식이 변한다.

내가 말하는 취약함은 인간이 허약한(fragile) 존재라는 뜻이 아니라는 점을 분명히 해야 할 것 같다. 이 취약함은 사람들은 젊은이들에게 더 큰 회복 탄력성을 요구하는 '안티프래질'(antifragility) 운동에 공감할 수도 있지만, 그와 동시에 자신의 취약성을 인지하는 것의 필요성도 강조한다.[10] 자녀를 과잉보호하는 부모는 자신이 모든 역경과 어려움에서 자녀를 보호할 수 있다고 생각한다. 하지만 그런 부모와 자녀 모두 선천적으로 취약한 피조물이다. 허약하지는 않지만 한계와 결함이 있기에 실패할 수밖에 없고 공격을 당하기 마련이다. 역설적이게도, 자신의 취약함

> 우리도 태초의 아담처럼 자신이 스스로 충분하다고,
> 우리 안에 생명이 있다고 생각하려는 유혹을 끊임없이 받는다.
>
> _ 존 베어, 『인간이 된다는 것』 Becoming Human

을 인정하면 자신과 자녀가 더 강화할 부분을 찾는 데 도움이 되고, 서로와 하나님을 의존하는 법을 배우도록 이끌어 줄 수 있다. 부딪힘과 상처, 실망과 도전은 모두 우리의 한계가 무엇이며 어떻게 거기에 대처해야 하는지를 가르쳐 준다. 취약함을 인정하면 건강하고 솔직하고 정확하게 자기를 평가할 수 있는데, 거기에는 하나님과 이웃과 이 땅에 대한 진정한 의존도 포함된다.

여기서 두 가지 유혹이 생기는 경우가 많다. 첫째, 앞에서 다루었듯이, 자신의 취약함을 피하거나 무시하려 할 수 있다. 하지만 솔직히 말해서, 다른 사람들의 노동이 없다면 우리는 먹을 수도, 화장실 물을 내릴 수도, 옷을 입고 살 수도 없다. 타인이 없이는 정서적으로·관계적으로·직업적으로 번성할 수 없다. 우리는 도움이 필요한 존재이기에 취약하다. 교회는 하나님과 다른 사람에 대한 필요에 대한 표현으로서 존재한다.

두 번째 유혹은 다른 사람들을 조종함으로써 그들의 약점을 악용하려는 것이다. 척 디그로트는 '가짜 취약성'(fauxnerability)[11]이라는 신조어를 만들어, 화자를 실제로는 위험에 빠뜨리지 않으면서 죄나 약함, 필요를 인정하는 척하는 얄팍한 방식을 표현했다. 디그로트의 나르시시즘 연구는 이런 미묘한 행동이 어떻게 교회를 망가뜨리는지 보여 주었다.[12] 우리는 타락한 대형 교회 목회자나 배우, 정치인이 이런 기술을 사용해서 남을 착취하거나 통제하며, 사람들의 동정심을 유발해서 지지를 얻는 것을 보아 왔다.

그리스도인은 사람들에게 공감하고 자비로워야 하지만, 건강하지 못한 관심 추구와 진정으로 경건한 열린 마음의 차이를 인식해야 한다. 전자는 대중을 조종하지만, 후자는 생명을 주는 대인 관계로 가는 길을 열어 준다. 그리스도의 몸인 교회에 대한 건전한 교리는 우리가 경고 표시를 알아차리고, 취약성을 진정으로 인정하는 것과 거짓으로 흉내 내는 것을 구분하도록 도와줄 것이다.

사도 바울은 함께하는 삶을 권면하면서, "존경하기를 서로 먼저 하며" 형제자매처럼 서로 사랑할 때 "거짓이 없[는]" 사랑을 요구한다(롬 12:9-10). 서로 존경하기가 그토록 힘든 이유는 우리가 남을 의지하지 않아도 되는 영웅이 되고 싶어 하기 때문이다. 자신의 취약함을 인정할 필요가 없는 것처럼 보이고 싶어 한다. 바울은 몸의 지체에게 "마땅히 생각할 그 이상의 생각을 품지 말고" 오히려 "분수에 맞게"(새번역) 각 신자가 자신의 은사뿐 아니라 다른 사람들에 대한 의존성을 깨달아야 한다고 권면한다(롬 12:3-8).

우리는 남들이 나를 필요로 한다는 생각은 좋아하면서도, 자신에게 그들이 필요하다는 생각은 싫어할지 모른다. 당신에게 다른 사람들이 필요하다면 그들을 존중해야 하며, 이는 당신의 의견을 내려놓고 그들의 의견을 앞세울 수도 있다는 뜻이다! 내가 틀릴 수도 있다. 하지만 그 사실을 인정하고 싶은 사람은 아무도 없다. 그러나 건강한 교회에서 우리는 다른 사람들에게 양보하고 그들을 존중하는 법을 배운다. 그러면 이를 세상에서 더 신실하게 실천할 준비를 갖추게 된다.

이웃과 동료를 존중한다는 것은 우리가 그들의 장점을 인정하고 그들의 기여를 소중히 여기며, 때로는 우리가 틀리고 그들이 옳다는 것을 긍정한다는 뜻이다. 이는 하나님이 창조하시고 사랑하시는 서로 연결된 세상의 형태를 반영한다.

코로나19 봉쇄 기간에 어쩔 수 없이 자녀를 가르쳐야 했던 많은 사람이 초등학교 교사들을 칭찬하기 시작한 일을 생각해 보자. 사람들은 초등학교 3학년 교사가 얼마나 힘든지 깨닫고 교사 임금 인상을 요구했으며, 전에는 당연하게 여겼던 사람들에게 우리가 얼마나 크게 의지하고 있는지를 새로이 인식했다. 자신의 취약함, 곧 우리에게 필요한 능력이 없다는 사실을 깨닫기 전까지는 우리 삶에서 초등학교 교사(혹은 다른 누구라도)를 과소평가하기 쉽다. 하나님은 우리를 그분의 선하신 사역과 다른 사람의 재능에 의존하는 존재로 만드셨기에 그 재능을 긍정하고 격려하는 것이 삶에 대한 현실적 접근법이다.

하나님 앞에서 우리는 항상 도움이 필요한 존재다. 그분만이 우리의 안전한 피난처가 되시고, 우리에게 안정감을 주신다. 하나님은 아무것도 필요하지 않으시기에, 우리는 하나님이 언제나 우리를 신실하게 돌보시고 조종하거나 학대하지 않으실 것을 알고, 그분 앞에서 완전히 솔직해질 수 있다. 그러나 과연 하나님 앞에서 우리의 필요나 약함, 좌절과 두려움에 대해 솔직하지 못한다면, 우리가 정말로 그분의 은혜와 인내 가운데 안식할 수 있을까? 이 질문이 우리를 탄식과 감사로 인도할 것이다.

3. 탄식을 표현하고 감사를 개발하기

내 아내는 자신이 받은 교육, 런던 미국 대사관에서 일한 경험, 직장에서 맡은 중요한 직책, 훌륭한 두 자녀와 괜찮은 남편 등 하나님이 주신 여러 기회에 매우 감사한다. 땅을 소유하고 투표할 수 있는 권리에도 감사한다. 역사에 무지한 사람들만이 여성이 이런 기회를 누게 된 것이 최근이라는 사실을 모른다. 하지만 아내가 아는 대다수 여성이 그렇듯, 아내도 여전히 수많은 도전을 직면하고 있다.

여성은 압박을 잘 해결하지 못한다거나 운전이 미숙하다거나 지적 능력이 떨어진다는 근거 없는 믿음처럼, 우리 사회에는 여성에 대한 부정적인 가정이 끈질기게 남아 있다. 무엇보다도 여성들은 남성이 사실은 자신보다 더 특정한 주제에 박식할지도 모르는 여성을 앞에 두고 깔보는 투로 말하는 맨스플레이닝(mansplaining)을 견뎌야 한다. 별로 보기 좋은 일은 아니지만, 이런 일은 굉장히 많아서 우리가 인정하는 것보다 훨씬 더 흔하다.

그럼 내 아내를 비롯한 다른 여성들은 감사해야 할까, 아니면 분노해야 할까? 감사해야 할 게 많다는 사실은 계속되는 문제들에 대해 말하는 것이 불평에 지나지 않는다는 뜻일까? 여성들은 감사가 부족한 것일까? 타락한 세상에서 살아가기 위해 우리(적어도 그리스도인들)는 자신이 보고 경험한 것에 대해 진실만을 말할 수밖에 없는 것일까?

성경이 확인해 주는 놀라운 사실 중 하나는, 인생에서 상충하는 두 요인이 동시에 진실일 수 있다는 것이다. 문제와 좌절은 하나님이 주신 선물과 공존한다. 그 둘을 다 인식하고 긍정하려면 용기와 인내가 필요하다. 둘 중 하나만 선택하는 건 오히려 쉬울 수 있지만, 복잡성을 마주하는 것 역시 거대하고 다층적인 이 세상에서 살아가는 한 가지 방식이다. 즉 갈등의 한 측면을 부인하기보다는, 지금도 우리를 돌보시고 세상의 복잡함을 다루시는 삼위일체 하나님 앞에 그것을 가져가는 것이다. 어떻게 하면 그럴 수 있을까? 바로 탄식과 감사를 통해 가능하다.

탄식과 감사, 양자택일의 문제가 아니다

세속 사회와 교회 모두, 똑같은 사실 중에 하나를 선택하도록 우리를 몰아붙일 때가 많다. 하지만 그런 선택을 하지 말아야 할 때도 있다는 것을 당신이 알기를 원한다. 이분법과 갈등은 끊임없이 우리 앞에 나타나 승자를 고르라고 요구한다. 개인이냐 공동체냐, 은혜냐 노력이냐, 경건이냐 사회 참여냐, 사랑이냐 정의냐, 탄식이냐 감사냐. 이렇듯 비현실적인 지나친 단순화 대신에, 내가 말하는 **성경적 현실주의**를 선택한다면 어떨까? 이런 태도를 통해 탄식과 감사를 동시에 표현할 수 있는데, 이 둘은 우리 존재의 진정한 일부로서 서로 상쇄하지 않는다.

나쁜 일을 무시하는 것이 아닌 우리 비전을 한 가지 기분으로 축소하지 않음으로써 우리는 성경적 감사와 기쁨을 계발한다. 이는 우리가 두 가지 압박을 견디도록 도와준다. 어떤 사람들은 그리스도인은 늘 기쁘고 감사로 충만해야 한다고 말한다. 그러나 이들의 접근법은 그저 고통과 고난을 부인하는 것이다. 이런 현실 부정은 정직하지도 않고 도움이 되지도 않는다. 하지만 이생에서 경험하는 상처와 문제를 너무 잘 아는 사람들에게는 기쁨이나 감사에 대한 그리스도인의 표현이 기껏해야 순진하고 최악에는 인정 없어 보인다. 하지만 탄식과 기쁨 둘 중 하나를 선택할 필요가 없다면 어떨까?

역경과 불의, 고난을 경험하거나 목격할 때는 정직한 탄식이 적절하다. 그런 표현은 하나님에 대한 믿음을 약화하는 것이 아니라, 오히려 우리의 믿음을 표현한다. 실재하지 않는 대상에게 실망이나 혼란, 고통을 표현하는 경우는 없기 때문이다. 시편 기자는 "**내** 하나님이여 **내** 하나님이여 **어찌**…"(시 22:1, 강조는 저자의 것)라고 말하는데, 이는 저 멀리 있는 막연한 신이 아니라, 이 시편의 나머지 부분이 증언하듯이 살아 계셔서 들으시는 다윗의 하나님, 언약의 주님, 이스라엘의 주권적 왕을 가리킨다.

전능하신 하나님, 약속하시는 하나님, 선하시고 신실하신 하나님. 그 하나님이 나의 하나님이시다. 한 개인인 내가, 한 백성인 우리가 다른 누구도 아닌 이 하나님께 부르짖는다. 그래서 상처받을 때, 심오한 질문이 있을 때, 극악한 행위를 목격하고 모욕을 겪을 때 우리는 그분의 임재와 긍휼과 능력이 우리의 날 것 그대로의 감정을 압도하지 않으면서도 그것을 진정으로 해결하고 받아 주신다고 믿으면서 탄식한다.

교회 안팎에서 오는 압박에도 불구하고, 탄식과 감사는 경쟁하지 않는다. 성경은 둘 다 요구한다. 우리는 시편 22편과 23편 중에 선택할 필요가 없다. 신자들은 "내 하나님이여 내 하나님이여 어찌 나를 버리셨나이까?"라고 괴로워하면서 동시에 "여호와는 나의 목자"이시라고 당당하게 선언할 수 있다. 이런 표현들은 좋은 시절과 나쁜 시절로 나뉘는 것이 아니라, 두 시절에 모두 함께하시는 한 분 하나님과 연관된다. 우리는 "사망의 음침한 골짜기로 다닐지라도" 하나님의 자비하심과 공급하심을 확신한다. 둘 다가 아니라 어느 한쪽만 선택하려 한다면, 탄식이 절망으로 변하거나 하나님의 약속을 얄팍하고 상투적 문구로 축소해 버릴 위험에 빠진다. 탄식과 감사를 모두 떠안을 때 각각은 비로소 더 강해지고 진실해진다.

이제 핵심으로 들어가 보자. **탄식과 감사는 똑같은 근본적 진리, 곧 우리가 우리를 구원하신 하나님을 의지하는 존재라는 사실을 강조하는 거울 개념이다.** 우리가 피조물의 유한성을 받아들일 때만이 이 사실을 이해하게 될 것이다.

삶이 힘들고 괴롭고 잘못될 때 우리는 하나님을 의지한다. 창조주요 섭리하시는 하나님께 우리의 두려움과 좌절을 아뢴다. 잘못을 바로잡으시고, 병을 고치시며, 망가진 관계를 화해시키시고, 무슨 죄든 용서하시는 그분을 의지한다. 마찬가지로, 갓난아이가 어머니 품에 안길 때, 맛있는 음식이 몸에 영양을 공급하고 웃음이 영혼을 튼튼하게 할 때, 불의가 바로잡힐 때, 맡은 일을 잘 해냈을 때 우리는 즐거워하며 감사를 표현한다. 이 모두가 하나님이 모든 좋은 선물을 주시는 분이요, 우리가 생명과 호흡과 존재 자체를 그분께 의지하고 있음을 일깨워 주기 때문이다.

많은 사람이 겉으로 보기에는 모순된 감정이 가득 찬 복잡한 순간을 경험한다. 예를 들어 사랑하는 가족이 편안하게 눈을 감은 것에 감사하면서도 깊은 슬픔과 상실감을 느낀다. 자녀가 대학에 들어가서 더할 나위 없이 기쁘면서도 등록금 마련할 생각에 마음이 편치 않다. 친구의 승진을 축하하면서도 자신은 제외되었다는 생각에 고통스러울 때도 있다. 하나님이 우리 안에 그토록 복잡하게 얽힌 정서적 반응을 창조하셨기 때문에 우리는 모든 가능성을 초월할 정도로 풍부한 복잡성을 경험할 수 있다. 이 아름다움을 놓치지 말라. **탄식과 감사를 통해 우리는 하나님**

을 의존하는 존재임을 인식할 뿐 아니라, 그분의 신실하심을 더 깊이 깨닫는다.

타락하고 상처 주는 세상, 그러나 하나님이 여전히 임재하시고 역사하시는 세상에 우리가 살고 있기에 하나님의 자녀는 탄식과 감사, 의문과 확신을 둘 다 표현하게 된다. 우리를 보시고 이해하시는 하나님께 신자들이 염려와 혼란과 좌절을 당연히 아뢰듯이, 똑같은 신자들이 선하시고 역사하시며 미쁘시고 자비로우신 하나님께 자유로이 찬양하고 감사한다. 이런 감정들은 서로 충돌하지 않고 같이 간다. "내가 주의 사랑 가운데서 기뻐하고 즐거워하는 것은 주께서 나의 고통을 보셨고 내 영혼의 고민을 아셨기 **때문입니다**"(시 31:7-9, 현대인의성경, 강조는 저자의 것). 여기서 시편 기자는 자신이 약함과 슬픔과 탄식 가운데 살아간다고 느끼지만, 하나님이 그 백성의 염려를 들으실 뿐 아니라 그들을 돌보기 위해 행동하시는 현재와 미래를 바라본다. 하나님이 우리와 함께 계신다. 하나님이 우리의 약함과 필요를 아신다.

두어 해 전에 친한 친구가 채플에서 강연하면서 일종의 '세대 간증'을 들려주었다.[13] 아프리카계 미국인 여성인 그녀는 하나님이 종들에게까지 그토록 강력하게 그분을 계시하시고 그토록 선명하게 가까이 다가오셨다는 사실에 자신의 믿음이 굳세졌다고 말했다. 그녀의 현조할머니 가족은 (스스로 그리스도인이라고 주장하는 사람들로부터) 노예 제도와 위험한 대우를 견뎌 내면서도 신앙의 유산을 물려주었다. 그들의 삶을 지배한 불의에도 불구하고, 이 가족은 하나님이 그들의 울부짖음을 들으시고 그들을 사랑하신다고 확신하게 되었다. 그들은 하나님이 선하시며 그들과 함께 계시기에 그분을 찬양할 수 있다고 믿었다. '상황'이 좋아서가 아니라 '하나님이' 좋은 분이시기 때문에! 탄식하는 사람이 동시에 찬양하며 깊은 감사를 표현할 수 있다. 당신이 속한 전통에 따라, 어느 한쪽을 더 빨리 선택할지도 모른다. 내 친구와 그녀의 가족들처럼, 당신도 둘 다 수용하는 쉽지 않은 도전을 받아들이기를 바란다.

탄식에 대해서는 다른 책에서 길게 썼기 때문에 여기서는 감사하는 법에 좀 더 집중하려 한다.[14] 탄식은 타락한 세상을 살아가는 우리에게 필요한 표현이다. 그러나 타락한 세상에서도 감사는 울려 퍼질 것이기에 감사에 집중하는 것이 더 타당할 것 같다. 감사는 인간 존재의 적절하고 본질적인 태도다.

감사: 하나님이 가까우심을 의식하는 삶

성경은 '즐거움', '찬양', '기쁨', '감사', '고마움' 등 감사의 개념과 관련 있는 여러 단어를 사용한다. 각 단어는 서로 구별될 수 있지만, 신학적·실존적으로 같은 계열에 속한다. 이 단어들은 모두 하나님이 모든 것을 주시는 분이라는 인식을 가리킨다. "이는 만물이 주에게서 나오고 **주로 말미암고 주에게로 돌아감이라**"(롬 11:36, 강조는 저자의 것). 하나님의 신실하심을 인정하고 고백하면 찬양과 감탄과 감사가 나온다. 이 모든 개념은 하나님과 다른 사람들, 나머지 창조 세계에 대한 건강한 감사 가운데 살아가는 역학 관계를 밝혀 준다.

지면의 한계를 감안해서 여기서는 빌립보서 4장에 나오는 바울의 조언을 간단히 살펴보려 한다. 여기서 사도는 신자의 감사하는 삶을 간단히 설명한다. 기쁨과 감사는 피조물의 유한성과 하나님에 대한 정당한 의존에 대한 건강한 인식을 형성하는 데 큰 도움이 된다. "주 안에서 항상 기뻐하라 내가 다시 말하노니 기뻐하라 너희 관용을 모든 사람에게 알게 하라 주께서 가까우시니라 아무 것도 염려하지 말고 다만 모든 일에 기도와 간구로 너희 구할 것을 감사함으로 하나님께 아뢰라 그리하면 모든 지각에 뛰어난 하나님의 평강이 그리스도 예수 안에서 너희 마음과 생각을 지키시리라"(빌 4:4-7). 바울은 "기뻐하라!"라는 명령으로 시작한다. 이는 요청보다는 지시에 더 가깝다. 우리는 어떤 시절이든 하나님을 찬양하는 기쁨의 사람이 되어야 한다.

내가 아는 (얕은 영성을 몹시 혐오하는) 한 기독교 대학 교수는 수업 전에 항상 기도하지는 않지만, 밖에 비가 많이 오거나 바람이 불거나 궂은 날이면 하나님께 감사 기도를 드리곤 한다. 그에게는 그와 학생들이 하나님의 공급하심을 풍족한 시기에 국한하지 않는 것이 중요하다. 토네이도가 덮친 날이든 맑은 날이든 하나님은 언제나 우리를 돌보신다. 마찬가지로, 피조물인 우리가 끊임없이 하나님을 의존하는 것과 관련해서, 사도 바울은 즐거운 상황에서만 기뻐하라고 제한하지 않는다. 바울은 인생의 역경을 무시하거나 거짓말하지 않고 어떻게 그럴 수 있었을까?

바울의 대답은 혁신적이면서도 단순하다. "주께서 가까우시니라"(빌 4:5하). 여기서 '가깝다'라는 말의 뜻을 두고 일부 논란이 있다. 주님이 말씀대로 속히 다시 오실 것을 가리킨다는 견해가 있는가 하면('시간적으로' 가깝다.), 주님이 지금 우리와 함께하신다는 견해가 있다('공간적으로' 가깝다.).[15] 그런데 굳이 둘 중에 하나를 골라야 할 이유가 있을까? 고든 피(Gordon Fee)가 주장한 대로, 아마도 바울은 여기서 "의도적인 이중 의미"를 사용했을 것이다. 다시 말해, 주의 '가까우심'이라는 말은 이 두 개념을 모두 포함한다.[16]

나는 여기서 바울이 우리가 7장에서 언급한 방식대로 "여호와를 경외하며" 사는 신자의 예시를 들고 있다고 덧붙이고 싶다. 이는 하나님의 형벌을 두려워하며 사는 삶이 아니라, 하나님의 임재를 경외하는 삶이라는 점을 잊지 말자. 이것이 지혜로운 자와 어리석은 자를 구별한다. 지혜로운 사람은 주의 가까우심을 끊임없이 의식하며 사는 반면, 어리석은 사람은 하나님을 무시한다. 그다음에 바울이 우리 "관용"(혹은 "합리성"이라고 번역할 수 있다)을 "모든 사람에게 알게 하라"(4:5)라고 덧붙이는 것이 이해가 간다. 정말로 하나님이 "가까우시다"라고 믿는 사람들은 공포에 빠져 허둥지둥하거나 잔인하거나 쉽게 화를 내지 않고, 오히려 합리적이거나 관용적이다.

바울은 '주께서 가까우시니라'라는 약속을 믿고 염려하지 말라고 격려한다. 왜 그런가? 역경을 피할 수 있다거나 미래를 예측할 수 있어서가 아니다(우리는 여전히 유한하다). 우리가 염려를 그칠 수 있는 유일한 이유는 무한하신 하나님이 어떤 상황에서도 우리와 함께하시기 때문이다.

우리는 혼자가 아니다. 고아가 아니다. 우리는 사랑이 많으시고 거룩하시며 우리에게 주목하시는 아버지가 가까이 계심을 알기에, 특별한 경우만이 아니라 날마다 기도와 간구를 드린다. 우리 기도를 받으시는 분의 성품을 확신하기에 "감사함으로" 기도한다. 이름 없는 허공이나 막연한 세력이 아니라, 우리에게 성령님을 허락하신 우리 주 예수 그리스도의 아버지께 간구를 올려 드린다. 그분이 바로 '우리' 하나님이시다! 우리는 유한하지만, 하나님은 무한하시고 선하시며 지혜로우시고 신실하시다. 그래서 우리는 주께서 가까우시다고 확신하는 가운데 그분께 간구한다.

소가 여물을 씹듯이 "주께서 가까우시니라"라는 단순한 약속을 곰곰이 묵상하면 우리 삶이 어떻게 달라질까? 때로 우리는 성경 묵상을, 뛰어난 성인이 아닌 우리에게는 너무 어렵고 현학적이고 영적인 것으로 여긴다. 하지만 묵상은 성경 진리(예. "주께서 가까우시니라")를 취하여 온종일 음미하고, 그에 대해 생각하고, 그 확신 가운데 머물면서, 뜨거운 여름에 쏟아지는 시원한 물줄기처럼 그 말씀이 우리에게 흘러넘치게 만드는 것이다. 이 진리가 우리 영혼으로 들어오려면 시간이 걸리기도 하는데, 그래서 말씀과 함께 시간을 보내고 그 말씀 안에서 쉬어야 한다. "사랑하는 당신, **주께서 가까우시다**." 오직 이 진리 때문에 우리는 탄식할 수밖에 없는 시절에도 감사할 수 있다.

이는 우리의 지각을 초월하는 "하나님의 평강"을 가져다준다(빌 4:7). 하나님의 평강이 "그리스도 예수 안에서 너희 마음과 생각을 지키시리라." "그리스도 예수 안에서"라는 문구를 눈으로는 그냥 지나치기 쉽지만, 그 내용을 놓쳐서는 안 된다. 바울은 메시아이신 예수님의 인격과 사역을 확신과 평강의 근거로 삼는다. 바울은 다른 곳에서 데살로니가인들에게 편지를 쓰면서 이렇게 선언한다. "항상 기뻐하라 쉬지 말고 기도하라 범사에 감사하라 이것이 **그리스도 예수 안에서** 너희를 향하신 하나님의 뜻이니라"(살전 5:16-18, 강조는 저자의 것).

삶이 끔찍하고 비극과 상처만 보일 때 우리는 절망에 빠지려는 유혹을 받는다. 그럴 때 바울이 우리에게 기뻐하라고 말한 뜻은 무엇일까?

끔찍한 사건과 고통을 보고도 "좋다"라고 말하는 사람들 이야기는 듣지 말라. 바울이 말한 의도는 그런 것이 아니다. 좋은 일, 확신, 기쁨은 환경과 관련된 것이 아니라, 그리스도의 삶과 죽음과 부활에서 가장 분명하게 드러난 하나님의 신실하심과 임재와 관련이 있다. 메시아이신 예수님은 어떤 환경에서라도 우리가 감사할 이유다. 바울은 다른 곳에서 에베소 교인들에게 술에 취하지 말고 성령(곧 하나님의 임재)으로 충만하라고 권면한다. "시와 찬송과 신령한 노래들"이 넘치는 삶, "범사에 우리 주 예수 그리스도의 이름으로 항상 아버지 하나님께 감사하[는]" 삶을 통해 성령 충만할 수 있다(엡 5:19-20).

바울은 끊임없이 변하기 마련인 우리의 환경이 아니라, 삼위일체 하나님의 신실하심에 기초하여 감사하라고 말한다. 내재하시는 성령님이 아버지의 사랑과 아들의 은혜를 우리에게 일깨워 주신다. 이는 순진해 빠진 낙관주의나 무지한 상투적 문구가 아니라, 이스라엘의 무한하신 하나님 가운데 있는 확신에 넘치는 소망이다. 그 하나님은 언제나 신실하실 것이다(히 11장).

그리스도인들이 늘 눈에 띄고 남다른 이유는, 역경에 대한 정직한 평가와 하나님의 임재에 대한 소망에 찬 확신 사이에서 선택하지 않아도 된다는 권면을 받기 때문이다.

바울은 옥에 갇힌 채 이 권면을 기록했다. 그가 말한 기쁨은 진정한 도전이나 불의가 없는 상태에 국한되지 않았다. 신약학자 린 코힉(Lynn H. Cohick)이 올바로 일깨워 준 대로, "빌립보 교인들의 기쁨의 근원은 하나님이 펼치시는 구속 이야기에 참여하는 것이다." 그리고 나서 그녀는 이렇게 덧붙인다. "이 기쁨은 성취에서 오지 않고 어떤 상황에서든 하나님과 함께 거하는 데서 비롯된다."[17]

그리스도인들은 탄식과 감사 둘 중 하나를 선택하지 않아도 되는데, 우리가 타락한 세상에서 살아가는 취약한 피조물이라는 사실뿐 아니라 우리 하나님이 무한하시고 지혜로우시며 선하시고 우리와 함께하시며 긍휼이 넘치시고 그 백성을 돌보시는 분임을 알기 때문이다.

기억하고 바라보고 확인하기

바울은 삶의 한계 가운데서 일관된 삶의 방식으로 감사를 실천하라고 요청한다. 이를 세 단계로 나누면 일상에서 감사를 실천하는 데 도움이 되는 효과적인 접근법이 된다. 곧 우리는 기억하고 바라보고 확인해야 한다.

가장 먼저, 감사하는 사람이 되기 위해서는 하나님이 구원 역사에서 하신 일을 '기억해야' 한다. 출애굽 이후 기억하는 것은 늘 하나님의 백성에게 핵심 실천이었다. 하나님이 하신 일을 기억하라. 출애굽이 항상 시내산보다 앞서고, 구원이 항상 계명보다 앞선다. 우리는 이를 쉽게 놓치기 때문에 예수님이 메시아, 우리 구세주이자 부활하신 주님이심을 끊임없이 스스로 일깨워야 한다. 잊지 말고, 꼭 기억하자.

하지만 그리스도인들은 단순히 역사가에 불과하지 않은데, 우리는 현재도 바라보기 때문이다. 하나님은 계속해서 우리 가운데 계시고, 우리 안에서, 우리를 통해 일하신다. 어제만이 아니라 오늘도 일하신다. 그분의 백성에게 끊임없이 구원과 자유케 하는 변화를 주신다. 우리는 해가 뜨는 모습이나 광활한 바다 앞에서 경외감을 느낄 때만 하나님의 능력을 바라보지 않는다. 잿더미 속에서도 희망의 표지를, 뜻밖의 장소에서 그분의 임재와 자비를 찾는다. 하나님이 고통과 고난을 즐기시는 분이라서가 아니라, 그리스도가 우리를 동정하시는 대제사장이며 우리 하나님은 만물을 새롭게 하기로 약속하시기 때문이다. 잿더미 가운데서 우

> 나는 하나님께 부르짖으리니 여호와께서 나를 구원하시리로다 저녁과 아침과 정오에 내가 근심하여 탄식하리니 여호와께서 내 소리를 들으시리로다.
>
> _ 시편 55편 16-17절

리는 소망의 복음을 선포한다. 그리스도는 거기에서도 주님이시기 때문이다. 그분의 통제와 새롭게 하심과 구속을 벗어난 곳은 없다.

더 나아가, 우리는 하나님이 하신 일을 기억하고 그분이 지금 하고 계신 일을 바라볼 뿐 아니라, 그분의 성품과 행위와 임재를 우리에게 상기시키는 하나님의 일하심을 확인한다. 확인한다는 것은 이런 일들을 그분이 하신 일로 명명하는 것이다. 하나님이 '그 일'을 하셨고, '이 일'을 하셨으며, 우리는 그것을 기억하고 감사한다.

바울은 우리에게 "기도를 계속하[라]"라고 요청하면서 "기도에 감사함으로 깨어 있으라"라고 덧붙인다(골 4:2). 깨어 있지 않으면 하나님이 하시는 일을 확인할 수 없고, 그렇게 되면 더는 감사하지 못한다. 불평이 감사의 자리를 차지하면 우리는 하나님이 여기 계시면서 관심을 두시는 분이 아니라 멀리 계시는 가혹한 분이라고 상상하기 시작한다. 다니엘이 하루에 세 번 기도했다는 사실을 기억하라. 그는 기도 중에 "감사했다"(단 6:10). 그는 자신이 이 세상을 거의 통제할 수 없다는 사실을 깨달았기 때문에 감사하는 태도를 키웠다.

우리 부부는 런던에 거주할 때 유서 깊은 대학원생 기숙사 굿이너프 컬리지(Goodenough College)에서 지냈다. 그곳에는 전통과 역사를 엿볼 수 있는 놀라울 정도로 오래되고 아름다운 탁자들이 있었다. 우리는 손으로 조각한 탁자 다리 하나에서 작은 생쥐가 새겨진 것을 발견했는데, 사전 지식이 없는 사람은 절대 알 수 없겠지만, 자세히 살펴보면 각각의 쥐는 탁자를 만든 장인을 확인해 주었고, 그것을 보는 사람으로 하여금 그들의 탁월한 장인 정신에 감사하는 마음을 갖게 해 주었다.

바울은 우리에게 하나님의 일하심에서 그분의 지문을 확인하고 감사하라고 요청한다. 그는 사랑하는 이들에게 권면한다. "무엇에든지 참되며 무엇에든지 경건하며 무엇에든지 옳으며 무엇에든지 정결하며 무엇에든지 사랑 받을 만하며 무엇에든지 칭찬 받을 만하며 무슨 덕이 있든지 무슨 기림이 있든지 이것들을 생각하라"(빌 4:8). 이런 특징을 확인하는 것은 우리에게 선하신 창조주와 섭리하시는 하나님을 상기시켜 준다. 하나님은 그분의 세상이 악과 비극에 빠지도록 내버려두지 않으시고, 지금도 임재하시며 역사하신다.

우리는 감사로 절망을 물리친다. 주변에서 하나님의 지문을 찾으려면 실행과 의도, 아마도 약간의 훈련이 필요할지도 모른다. 그 길에 오른 사람들은 감사하고 기뻐할 수많은 이유를 찾겠지만, 바라보기를 멈춘 사람들은 점점 더 환멸과 괴로움에 빠지게 될 것이다.

감사는 한계가 있는 인간에게 자연스럽고 좋은 것이다

지난 25년 넘게 "긍정 심리학"(positive psychology)이라고 불리는 한 흐름은, 심리학 문제와 정신적 어려움을 진단하는 데는 매우 능숙해졌지만, 긍정적인 특성에 충분히 주의를 기울이지 않았다는 아이디어를 발전시켜 왔다. 따라서 (아리스토텔레스까지 거슬러 올라가는) "좋은 삶", 곧 아리스토텔레스가 이야기한 '에우다이모니아'(*eudaimonia*) 혹은 오늘날 많은 사람이 "인간의 번영"이라고 하는 것에 수반된다고 생각되는 특징들에 대한 고전적 개념에 대한 연구가 시작되었다.

행복에서 용서에 이르기까지 긍정 심리학에서 수많은 연구가 나타났는데, 캘리포니아대학교 데이비스(University of California, Davis)의 로버트 에몬스(Robert Emmons)를 비롯한 많은 학자는 그중에서도 감사라는 영역에 집중했다.[18] 그리스도인이기도 했던 에몬스는 심리학의 관점에서 감사를 연구한 사람은 거의 없었다는 것을 알게 되었다. 그는 감사하는 행동을 실천하고 감사하는 태도를 키움으로써 얻을 수 있는 이점을 경험적으로 관찰할 수 있을지 궁금했다. 그를 비롯한 다른 사람들이 발견한 결과는 어쩌면 당연한 내용인지도 모른다. 감사는 선하고 덕스러운 삶에 필수 요소다.

특징으로 보든 기분으로 보든 감사는 모든 종류의 긍정적 혜택과 일관되게 연결된다. 연구에 따르면, "많이 감사하는 사람들은 덜 감사하는 사람들에 비해서 긍정적인 감정을 더 자주 경험하고, 삶에서 더 큰 만족과 희망을 누리며, 우울감과 불안과 시기는 덜 겪는 경향이 있다. 그뿐만 아니라 친사회성 점수가 높고, 공감하고 용서하고 도와주고 지원하는 경향이 높은 동시에 물질 추구에 덜 집중하는 경향이 있다."[19] 한 달간 간단한 감사 일기 쓰기를 실천하면, 혈압이 낮아지고 면역 체계가 좋아지며 잠을 잘 자고 에너지가 증가하는 등 변화를 볼 수 있다.[20] 놀랍지 않은가?

물론, 그리스도인들은 긍정 심리학 연구가 아니더라도 감사가 그리스도인의 삶에 필수임을 알 수 있다.[21] 성경은 기뻐하라고 명령하는데, 이 말이 곧 기뻐한다고 해서 악을 무시하거나 마음을 완고하게 하거나 고통과 고난의 어려움을 회피하라는 뜻은 아니다. **우리는 하나님이 가까우시기 때문에 기뻐한다.**

우리가 기뻐하는 이유는 하나님이 하신 일을 기억하고, 그분이 하고 계신 일을 바라보며, 무엇에든지 참되며 경건하며 정의로우며 화해하며 칭찬받을 만한 것에서 그분의 임재와 자비를 확인하기 때문이다. 때로는 약자를 괴롭히는 학생에게 맞서는 용감한 소녀에게 감사하고, 기막히게 맛있는 사워도우빵을 만든 제빵사에게 감사한다. 친구를 주신 하나님께 감사하고, 예레미야의 말씀대로 "가난한 자와 궁핍한 자를 [기꺼이] 변호하[려는]"(렘 22:16) 사람들에게 감사하며, 적대적인 세상에서 친절한 행위에 감사한다. 시원한 물 한 잔과 친절한 말 한마디, 따뜻한 햇살과 잘 만든 자동차에 감사한다. 무한한 존재가 되어야만 하나님의 선하신 임재와 행위를 깨달을 수 있는 것이 아니다. 이런 인식은 유한하고 타락한 인간의 삶 가운데서 확신과 평안을 가져다준다.

무엇보다도, 우리가 감사하는 이유는 하나님이 어떤 분이시며 그분이 우리와 함께하신다는 사실을 확신하기 때문이다. 우리가 그리스도를 바라보며 그분의 영으로 충만한 사람들이기 때문이다. 악함과 슬픔과 좌절은 모두 우리가 탄식하고 행동할 충분한 이유지만, 탄식이 전부는 아니다. 그리스도는 죽으셨을 뿐 아니라 부활하셨고, 다시 오실 것이다. 그리스도가 우리와 함께하신다, 하나님이 가까우시다. 이것이 바로 우리가 늘 곱씹어야 할 사실이다.

4. 휴식: 수면과 안식일을 존중하기

창조주가 곧 구속주이시며 우리는 죄 가운데 홀로 버려져 있지 않다는 좋은 소식을 우리가 믿을 때까지, 하나님이 가까우시고 긍휼이 많으시며 쉬이 용서하시며 사랑이 풍성하신 분이라고 우리가 믿을 때까지, 우리가 이런 사실을 믿을 때까지는 안식할 수 없고, 안식하지 못할 것이다. 하지만 우리가 하나님에 대한 그런 신뢰 가운데 안식할 때는 인간의 유한성에 대해서도 건전한 관점을 가질 수 있다. 이는 수면과 안식일의 가치에 대한 마지막 묵상으로 이어진다. 이 두 요소는 우리의 유한성과 관계를 반영하는데, 이는 하나님의 원래 창조에 포함되기에 좋고, 심히 좋은 것이다(창 1:31).

영적 훈련인 수면

우리는 잠을 영적 주제로 대하기보다는 신체적인 문제로만 본다. 하루를 다 보내고 나서 언제든 일을 마치고 피곤을 느끼면 잠을 청한다. 그 이상 뭐가 더 있는가? 어쩌면 있을지도 모른다. 일정 시간 이상 잠을 못 자게 되면, 수면이 인간 존재에 얼마나 꼭 필요한지 금세 알 수 있다. 짜증이 나고 몸이 아플 뿐 아니라, 죄와 의심과 자책과 두려움에 더 취약해진다.

잠이 축복이긴 하지만, 잠을 못 잔다고 해서 꼭 도덕적으로 문제가 있는 것은 아니다. 수면 장애는 다양한 연령대에서 온갖 종류의 이유로 발생할 수 있다. 연구에 따르면, 환경 요인이 수면 장애를 일으킨다고 한다.[22] 또 살충제만 원인인 것은 아니다. (상당히 상식적인 이야기처럼 들리지만) 최신 연구는 가족 관계를 비롯한 다른 관계들이 수면 능력에 긍정적 혹은 부정적 영향을 미치며, 부정적 영향이 긍정적 영향보다 더 크다는 사실을 보여 주었다.[23] 어떤 연구는 종교적 인식(이 경우에는, 하나님에 대한 확고한 애착과 구원의 확신)이 수면의 질을 떨어뜨리는 스트레스가 많은 사건의 영향력을 완화하는 데 어떻게 도움이 되는지를 살펴보았다.[24] 환경, 관계, 심지어 신앙까지 모두가 수면의 질에 영향을 미칠 수 있다.

기본적인 수면 위생도 도움이 될 수 있다. 일정 지키기, 카페인과 술 줄이기, 스크린 멀리하기, 운동, 조용하고 어두운 공간 만들기 같은 간단한 습관이 모두 도움 된다. 하지만 여기서는 수면 능력을 기르는 법에 대해 조언하기보다 수면이 신학적으로 중요한 이유를 살펴보려 한다.

수면은 우리가 창조주가 아니라 피조물이라는 사실을 날마다 상기시켜 준다. 하나님은 주무시지 않는다. 우리는 대개 그 사실을 당연히 여기지만, 잠시 멈춰서 한번 생각해 보기 바란다. 절대 주무시지 않는 분이라니. 적대적인 세상을 살아가는 취약한 피조물에게 얼마나 큰 위로인지 모른다. 최전방에 있는 사람은 누군가 당신 뒤를 봐주지 않는 한 잠을 이룰 수 없다. 하나님을 믿지 않는 사람이라면 아무도 지켜 주는 이가 없기 때문에 잠이 공포를 유발할 수 있다.

잠은 우리가 아니라 하나님이 세상을 유지하신다는 사실을 신자들에게 일깨워 준다. "나의 도움은 천지를 지으신 여호와에게서로다 여호와께서 너를 실족하지 아니하게 하시며 너를 지키시는 이가 졸지 아니하시리로다 이스라엘을 지키시는 이는 졸지도 아니하시고 주무시지도 아니하시리로다"(시 121:2-4). 하나님이 주무시지 않기에 우리가 잘 수 있다. "내가 평안히 눕고 자기도 하리니 나를 안전히 살게 하시는 이는 오직 여호와이시니이다"(시 4:8; 46:10-11 참조).

> 몸은 영성을 살아 내는 장소이므로, 풍요로운 영성 생활은 우리가 생애 주기, 노화, 아름다움, 친밀감, 질병, 마지막으로 자신의 죽음을 어떻게 바라보느냐에 달려 있다.
>
> _ 릴리언 칼레스 바저, 『하와의 복수』 Eve's Revenge

하나님과 달리 인간은 잠이 필요하다. 잠은 좋은 선물이다. 안타깝게도 우리 문화는 수면과 약함을 연관 짓는다. 최근에, 나는 어느 유명 연예인이 매일 3-5시간만 잔다는 이야기를 듣고 경악을 금치 못했다. 사람마다 필요한 수면 시간은 다르겠지만, 일이나 공부 사이사이 잠이 필요한 사람들은 약한 사람이라는 사회적 통념은 이해할 만하다. 최신 과학 기술은 충전 시간을 획기적으로 줄였지만, 기계와 달리 사람은 잠을 자야 한다.

예수님도 주무셨다. 복음서 저자들은 예수님의 삶에서 이런 측면은 거의 언급하지 않는데, 소변을 보고 싶은 욕구처럼 잠도 당연한 것으로 간주하기 때문이다. 예수님도 오래 걸으면 피곤해하셨다(요 4:6). 한번은 너무 지치신 나머지, 풍랑이 몰아쳐서 뒤집히기 일보 직전인 배에서 주무시기도 했다(마 8:24; 막 4:38-39). 인간 예수님은 쉬지 않고 계속 일할 수 없으셨다. 잠을 주무셔야 했다!

그런가 하면, 예수님은 잠을 소중히 여기셨지만, 특별히 어려운 시기에는 잠을 주무시지 않기도 했다. 성난 불길을 잡아야 하는 소방관이나 칭얼대는 갓난아기의 부모처럼, 때로 예수님은 평소와 같은 수면 시간을 포기하셔야 했다. 열두 제자를 선택하시기 전에 밤새 기도하신 일이나(눅 6:12-13) 겟세마네 동산에서 밤새 고민하신 때에(마 26:36-46; 막 14:32-42 참조) 예수님은 주무실 수 없거나 주무시지 않았다. 성경은 예수님이 그 동산에서 "고민하고 슬퍼하사"(마 26:37)라고 말하는데, 이는 "고민하고" "슬퍼[서]" 잠을 이루지 못하는 것이 반드시 죄는 아님을 상기시켜 준다. 예수님은 죄를 짓지 않으시고도 고민하고 슬퍼하셨다. 우리도 그럴 때가 있을 수 있다. 이는 진짜 역경에 대한 제대로 된 반응을 나타내며, 특별한 방식으로 하나님과 함께할 수 있는 기회를 제공할 수 있다.

내가 잠을 이루지 못할 때는 하나님의 신실하심을 믿지 못하거나 그분이 나를 고아처럼 버려두셨다는 유혹을 받는 경우가 많았다(요 14:18). 그럴 때 나는 내 어깨에 온 세상의 무게를 짊어진 듯 행동한다. 자녀와 배우자, 교회, 미래와 재정에 대한 두려움, 건강과 행복 등 온갖 문제가 나를 짓누르고, 이런 부담감 때문에 나는 잠을 이루지 못하고 깨어 있다. 끊임없이 내 뒤를 지키고 준비하고 경쟁에서 앞서야 한다고 느끼기에 잠을 이루지 못한다. 하나님이 나를 무시하시거나 고아처럼 버려두셨다고 느낄 때 잠이 오지 않는다.

한밤중에 잠에서 깨는 이유는 여러 가지가 있다. 우리가 던지는 신학적 질문은 어떻게 하면 숙면할 수 있느냐 혹은 당신이 자다가 깨느냐의 여부가 아니라, 잠에서 깼을 때 누구를 찾느냐 하는 것이다. 혼자라면 걱정이나 슬픔 때문에 무너지고 말겠지만, 하나님과 함께라면 위로와 안식을 얻는다.

때로는 탄식 때문에 잠을 이루지 못하기도 한다. 탄식할 때 시편 기자는 하나님이 그에게서 그분의 얼굴을 숨기고 계신다고 느낀다(시 102:2). 괴롭고 고통스러운 그는 하나님이 그를 무시하고 계신다고 상상하지만,

그분에게서 도망치지 않고 그분 앞에서 부르짖는다. "내가 밤을 새우니 지붕 위의 외로운 참새 같으니이다"(시 102:7). 그러고 나서 그는 여호와 하나님의 선하심과 능력을 기억한다. 하나님은 "영원히 보좌에서 다스리시며"(시 102:12, 새번역), "빈궁한 자의 기도를 돌아보시며 그들의 기도를 멸시하지 아니하셨도다"(시 102:17).

하나님이 신실하시기에 우리가 잠을 이룰 수 있다. "여호와의 인자와 긍휼이 무궁하시므로 우리가 진멸되지 아니함이니이다 이것들이 아침마다 새로우니 주의 성실하심이 크시도소이다"(애 3:22-23). 혹은 예레미야가 하나님이 약속하신 자비가 마음에 떠오르는 꿈을 꾸고 깨어났을 때처럼 그 꿈이 소망을 주고 그의 영혼을 다시 채워 주었다(렘 31:25-26). 또한 베드로가 옥에 갇혀 군인들 틈에 있을 때 하나님이 그를 보살피신 것처럼, 우리를 구출하시려고 잠에서 깨우기도 하신다(행 12:6-7). 그런가 하면, 하나님이 아하수에로왕을 깨우셨을 때 그는 한밤중에 "역대 일기"를 가져다가 자기 앞에서 읽혔다. 그 결과, 사람들이 잊고 있던 모르드개의 선행을 기억하고 상을 내리게 된다(에 6:1-13). 잠 못 든 이 밤은 결국 수천 명의 목숨을 구해 냈다! 잠 못 드는 밤에, 때로 하나님은 우리를 가르치신다. 그분의 음성을 들을 수 있는 어둡고 고요한 밤에 우리에게 훈계하신다(시 16:7-8). 하나님이 우리 마음에 "교훈하[시기]" 때문에 "하룻밤 자면서 신중히 생각하는 것"이 믿음의 행위가 될 수 있다.

밤에 하나님과 씨름하는 행위가 진정한 영적 전투가 될 수 있다. 어떤 사람들은 질병이나 통증과 싸우느라 잠을 이루지 못하기 때문이다. 이번에도 시편 기자는 어둠 속에서 하나님을 의지하는 이 경험에서 우리의 본보기가 되어 준다. 그는 잠을 이루고 싶은 갈망에도 불구하고, 하나님께 이렇게 말씀드린다. "주께서 내가 눈을 붙이지 못하게 하시니 내가 괴로워 말할 수 없나이다"(시 77:4). 그는 "환난 날에" 늦은 밤까지 하나님을 찾는다(시 77:2-3). 어두운 밤에 자신의 혼란스러움과 하나님의 공급하심에 대한 회의를 털어놓는다. 질문이 쏟아져 나온다.

> 주께서 영원히 버리실까
> 다시는 은혜를 베풀지 아니하실까
> 그의 인자하심은 영원히 끝났는가
> 그의 약속하심도 영구히 폐하였는가
> 하나님이 그가 베푸실 은혜를 잊으셨는가
> 노하심으로 그가 베푸실 긍휼을 그치셨는가?(시 77:7-9)

시편 기자와 우리가 가진 공통된 질문은 바로 이것이다. **"우리를 빚는 것은 우리의 환경인가, 아니면 하나님의 약속인가?"** 불확실한 미래를 직면한 시편 기자는 이제 자신이 아는 것들을 하나씩 스스로 상기시킨다.

> 곧 여호와의 일들을 기억하며
> 주께서 옛적에 행하신 기이한 일을 기억하리이다
> 또 주의 모든 일을 작은 소리로 읊조리며
> 주의 행사를 낮은 소리로 되뇌이리이다(시 77:11-12).

그는 하나님의 말씀과 행동을 기억하며 스스로 위로한다. 하나님은 늘 그와 함께하시고 역사하셨지만, "주의 발자국은 볼 수 없었다"(77:19,

현대인의 성경). 하지만 우리가 그분을 알아보지 못한다고 해서 하나님이 거기 계시지 않았다는 뜻은 아니다.

수면은 우리에게 통제력이 없다는 사실을 날마다 일깨워 주는 영적 훈련이다. 군대가 많다고 해서 왕이 구원을 받거나 용사 홀로 힘이 세다고 해서 스스로를 구원하지 못하듯이(시 33:16-18), 잠은 우리가 스스로를 구원할 수 없음을 날마다 상기시킨다. 우리는 힘이 세지도 않고, 지식이 많지도 않으며, 아무리 애써도 자신의 취약함을 없애지 못한다. 그래서 **잠은 믿음의 행위다.** 잠을 자려면 자신의 유한성을 우리를 향한 하나님의 선한 설계의 일부로 볼 수 있어야 한다.

기독교 실천에 따르면, 잠잘 준비는 죽음을 준비하는 행위이기도 하다. 잠은 사람들이 죽음을 묘사하는 흔한 방식인데(요 11:11; 고전 11:30; 15:6), 특히 그리스도인은 "그리스도 안에서 잠자는 자"로 불렸다(고전 15:18, 20). 우리는 그리스도 안에서 잠들고 그리스도 안에서 다시 살 것이다(살전 4:14-15). 그렇다면 잠과 죽음을 연관 짓는 것은 실제로 어떤 도움이 될까? 나는 다음 어린이 기도문이 담긴 명판과 액자를 보며 자랐다. "이제 잠자리에 듭니다. 주님, 내 영혼을 지켜 주세요. 제가 깨어나기 전에 죽으면 주님이 제 영혼을 거두어 주시길 기도드립니다." 언뜻 들으면 암울한 기도 같지만, 이 기도는 영아 사망률이 매우 높았던 시기에 생겨난 기도로 인간의 취약성과 의존성, 필요를 확인해 주었다.

잠자러 가는 시간은 하루를 마치고 다음 날을 새로이 시작하는 때이기에, 취침 시간 직전에 "매일의 성찰" 혹은 "성찰"을 실천하면 좋다. 수도원 전통에서 청교도에 이르기까지 다양한 교회 집단에서 이와 비슷한 실천을 따랐기에, 나는 매일 밤 잠자리를 준비하면서 사용할 수 있는 매우 대략적인 개요만 소개하려 한다. 더 상세한 내용을 원하는 독자들은 이그나티우스의 영신 수련(Ignatian Exercises)[25]를 참고하면 되겠지만, 여기서는 어떤 신자라도 쉽게 사용할 수 있는 간단하고 기억하기 쉬운 버전을 소개한다.

매일 밤 다음 세 가지, 곧 **돌아보기**, **기억하기**, **안식하기**를 간단히 실천해 보기를 추천한다.

- 첫째, **돌아보기**(review): 시간을 내서 하루를 돌아보면서 주신 선물에 주목하고, 감사를 표현하며, 용서와 힘과 지혜를 적절히 구한다.
- 둘째, **기억하기**(remember): 하나님은 긍휼이 풍성하시고 그 자녀들을 사랑하시며 우리 가까이에 계시며 역사하신다. 그분이 당신이나 그분의 교회를 떠나지도 버리지도 않으시리라는 사실을 기억하자. 그분의 약속을 기억하고, 복음이 정말로 좋은 소식임을 잊지 말자.
- 첫째, **안식하기**(rest): 다 이루었다. 하루가 저물었으니 이제 하나님의 발아래 내려놓자. 오늘은 이제 더는 무언가를 하려고 애쓸 필요가 없다. 그러나 더 중요하게는, 당신의 죄를 용서받았으니 그 확신 가운데 안식하자. 죄가 당신을 조롱하거나 당신 머리와 가슴에 남지 않게 하자. 예수님이 "다 이루었다."라고 선언하셨다. 내일 아침에 잠에서 깰 때 당신이 어떤 불확실성을 맞닥뜨리든, 어떤 약함을 느끼든 간에 그분의 인자하심으로 다시 새로워질 것을 확신하자.

돌아보고, 기억하고, 안식하자. 이렇게 해서 매일 맞이하는 수면 패턴에서 이제 일주일마다 맞이하는 안식일의 약속으로 넘어가 보자.

체제 전복적인 안식일 영성

기독교가 "해야 할 일" 목록의 종교라는 인상을 가진 사람들이 있다. 하지만 기독교 신앙의 매력 중 한 가지는 우리가 하지 **않아도** 되는 일이 있다는 계시였다. 예를 들어, 고대 로마 세계에서 기독교가 많은 사람의 관심을 끈 이유는 "아무하고나 성관계를 맺지 않아도 된다."라는 것 때문이었다.[26] 여성과 어린이는 권력 있는 남성의 성적 대상으로 전락하기 쉬웠던 이교도 사회에서 기독교 신앙은 급진적으로 "아니오."라고 선언했다. 하나님은 거부하는 그들 편이셨다. 신자들은 결혼을 강요받지도 않았다. 성은 언약적이고 안전한 관계에 허락하신 선물로, 사람들은 그 좋은 점을 온전히 누리고 계발할 수 있었다.

하지만 이 좋은 선물이 비뚤어지고 왜곡되었을 때 그리스도인들은 자유로이 그것을 거부할 수 있었고, 거부해야 했다. 우리는 좋은 선물도 강요에 의해 포악해지고 마는, 이 왜곡된 패턴을 반복해서 보게 된다. 이와 비슷하게, 기독교 신앙은 가이사를 숭배하지 않아도 되고, 국가가 무조건적인 충성을 요구할 수도 없다고 말한다. 예수님만이 주님이시다. 먹는 음식에서 입는 의복에 이르기까지 우리 주변 세상에 대한 기독교의 관점에서 보자면, 반드시 하지 **않아도** 된다는 점에서 놀랍도록 자유로웠다.

고대 세계와 비교할 때 성경에서 가장 반체제적이고 급진적인 것 중 하나가 안식일이다. 일주일에 하루는 일하지 않아도 된다. 이 때문에 주변 국가에서는 유대인들을 게으른 민족으로 여겼다.[27] 권력자들은 원하면 아무 때나 쉴 수 있었지만, 노예와 소작농은 끝없는 노동에 대한 요구로부터 보호받지 못하는 경우가 많았다. 현대에도 생계를 유지하기 위해 여러 가지 일을 하거나 현대판 노예제에 사로잡혀 있는 가난한 사람들에게는 여전히 끔찍한 부담이다.

끊임없는 근면성을 정당하게 요구할 수 있는 존재가 있다면 아마도 천지의 창조주일 것이다. 하지만 태초부터 여호와 하나님은 그분과 그분의 백성은 그런 개념을 거부한다고 말씀하셨다. 창조 이야기 도입부에 나오는 안식일의 근거에서부터(창 2:1-3) 십계명에 나오는 안식일 명령까지(출 20:8-11), 주기적인 노동에서 휴식을 취하라는 요청은 창조주 하나님과 그분을 예배하는 사람들의 특징이었다. 강자든 약자든, 부자든 가난한 사람이든, 남자든 여자든, 모두가 일주일에 하루는 쉬면서 방해받지 않고 자유로이 예배를 드리고 몸과 마음을 새롭게 할 수 있어야 했다.

끝없는 삶의 요구와 노동 가운데서 일주일에 하루는 달리 취급함으로써 이스라엘은 피조물이 아니라 하나님이 세상을 유지하시며 세상을 보고 좋다고 말씀하신 것을 상기할 수 있었다. 하나님이 엿새 동안 창조하시고 나서 안식하셨듯이, 우리도 일만 하지 않고 쉬는 존재로 설계되었다. 여호와는 일곱째 날을 거룩하고 구별된 날로 선언하시고, 기쁘고 만족스러워하시며 창조 세계를 돌아보셨다.[28]

안식일을 정하신 이유는 죄책감을 주시기 위해서가 아니라, 하나님이 우리를 아시고 사랑하심을 우리가 느끼도록 하시기 위해서였다. 안식일은 하나님과 그분의 세계에 대한 관점과 경험을 재조정해 주었다. 나중에 예수님이 설명하셨듯이, "안식일이 사람을 위하여 있는 것이요 사람이 안식일을 위하여 있는 것이 아니[다]"(막 2:27). 우리의 생산성에 따라 하나님의 사랑이 달라진다고 생각하려는 유혹과 달리, 일주일에 하루는 그분이 이렇게 말씀하신다. "멈춰서 위를 보라. 주변을 둘러보라. 기운을 내고 기뻐하며 쉬라."

이런 리듬이 없다면, 우리는 노동에 집착하며 그것을 주인으로 삼기 쉽다. 창조주 대신 피조물을 숭배하기 시작한다. 당신과 내가 반드시 쉬어야 하는 이유는 하나님께 우리가 필요해서가 아니라, 우리에게 그분이 필요하기 때문이다. 쉬어야 할 필요를 무시하면, 자신의 한계를 무시하게 되고, 하나님을 무시하는 결과를 낳는다.

기독교의 안식일 개념이 고대 유대인들의 안식일 개념과 긴밀하게 연관되어 있기는 해도 완전히 똑같지는 않다. 우선, 안식일이 계속해서 그리스도인들에게 중요한지에 대해 모든 그리스도인이 동의하지는 않았다. 둘째, 교회가 어느 날에 함께 모여 쉬는지가 중요한가? 안식일에서 주일로 옮겨 가면서, 예수님의 제자들은 토요일이 아니라 일요일에 공동 예배를 드리기 시작했다. 후스토 곤잘레스(Justo L. Gonzalez)가 보여 주었듯이, 교회사에는 주일에 대한 매우 다양한 태도와 실천이 나타났다.[29] 개혁주의 전통처럼 안식일의 지속적인 중요성을 긍정하는 경향이 있는 공동체에서도 많은 논란이 있었다. 이는 단순히 이레 중 하루를 구별하는 원리인가, 아니면 한 주의 특별한 날을 중요한 날로 존중하는 것인가? 이런 이유와 다른 여러 이유로, 안식일 준수는 예수님 시대부터 16-17세기를 거쳐 (일부 공동체에서는) 오늘날에 이르기까지 논쟁의 여지가 있는 주제였다. 이 장에서는 이런 논란보다는 안식일과 연관된 쉼의 약속에 대해 더 관심 있게 살펴보려 한다.

엄격하고 엄숙한 안식일 준수를 요구하는 율법주의적 환경에서 자란 이들은 그날을 기뻐하거나 즐거워하지 않는다. 하지만 성경이 약속하는 안식일에 대해 들어 본 적 없는 현대의 그리스도인들을 만나 보면, 이 이야기를 그들이 들어 본 가장 급진적이고 해방적인 생각처럼 여긴다. 그런 게 가능하다고는 아예 생각하지 못하는 것이다. "하루 종일 일하지 않아도 된다고요?"

숙제를 하지 않는 것은 고등학생이나 대학생들에게는 있을 수 없는 일이다. 일요일에 공부하지 않으면 더 죄책감을 느낄 것이다. 질문을 받은 많은 사람이, 일요일에 공부하지 않는다는 이유로 하나님이(혹은 적어도 부모님이) 자신에게 실망할지도 모른다고 인정할 것이다. 하지만 매일 하는 일을 하루 쉬는 것이 아니라, 끝없이 일할 수 있고 그래야 한다는 생각이 윤리적 결핍이라면 어떻게 될까? 저녁 식사 전에 일을 마무리하거나 일요일에 일을 쉬는 것이 하나님을 불쾌하게 만드는 것이 아니라, 우리가 항상 일할 수 있고 그래야 한다는 생각이 그분을 불쾌하게 한다고 우리가 믿는다면? 어쩌면 하나님은 우리의 순진함에 별로 화내지 않으시고 그저 의아해하실지도 모를 일이다.

이 이야기가 얼마나 호사스럽게 들리는가? 밤새 푹 자고 나서, 하나님의 백성과 함께 찬양하고 기도하고 말씀과 성례전을 받는 시간을 갖는다. 그다음에는 다른 사람들과 여유 있게 점심을 먹고, 산책하고, 죄책감 없이 낮잠을 자고, 가족이나 친구들과 시간을 보내고, 책을 읽거나 쉬거나 하고 싶은 걸 한다. 하루를 온전히 쉬면서 예배한다. 이것이 아무나 누릴 수 없는 호사가 아니라, 하나님이 당신을 만드신 근본 이유라면 어떨까? 이런 휴식에 대한 필요를 무시한다면 우리가 스스로 창조자요 섭리자인 체하는 것이 아닐까 염려스럽다. 그럴 때 나(와 **당신**)는 끝도 없이 지칠 뿐 아니라, 정죄와 절망의 수렁에 빠지게 된다.

그리스도가 우리의 안식이시다

현대의 선도적 사상가들과 자기 개발 전문가들은 사람들에게 정신없이 돌아가는 삶의 속도를 늦추라고 요구한다. 그리스도인이 아니더라도 얼마든지 이 문제를 파악할 수 있다. 어떤 사람들은 주당 근무 시간을 단축하거나 매일 유급 노동에 할애하는 시간을 줄여야 한다고 요구하기도 한다. 요가나 마음 챙김, 운동 요법을 권하는 사람들도 있다. 이런 것들이 도움이 될 수는 있겠지만, 궁극적으로는 갈망과 불안감을 남길 것이다.

그 이유는 인간의 진정한 쉼은 자기 고립의 형태가 아니라, 반드시 하나님의 안식과 연결되기 때문이다. 우리는 하나님의 형상과 모양대로 창조되었다. 거기에는 창조 세계의 움직임과 운동에 참여하는, 신성한 노동으로의 부르심이 포함된다. 그러나 다른 한편으로 우리가 쉬고 연결되고 예배하고 잠자기 위해 창조되었다는 의미도 들어 있다. 창세기에 따르면, 우리가 안식해야 하는 근거는 '하나님이' 친히 안식하셨기 때문이다(창 2:3). 하나님이 창조 사역을 완성하시고 선한 창조 세계를 보시며 안식하시므로 인류도 안식할 수 있다. 우리의 안식은 하나님의 안식과 직결되어 있기에 그분과의 교제와도 연결된다.

요즘 사람들은 쉬는 것을 힘들어한다. 하나님과 소외된 인간이 창조 세계의 선함과 생산성과 평안의 리듬을 흐린다. 우리는 자신의 한계뿐 아니라 자신의 죄, 곧 다른 사람들에게 상처를 주고 자신을 실망시키며 창조주를 무시한 죄와 맞닥뜨린다. 이런 상황이 우리 안에 끝없는 분투를 만들어 낸다. 인정과 안정감을 원하지만, 그것들은 우리 손가락 사이로 쉽게 빠져나간다.

그래서 히브리서 저자는 마음을 완고하게 하지 말고 다시 하나님을 신뢰하라고 권면한다. 하나님의 안식에 들어가는 것은 그리스도 안에 거하는 것이요, 그분 안에서 발견되는 것이다. 복음서는 창조주가 곧 구속주이심을 보여 준다. 성육하신 하나님의 아들 예수님이 새 창조를 완성하셨다. 따라서 메시아도 이 땅의 삶과 죽음 이후에 무덤에서 일어나셔서 하늘에 올라가셨다. 그분의 부활 가운데서 우리는 새 창조의 시작뿐 아니라 안식으로의 초대를 마주한다.

그리스도 안에서 이제 구속 사역이 완성되었기에 "다 이루었다." 더 해야 할 일은 남아 있지 않다. 당신의 죄는 모두 해결되었다. 우리의 안식은 단순히 창조 세계뿐 아니라 구속과 앞으로 성취될 약속 가운데 굳게 자리 잡고 있다. 우리는 하나님의 안식에 들어간다. 그 하나님이 우리 세상에 들어오셔서 우리가 할 수 없는 일을 하셨기에 이제 우리가 다시 그 하나님의 안식에 들어갈 수 있다(히 4:9-11). 존 머리(John Murray)의 결론처럼, "안식일은 창조 세계의 완성과 구속의 성취만을 기념하지 않고, 영광스러운 전망을 약속한다. 하나님 백성에게 남아 있는 안식일의 쉼을 미리 보여 준다."[30]

내 사랑하는 형제자매인 당신, 우리는 성부 하나님의 사랑과 성자 예수님의 은혜와 성령님의 교통하심 가운데 안전하다. 이 안정감을 통해 우리가 자신의 한계를 하나님의 선하신 역사의 일부로 찬양할 수 있기를 원한다. 이 안정감이 우리를 하나님께로, 다른 사람에게로, 나머지 창조 세계와의 올바른 의존 관계로 인도하기를 원한다. 이 안정감이 우리가 하는 일을 격려하고, 쉼을 해방하며, 다른 사람을 마음껏 사랑하고 섬길 수 있게 하기를 원한다. 하나님은 우리를 한계가 있는 피조물로 창조하셔서, 그분의 사역에 자유로이 동참하고, 그분의 임재를 확신하며, 그분의 약속과 공급에 감사하게 하셨다. 무한히 선하신 하나님의 사랑과 공급 가운데 안식하면서, 우리의 유한성을 좋은 것으로 인정하자. 그렇게 되기를 진심으로 기도한다.

나가는 글

어떤 의미에서는 이 책을 20년 넘게 생각하고 있었다고 해도 과장이 아니다. 콜린 건튼(Colin Guntun) 지도 교수 아래 연구하던 때, 그는 내가 전에는 고려해 보지 못했던 방식으로 창조 교리의 중요성을 볼 수 있도록 내 시야를 열어 주었다. 동시에 존 오웬의 인류학을 연구하다 보니 건전한 창조관과 인간관이 어떻게 우리 삶을 변화시킬 수 있는지에 관심을 갖게 되었다. 이 주제가 늘 마음속에 자리하고 있으면서 가끔은 대중 강연을 통해 모습을 드러내곤 했지만, 다른 저술 프로젝트 때문에 우선순위에서 밀리는 듯했다.

그러다가 아내가 암에 걸리고 만성 통증에 시달리면서, 나는 아내의 격려로 『고통의 신학』(*Embodied Hope: A Theological Meditation on Pain and Suffering*)이라는 책을 쓰게 되었다. 이 책을 위해 자료를 조사하면서 나와 우리 가족이 큰 도움을 받았기에 이 노동의 열매가 다른 사람들에게도 도움이 되게 해 달라고 기도했다. 그런데 그것은 이 책의 준비 과정이기도 했다.

나는 인간 피조물의 '선함'을 좀 더 온전하게 탐색할 때가 되었다고 확신했다. 이 깨진 세상에서 고난과 고통은 늘 우리의 관심과 연민이 필요하고, 그 가운데서 탄식과 소망이 필요하다. 그러나 나는 현대 기독교가 직면한 도전은 우리가 인간 됨에 대해 느끼는 불편함과 관계가 있음을 점점 더 분명히 깨닫게 되었다.

우리 중에 스스로 하나님이라고 주장하는 사람은 많지 않지만, 일과 자녀, 신체와 교회(를 비롯한 우리 삶의 모든 측면)에 대한 비현실적 기대감은 실제로는 우리가 하나님이라고 생각하고 있음을 보여 준다. 우리는 절대로 피곤하거나 지치지 않아야 한다는 듯이, 항상 더 많이 일하고 더 나은 존재가 될 수 있고 그래야 한다는 듯이 행동한다.

일반적인 자기 계발 도서만이 시간 관리를 그 주요한 해답으로 납득시키는 것이 아니라, 그리스도인들도 단지 '기독교화된' 형태로 이 모델에 동의하는 경우가 많다. 그런 개념들에 '세례를 주면' 때로는 더 강력하고 잠재적으로 위험해질 수 있다.

우리 문화에서는 하나님은 늘 당신이 세상을 바꾸기 원하신다는 말을 자신에게 하기 쉽다. 성경은 우리가 자신에 대해 죽어야 한다고 말하는데, 어떻게 필요를 보고도 거절할 수 있겠는가? "삶을 낭비하지 말고, 매 순간을 최대한 활용하라." 특히 성경을 인용하면서 열정적으로 이런 생각을 전달하면 매우 강력하고 감동적인 메시지가 된다. 문제는 그로 인한 압박과 결과가 굉장히 파괴적일 수 있다는 점이다. 과장하지 않고 말하는데, 나는 이런 태도 때문에 결혼 생활과 사역이 무너지고, 자녀들이 방치되며, 몸이 망가지고 영혼이 시드는 모습을 목격했다. 당신도 주변에서 그런 모습을 보았을 것이다.

창조 교리와의 연관성 없이 구원을 이야기하는 것은 인간의 한계를 이해하는 능력을 심각하게 손상한다. 나는 그리스도인들이 하나님이 주신 한계를 그분의 창조 세계의 선한 일부로 여기기보다는 죄로 생각하는 것을 발견했다.

내가 이 주제에 열정을 품게 된 결정적인 이유는 나 스스로 이 문제와 씨름하고 있기 때문이다. 때로 내가 하지 못하는 많은 일, 가지 못하는 많은 장소, 내가 가진 모든 약점과 한계 때문에 죄책감을 느낀다. 더 애쓰고 더 많이 일하고 모든 일에 최선을 다하는 것으로 반응하려는 유혹을 항상 느낀다. 여기서 우리 가족이 겪은 고난의 여정이 내게 뜻밖의 도움을 가져다주었다.

가족으로서나 개인으로서나 우리 부부는 크게 활동을 줄일 수밖에 없었다. 많은 것을 거절했고 지금도 계속 거절하고 있다. 처음에는 두어 가지만 줄였지만, 점점 더 많은 것을 우리 삶에서 정리해야 한다는 사실이 분명해졌다. 아내는 만성 통증의 가장 큰 폐해는 우리가 예전처럼 가정을 개방하여 사람들을 환대하지 못하는 것이라고 종종 이야기한다. 교회에서 봉사하고 직장에서 열심히 일하고 좋은 교우 관계도 유지할 수는 있었지만, 속도를 줄이고 더 분별할 필요가 있었다. 저녁 시간에 식사를 준비하거나 청소만 하고 집 밖을 나서지 않는 것에 대해 죄책감을 느끼지 않게 되기까지 꽤 오랜 시간이 걸렸다. 솔직히 말해서, 남들이 하는 이런저런 활동에 대해 들으면 여전히 나 자신의 인간적 한계에 대해 죄책감이 들고 싶어지는 경우가 많다.

하지만 그때마다 아내는 우리가 할 수 있는 일이 이 정도니 그걸로 충분하다고 상기시켜 준다. 다시 말해, 우리가 할 수 있는 것은 이것뿐이니 그걸로 충분하다는 것이다.

나는 "당신은 충분합니다."라는 말을 좋아하지만 신학자로서는 이 표현을 훨씬 덜 시적으로 표현해 보고 싶다. "당신은 충분하지 않습니다. 그것이 바로 당신이 충분한 이유입니다!" 즉 세상이 우리만 의존하는 것이 아니라 하나님과 다른 사람들에게 의존하며, 우리는 작은(그러나 중요한!) 역할을 맡고 있을 뿐임을 깨달을 때 우리는 온전히 해방되어 "내가 충분하다."라는 사실을 볼 수 있게 된다. 왜 그런가? 우리는 하나님의 자녀요 그분의 교회와 세상과 연결되어 있기 때문이다.

사명선언문

너희가 흠이 없고 순전하여……세상에서 그들 가운데 빛들로
나타내며 생명의 말씀을 밝혀 _ 빌 2:15-16

1. 생명을 담겠습니다
만드는 책에 주님 주신 생명을 담겠습니다.
그 책으로 복음을 선포하겠습니다.

2. 말씀을 밝히겠습니다
생명의 근본은 말씀입니다.
말씀을 밝혀 성도와 교회의 성장을 돕겠습니다.

3. 빛이 되겠습니다
시대와 영혼의 어두움을 밝혀 주님 앞으로 이끄는
빛이 되는 책을 만들겠습니다.

4. 순전히 행하겠습니다
책을 만들고 전하는 일과 경영하는 일에 부끄러움이 없는
정직함으로 행하겠습니다.

5. 끝까지 전파하겠습니다
모든 사람에게, 땅 끝까지, 주님 오시는 그날까지
복음을 전하는 사명을 다하겠습니다.

서점 안내

광화문점 서울시 종로구 새문안로 69 구세군회관 1층
02)737-2288 / 02)737-4623(F)

강남점 서울시 서초구 신반포로 177 반포쇼핑타운 3동 2층
02)595-1211 / 02)595-3549(F)

구로점 서울시 동작구 시흥대로 602, 3층 302호
02)858-8744 / 02)838-0653(F)

노원점 서울시 노원구 동일로 1366 삼봉빌딩 지하 1층
02)938-7979 / 02)3391-6169(F)

일산점 경기도 고양시 일산서구 중앙로 1391 레이크타운 지하 1층
031)916-8787 / 031)916-8788(F)

의정부점 경기도 의정부시 청사로47번길 12 성산타워 3층
031)845-0600 / 031)852-6930(F)

인터넷서점 www.lifebook.co.kr